ヨーロッパの政治文化史

統合・分裂・戦争

森原　隆 編

Takashi Morihara

成 文 堂

はしがき

ヨーロッパ文明研究と「EU（ヨーロッパ連合）の終焉？」

「ヨーロッパとは何か」、「ヨーロッパの構造的特質とは何か」、「ヨーロッパ文明は、どこから生じて現在までどのように展開し、これからどこに向かおうとしているのか」。本書は、早稲田大学地域・地域間研究機構に属するプロジェクト研究所として、ヨーロッパ文明の古代から近現代に至る、各国家、各地域・領域における諸問題を広く歴史的・文化的に比較考察しようと活動している、早稲田大学ヨーロッパ文明史研究所による第五期共同研究（二〇一三年度～二〇一七年度）の成果論文集である。

ヨーロッパとくに「ヨーロッパ連合（EU）」は、現在、これまでの経済危機に加えて政治的・社会的危機に直面し、もはやその終焉や消滅すら囁かれる状況に至っている。このような現状を招いた近年の転換点は、いうまでもなく二〇一六年六月に起きた、イギリスの国民投票によるEU離脱（ブレグジットBrexit）である。本研究を開始したのは二〇一三年春であったので、はじめに、この間の経緯を簡単に振り返っておきたい。EUは、二〇一〇年頃からギリシアの財政破綻に端を発する経済危機に見舞われ、ドミノ倒しのように加盟国のアイルランド、ポルトガル、イタリア、スペインなどで財政悪化が次々と露呈していった。これを受けて当時のイギリスのキャメロン首相は一三年一月に、次の総選挙で保守党が単独過半数を得た場合はEU離脱を問う国民投票を実施することを表明した。同年七月のクロアチアの加盟でEU加盟国は二八カ国となり、一四年一二月には大統領トゥスク（ポーランド）、外務代表モグリーニ（イタリア）の新体制が発足するなど、EUに新展開も期待されたが、財政問題においては抜本的な対策が講じられることはなかった。この状況下でさらなる荒波が押し寄せた。いわゆる「イスラーム国」（IS）によるヨーロッパ諸国をターゲットにしたテロ・暴力問題である。一五年一月に、フランス・パリのシャルリーエブド新聞社が襲撃され、同年一一月には同じくパリの空港・劇場・カフェなどで同時多発テロが発生した。その後もテロ事件は、ベルギー（一六年三月）などで継続して起きた。さらに二〇一五年夏頃から、内戦によるシリア難民がヨーロッパに殺到し、ヨーロッパ各国内に難民、移民の受け入れをめぐる深刻な国内問題を誘発させた。EUそのものの存在意義が広く問われる議論へと発展したのである。

早稲田大学ヨーロッパ文明史研究所は、二〇〇〇年四月に発足した早稲田大学総合研究機構の下で、広くヨーロッパ社会を研究するプロジェクト研究所として共同研究を開始し、現在、主にヨーロッパ史研究者を中心に研究所員一三名、招聘研究員四三名を抱える研究拠点となっている。文明史研では、発足当初からこれまで現代ヨーロッパにおけるEUの発展に触発されながら共同研究を進め、その都度研究書を公刊してきており、直前の第四期（二〇一〇年度〜二〇一二年度）では、「ヨーロッパ共生社会の創出と政治文化システムの形成」をテーマに共同研究を行った。[1] いわゆる「共生symbiosis論」の観点からヨーロッパ史を通観したのであるが、二〇一三年初めにおいてはもはやヨーロッパ連合は、「共生」などというような牧歌的な雰囲気ではなく、前述のように「統合」そのものの危機に直面し、統合の終焉などが声高に叫ばれていた。従って、一三年四月から開始された第五期のテーマは、共同研究の出発点に回帰し、「ヨーロッパ史における「統合」の再検討」となった。

「統合」「分裂」「戦争」について

本研究は、古代から近現代にいたるヨーロッパ社会において、政治、経済、社会、宗教、文化などの領域でとり行われてきたさまざまな「統合」Integrationの活動や実態を、政治文化や社会文化システムとの関係で比較史的に考察する。すなわち「統合」の意味と可能性、あるいは限界と問題性などを歴史的にあらためて精査することに重点が置かれる。具体的には、「統合」に関連する論議としては、「協同、協力、共同、融和、共和主義」など理念・精神性の問題、「連合Union、連邦、同盟、共同体、共和政」など組織・行動の問題が考察の俎上に挙げられる。「統合」の政治的なガバナンス（統治、統治システム）、経済的・財政的な構造・様式、文化的・社会的な表象・実態など、さまざまな「統合」に関わる歴史的様相に焦点が当てられることになる。また、「統合」が大きく分裂や分化の方向へと傾いている現状をふまえ、「分裂」というサブテーマも付け加えられた。分裂・分化・分解は「統合」と表裏一体の関係にあって、統合を阻止するさまざまな要因や側面を内包し、両者間での「対立」「反発」「排除」「排斥」などの作用・反作用も付随して発生させる。

加えて本書では、「戦争」がサブテーマとなっている。早稲田大学ヨーロッパ文明史研究所では、招聘研究員を中心に早稲田大学文学学術院において、「戦争と社会」という共通のテーマでオムニバス形式の講義を長年担当してきたが、その研究成果を論文集としてまとめたものを趣旨に沿って合載した。「統合」「分裂」ののちに「戦争」という短絡的な発想では決してないけれども、「分裂」の最悪の結果は戦争であり、第二次世界大戦後、今日ほど「戦争の危機」が現実味を帯びている時代はないとの認識に基づいている。とくに昨今の北朝鮮と日・米・韓を取り巻く東アジア情勢は戦争勃発の危険域をはるかに超えていて、ヨーロッパ史研究者にも無視・傍観できない問題群が突き付けられているからである。

本書も先行の共同研究と同じくいわゆる「政治文化史」的観点からの考察がとられている。さまざまな時代や地域における政治的・文化的表象としての諸事件や諸問題、システムや概念装置、シンボル・象徴・儀礼などの問題を、集団・個人を問わず通史的、比較史的に捉えなおし、これらのダイナミズムを解読する作業・方法論を意識した。本書はもとよりEU自体の研究を目指すものではないし、われわれはEUの専門研究者でもない。文明史研究は、ヨーロッパ史を専攻する歴史研究者の緩やかな連帯組織であるので、それぞれの研究者が、専門の持ち場である時代・国家・地域から、ヨーロッパの政治文化史における、「統合」「分裂」「戦争」の諸相を分析・検証することで、新しい知見を獲得しようと努めた。

ちなみに本書の表紙絵は、一八世紀初めのスペイン継承戦争（一七〇一年～一七一二年）における一七一二年の「ドゥナンの戦闘」を描いた、一九世紀の新古典主義画家ジャン・アロー（一七八五年～一八六四年）の一八三九年の絵画である（皆川論文参照）。スペイン継承戦争は、一般的には、ルイ一四世の最後の侵略戦争として知られ、ルイ一四世は孫のアンジュー公をスペイン王フェリペ五世として承認させ、スペイン・ブルボン王朝を樹立することに成功した。しかし、このための莫大な戦費や北米植民地の大半の喪失などにみられる負の遺産は、フランス・アンシャン・レジーム財政に重くのしかぶさり、のちの革命の遠因ともなった。この戦争は、王位継承に反対するイギリス、オーストリア、オランダが一七〇一年に同盟を結成し（プロイセン、ポルトガルがさらに参加）、一方でフランス側にはバイエルン選帝侯らがついて、イタリア、ネーデルランド、ドイツ各地域を主な舞台に闘われた。戦況は、おおむねフランス側の連戦・連敗（ブレンハイムの戦い、トリノの戦い、プラケの戦いなど）が続いたが、最後にフランスのクロード・ルイ・エクトル・ド・ヴィラール元帥（一六五三年～一七三四年）の活躍によってフランスが勝利したのちに、本格的な和睦交渉が始まった。この絵は、フランス・ノール県のドゥナンにおいて、オーストリア・オランダ同盟軍と戦うヴィラール元帥の勇姿を描いたものである。

ところで、この戦争の講和条約である一七一二年のユトレヒト会議に、イエズス会の聖職者サン・ピエールがフランス側の随員として出席し、『永久平和論』を提唱した。一三年に刊行されたこの書は、ヨーロッパ平和維持のための新たな国際機関の設置を説いたことで、平和思想史上、重要な意義をもつものとみなされている。サン・ピエールの平和論はのちにルソーやカントの平和論に批判的に受け継がれ、二〇世紀の国際連盟、国際連合構想に影響を及ぼし、その理念はEUにも継承されている。しかし、ヨーロッパでは、その後も現実には国家間の同盟・連合をとおした統合や分裂のとめどもない離合集散が繰り返され、オーストリア継承戦争、七年戦争を始めとした国際戦争がさらに拡大して展開されていった。統合、分裂、そして戦争という近現代ヨーロッパ史の絶え間ない悪循環に歯止めをかけることはできなかったのである。

本書の構成

本書は、「ヨーロッパの政治文化　「統合」と分裂」、「ヨーロッパの政治文化　戦争と「統合」」の二部構成になっている。「統合」をめぐる動きを、一般的な政治・社会・文化面において、主に「分裂」との関係でみた第Ⅰ部と、主に「戦争」との関係でみた第Ⅱ部に区分し、古代から中世、近世・近代から現代へと論稿を配置しているが、この区分は必ずしも厳密なものではない。

第Ⅰ部「ヨーロッパの政治文化　「統合」と分裂」では、各論文がそれぞれの時代における政治的・社会的・文化的な「統合」と分裂の実態を分析した。冒頭の丹下論文では、九世紀初めのザクセンの地でカロリング王家が、軍事的に征服しまた半強制的にキリスト教徒に改宗させせたザクセン人を、修道院の建設によっていかに「統合」させていったかをコルヴァイ修道院の事例から論じ、浅野論文では、一四世紀末のチェコで、全体としては異端フス派に「統合」されていく教会改革の中で、皮肉なことにユダヤ人が逆に「排除」され虐殺されていく（ポグロム）論理と情況を詳細に分析した。田中論文では、一五・一六世紀初めにかけてブルゴーニュ・ハプスブルグ家君主によって「統合」されたネーデルラント諸州において、とくに中心となるホラント州議会へ派遣された都市代表の統合実態を、ハウダ市を例に実証的に解明し、千脇論文では、一七世紀イギリスの思想家ジョン・ロックの主著『統治論』に集約されている、社会契約による国家形成の問題を、多数決という「統合」の論理や「代表制」との関係で読み解こうとした。

松園論文では、一八世紀初めのイングランド・スコットランド合同（グレートブリテン王国の誕生）前後におけるスコットランド議会の実態を、合同という「統合」がもたらした諸問題の観点から摘出し、正木論文では、一九世紀初頭のエディンバラにおいて、名誉革命体制とイングランド・スコットランド合同という状況の下で、その政治「統合」の象徴ともなるメルヴィル・モニュメント、ピット・モニュメントの建設問題を照射する。佐藤論文では、一九世紀の歴史家ランケが一八三六年に発表した主著『教皇史』が、当時のウルトラモンタニスムの台頭によって一転して禁書扱いされていく過程を、融和的な「統合」と「対立」の観点から論じ、小原論文では、一九世紀三月革命後のドイツに生じた、ロハウに代表されるレアルポリティークという論理と技法が、夢敗れた自由主義者、民主主義者を中小諸邦において「統合」させてゆく問題を活写した。また井出論文では、二〇世紀初頭のスロヴァキアに設立されたスロヴァキア人民党が、当初はカトリック・ルター派の両派を包摂する政党でありながら、カトリック政党へと再編されていく展開を、国民・宗派「統合」の観点から考察した。

第Ⅱ部「ヨーロッパの政治文化　戦争と「統合」」では、各論文が、ヨーロッパのそれぞれの時代で起きたさまざまな戦争に関する問題を「統合」という観点から分析した。河野論文では、近世ヨーロッパの戦争で、いわば軍事的な「統合」のために広く徴用された「傭兵」の問題について、回遊や定着のメカニズムを捉えたうえで経済理論に基づいてその有効性を吟味し、出口論文では、三〇年戦争時にバイエルン公が占領国である上プファルツ選帝侯領に対して行った再カトリック化政策を、宗派「統合」というパワー・ポリティークスの観点から論じた。

皆川論文では、スペイン継承戦争時に前述のフランスのサン・ピエールが「ドイツ連合」と呼んだ、政治的「統合」体の基礎となる「州」、すなわち領邦を領有する「帝国クライス」の実態について、西南ドイツ・シュヴァーーベンの常備軍の事例を詳細に解明し、池本論文では、一九世紀のナポレオン戦争を背景としてロシア皇帝アレクサンドル一世が展開した宗教政策の問題を、とくに世論対策などに着目しつつ、帝国「統合」とヨーロッパ諸国「統合」を目指す理念から捉え、大森論文では、一九世紀前半のヨーロッパに登場した社会主義思想が、その後インタナショナルのような組織によって「統合」されながら、第一次世界大戦を契機に分裂してゆく過程と諸事情を克明に辿った。小森論文では、両大戦間期のエストニアを事例として、「国民形成」や「民族主義」という「統合」の形成に歴史家がいかに関わったかを分析し、最後に、南論文では、第二次世界大戦後のフランスで、ヴィシー時代以来深まった「分裂」が第四共和政へといかに「統合」されていったかを、戦前の対独協力者の粛清という具体的な問題から浮き彫りにした。

ナショナリズムとポピュリズムの台頭

二〇一六年の「ブレグジット」以降、離脱の動きはイタリアなどに波及することも懸念されたが、当面はこれに続く動きは抑えられた。ところが、このあとヨーロッパは新たな激震に揺さぶられた。一一月のアメリカ大統領選挙における共和党トランプ大統領の選出である。トランプ大統領が「アメリカ・ファースト」を訴えたように、イギリスのEU離脱やトランプ大統領選出の背景には、明らかにEUなどが推進する「グローバル化」に対する「ナショナリズム」や保護主義の勃興が見られる。ただEUが国家を超えた枠組みを目指す試みである以上、国家レベルからの反対や反発の揺り戻しはある程度想定されることでもあった。しかしながら、EUの存続にとってさらに大きな脅威となっているのは、いわば「ポピュリズム」とも総称される政治的な潮流の台頭であると言われている。ポピュリズムは、本来の定義から見れば民衆や大衆に根ざした政治思想であり、「リベラル」や「デモクラシー」といった民主主義の基本的な理念に通底する。(2) われわれは、第三期の共同研究（二〇〇七年度〜二〇〇九年度）

で、EUの官僚主導の「エリート支配」とこれに対する一般民衆層の反発や、民衆を取り込もうとするエリートの問題に焦点をあてた。このようなポピュリズムは、当時ではEUの憲法草案の批准をめぐる論議で顕在化していた。しかし近年問題となっているポピュリズムは、「人民」デモクラシーの立場を標榜しながら、カリスマ的な指導者のもとで既成秩序（エスタブリッシュメント）やエリートを批判し、「普通の人々」や「置き去りにされた人々」さらには「疎外された中間層」を糾合する大衆運動へと転化している。厄介なのはこのような運動が、逆の「統合」を推し進めて排外主義と結びつき、「排除」・「抑圧」・「反多元主義」の論理として席巻していることである。

EU政治レベルでは、とくに二〇一四年の欧州議会選挙の時に、ポピュリズムに根ざした政党が比例代表制システムの利点を生かして進出したと言われている。イギリス独立党（UKIP）、フランスの国民戦線（FN）、ドイツの「ドイツのための選択肢」（AfD）などである。このような政党はかつて偏狭な極右政党と位置付けられていたが、いずれも「デモクラシー」「国民投票」など民主主義の原理を受け入れる政党に進化・転回し、「排除の論理」を正当化して既成政治・政体に対する「異議申し立て」を行っている。現在、ヨーロッパで展開されている「反移民・反難民」「反イスラーム」運動を支えているのはこのような大衆に迎合したポピュリズム運動であり、ナショナリズムの論理も援用しつつ、EUをその格好の攻撃目標としている。確かに、二〇一七年五月のフランス大統領選挙におけるマクロンの選出、九月のドイツ総選挙におけるメルケル首相の第一党維持など、EUを支える基盤には根強いものもある。しかし、オランダ、ベルギー、ハンガリー、ポーランド、オーストリア、チェコ、イタリアなどで次々と反EU・反移民を掲げる右派勢力が進出し、ドイツでもキリスト教民主同盟・社会同盟（CDU）を率いるメルケルが連立政権を組むのに手間取っている現状である。ヨーロッパは「これからどこに向かおうとしているのか。」EU政治が、EUシステムの歴史的意義を「代表されていないと思う人民」に納得させ、かつその果実を具体的に提供しなければ、歴史的悪循環に陥る危険性は充分にあると思われる。

本書も、執筆者はもちろんのこと、研究所員、招聘研究員として研究会やシンポジウム、総会などに参加してくださった多くの先生方や研究者のご協力やご尽力によって、刊行の運びとなった。また企画・運営面でサポートしてくださった早稲田大学西洋史研究室の諸先生や若手研究者、院生諸君にお礼申し上げたい。本書を野口洋二名誉教授、小倉欣一名誉教授、故小林雅夫名誉教授、大内宏一名誉教授に捧げ、あらためて御礼を申し上げたい。さらに本書を、本年三月末日をもって、早稲田大学文学学術院をご退職される、井内敏夫教授、前田徹教授、村井誠人教授の三教授に捧げ、これまでのご恩とご協力にあらためて感謝の意を表したい。本研究は、早稲田大学特定課題研究助成費から研究費を、早稲田大学地域・地域間研究機構（弦間正彦機構長）から出版助成をそれぞれ受けた。最後に本書の出版を快く引き受けて下さった成文堂の飯村晃弘氏と小林等氏に感謝の意を表したい。

二〇一八年立春

森　原　　隆

（1）　小倉欣一編『ヨーロッパの分化と統合―国家・民族・社会の史的考察―』（太陽出版、二〇〇四年）、『近世ヨーロッパの東と西―共和政の理念と現実―』（山川出版社、二〇〇四年）、井内敏夫編著『ヨーロッパ史の中のエリート―生成・機能・限界―』（太陽出版、二〇〇七年）。森原隆編『ヨーロッパ・エリート支配と政治文化』（成文堂、二〇一〇年）、同編『ヨーロッパ・「共生」の政治文化史』（成文堂、二〇一三年）。

（2）　ヤン＝ヴェルナー・ミュラー著、板橋拓己訳『ポピュリズムとは何か』（二〇一七年、岩波書店）、水島治郎『ポピュリズムとは何か』（中公新書、二〇一七年）。

目　次

第Ⅰ部　ヨーロッパの政治文化　「統合」と分裂

第I部　ヨーロッパの政治文化　「統合」と分裂

第1章　コルヴァイ修道院とザクセン統合

丹下　栄

第一節　はじめに

現ドイツ連邦共和国ノルトライン＝ヴェストファーレン州ヘクスター Höxter 郊外に所在するコルヴァイ修道院の初期史については、以下の文章にほぼ言いつくされている。

「コルヴァイ修道院は、ザクセンの地で最初の、そして長らくの間唯一の修道院として、八二二年に現在の地に建てられた。同院の創建を後押ししたのは、カロリング王家である。創建者は、カール大帝の従兄弟のアーダルハルト・ヴァラ兄弟で、最初の修道士は、兄弟が相次いでその院長職にあった、アミアン近郊のコルビー修道院から到来した（そのため〝新コルビー〟とも呼ばれた）。帝国修道院として、当時の皇帝ルートヴィヒ一世（〝敬虔〟）以来歴代の皇帝・国王によって庇護を受けてきたが、創建の主たる目的は、カール大帝が三〇年に亘るザクセン戦役（七七二―八〇四年）を通じて軍事的に征服し、半強制的にキリスト教徒に改宗させたザクセン人を、フランク帝国の統治構造に統合することにあった(1)」。

この箇にして要を得た文章につけ加えるべきことはほとんど何もないが、しかし本稿の課題に引きつけて言えば、コルヴァイ修道院創建期に関わる諸史料の文言をつきあわせるなかから「統合」のいままで必ずしも注目されてこなかった局面やコンテクストを浮かびあがらせることは不可能ではないと思われる。ここではコルヴァイ関連史料のうちとくに、コルビー修道士（後に修道院長）パスカシウス・ラドベルトゥスの『アルセニウスの墓碑』[2]、およびコルヴァイの修道士によって九世紀後半に書かれたと思われる『聖ウィートゥス奉遷記』[3]を主たる検討材料として、いくつかの特徴的な論点を指摘することとしたい。

第二節　コルヴァイ修道院前史

ヘクスターに建設された修道院に最初に言及した王文書は、伝来するかぎりで八二三年七月二七日付でルイ敬虔帝が発給した二通である。[4] T・ケルツァーによる刊本で No. 226 とされた文書（以下第一文書と呼ぶ）はヘクスター近隣にある王のヴィラを修道院に寄進することを伝えるとともに、修道士に修道院長選挙権、王に対する軍役奉仕の免除特権を付与したほか、それまでにザクセン人が寄進した、またコルビー修道院から移管された土地（ザクセン所在）を認証し、さらに自由人との間で土地や隷属民を自由に交換する権利を認めている。そしてもう一通（No. 227、以下第二文書）は修道院のイムニテートとともに、第一文書と同様自由人との財産交換を認可した。これ以降コルヴァイ修道院は歴代の皇帝や王から土地財産や教会、さらに流通に関する諸特権（市場開設権、造幣権、流通税免除特権）を取得し、多くの俗人から寄進された土地を加えて短期間のうちにライン右岸地帯有数の修道院となり、[5] ザクセン、さらに北方のキリスト教化を担う人材を輩出させた。[6]「創建の主たる目的」は十二分に達せられたと言うべきであろう。

ところでコルヴァイ修道院の初期史を特徴づける紆余曲折に充ちた成立過程は、ザクセン教化と密接に結びついていた。アダラルドの伝記を著したB・カステンは、ザクセンのキリスト教化は戦役続行中からもっぱらコルビー修道院に委ねられていたと指摘している。それを可能にした条件の一つはアダラルドとその異母弟ワラが持つ王権との、またザクセンとの深いつながりであった。[7] とりわけワラはザクセン貴族の娘を母とし、伯としてザクセンにおける行政の中核を狙い、この地域に多くの知己を持っていた。[8] ちなみにアダラルドが八二二年にコルビー修道院で作成した修道院所領経営に関する『指令集』には、それ以前から修道院にザクセン人が継続的に居住していたことをうかがわせる文言が見いだされる。[9] 彼らの少なくとも一部はシャルルマーニュによって送りこまれたザクセン戦役の捕虜・人質であったであろう。さらに『聖ウィートゥス奉遷記』は、アダラルドが戦役終結以前からザクセンでの修道院創建を構想していたことを伝えている。彼がコルビーに居住するザクセン人たちに修道院建設の可能性を打診したところ、ティオドラドという人物が父親の持つ土地に水源に恵まれた修道院建設に好適な場所があると答え、喜んだ修道院長は父親の了解を求めて彼を故郷にさし向けた。同人が父親や親類縁者の了解を得て戻ってきたのを受けてアダラルドは修道院建設に着手しようとするが、ちょうどそのとき彼は、イタリア王位を継ぐベルナルド（シャルルマーニュの孫）を後見すべくイタリアに赴くことを命じられ（八一〇または八一一年）、計画は頓挫を余儀なくされた。[10]

八一四年、シャルルマーニュの後継となったルイ敬虔帝はアダラルドをノワールムティエ修道院に追放する。コルビーの修道士は追放された前院長と同名の修道士を修道院長に選び、組織を存続させた。新しい院長の右腕となったのが、同時期にやはりルイ敬虔帝によって宮廷を追われコルビーに入っていたワラである。二人はルイ敬虔帝の許可を得てザクセン地域、ヘティス Hethis と呼ばれる土地に修道施設を建設した。この地がかつてザクセン人ティオドラドが修道院建設に好適な地と知らせたものと同一であるか否かは不明であるが、新しい施設にはすぐに多くのザクセン人有力者が集まってきた。しかし過酷な立地条件はコルビーからの物的支援を不可避とし、それでもなお修道者はつねに、修道生活の維持もおぼつかないほどの貧窮のうちに閉じこめられていた[11]。

八二一年、ルイ敬虔帝の赦免を得てコルビー修道院長に復帰したアダラルドは、ヘティスの窮状を知るとただちに救援隊を派遣するとともに自身は宮廷に赴き、王領地のなかから適当な場所を選んで修道院を建設し、そこにヘティスの修道者を移す計画に皇帝の賛同を取りつけた。彼はワラとともにザクセンへ出向き、ヘクスターに隣接する王領地が修道院建設に好適と判断した。かくして翌年、パーダーボルン司教、ザクセン有力者の賛同を得て修道院建設が始まり、アダラルドは新旧二つのコルビー修道院を統べることになる。しかし工事開始のミサを待たず、兄弟は同時期にアッティニィで開かれた帝国集会に向けて出発していた[12]。

第三節　コルヴァイ修道院成立過程と「ザクセン」

以上のようにコルヴァイ修道院前史について、われわれはほぼ同時代に書かれた記述史料によってかなり具体的な状況を知ることができる。そしてこれらの文言を八二三年七月二七日付の王文書二通、とくに第一文書のそれとつき合わせると、そこからはコルヴァイ建設をとりまくさまざまなコンテクストがほの見えてくるように思われる。

第一文書でまず目につくのが、プロトコールに続く部分である。「主人にして余の父であり、キリスト教の信仰このうえなく篤い皇帝であるカールがかつてザクセン人を真の信仰を受けいれるよう導く（それは聖なる恩寵の力添えによって彼が願ったように成就したが）ためにザクセン人に関していかに多くの労苦を堪えしのんだかを、余の忠実な者たちの誰も疑っていないと余は信じる[13]」。本来ここに置かれるべきアレンガの範疇を逸脱した具体的で雄弁な文言は同時期の王文書において稀有な存在である。ちなみに第二文書には「神に仕える僕（司教）の、聖なる崇拝への愛にもとづく正当で理にかなった懇願を余は支持するので、（皇帝という）至高なる任務からの贈り物を届けることを余はためらわない[14]」というしごく穏当なアレンガが与えられている。S・クリューガーは問題の文言を、この時期になってもなおザクセン戦役の記憶が生々しく残っていたことの一例証とし[15]、H・カミンスキーもこれに関心を示している[16]。しかし二人ともなぜこのような文言が書かれたのかを正面から考察することはなかった。近年、最新の刊本においてケルツァーは当該部分をアレンガにはあたらないと判断し、第一文書をアレンガを欠く文書に分類した。この箇所に異例の文が置かれた理由として、彼は起草作業に不慣れな書記の存在や文書の受け手であるコルヴァイからの要望を想定している。ただしその根拠は明示されていない[17]。

次いで第一文書は修道院建設用地を「ヴェーザー河畔、以前からヘクスターと呼ばれていた場所にある王のヴィラ[18]」と記載し、それをすべて寄進するよう命じている。修道院の創建にあたって王領地が一括して寄進されることは、それ自体特に珍しいことではない。しかしカステンは、修道士たちは問題の土地を検分するとすぐに、皇帝の承認を得ぬままに建設工事に取りかかったとする『奉遷記』の記述に着目し[19]、当該地が以前からの王領だったことに疑義を呈した[20]。実際いくつかの史料が修道院用地がザクセン有力者の下にあったことをほのめかしている。一二～一三世紀に作成された『コルヴァイ修道院創建覚書』Notitiae fundationis monasterii corbeiensis によれば、寄進された土地はベルンハルドゥスのヴィラと呼ばれていた[21]。さらに『アルセニウスの墓碑銘』にもこの土地をめぐる挿話が見いだされる。修道士たちが修道院用地として好適と判断した土地はザクセン有力者の世襲財産で、彼はこの土地を誰にも、たとえ王に対しても譲渡しないことを固く決意していた。しかしついには、幼少からの最も親しい友人であったワラの説得を容れて、彼は土地を手放したのであった[22]。この問題については現在のところ、土地は永年にわたってザクセン有力者の手中にあり、いったん皇帝の手に渡ったのちにコルヴァイに寄進されたとするH・ヴィーゼマイヤーの説がひろく受けいれられている[23]。修道院用地入手の経緯は別としても、コルヴァイ修道院が現在の地に建設されるについてはさまざまな局面でザクセン有力者の同意・支援が不可欠であったことは史料からも明らかと言えよう。すなわちザクセン有力者もまた、カロリング王家、アダラルド・ワラ兄弟と並んで創建の主要なアクターに算えられるのである。

それと関連して印象的なのは、多くの史料が一致してザクセン人の「友好的」・「建設的」態度を強調している点である。たしかに第一文書はシャルルマーニュがザクセン教化に払った労苦を語っているが、しかし同時に、修道院に土地を寄進した現地住民を「神を畏れ、神を愛するザクセン人たち」[24]と、フランク人を語るのと共通の形容語とともに記してもいる。また『墓碑銘』にはザクセン人が修道院の土地を荒らし、アダラルドの諫めにも耳を貸さない場面が現れる。「彼らは修道院に敵対してその土地を荒らし、隣接地を踏みにじったので、われわれのアダラルドはおだやかにそれをたしなめようとしたが、彼らは少しも耳を貸さなかった」[25]。しかし彼らはアダラルドに代わって現れた人物がワラであるのを確認すると、打ってかわって旧友に敬意と友情を示している[26]。この挿話の眼目もまたザクセン人の敵対的態度をではなく、ワラがいかにザクセン人に親しまれていたかを伝えるところにあった。少なくとも創建期のコルヴァイに関わる文字史料において、ザクセン人はすでに辺境の蛮人でも悪魔の手先でもなかった。そうでなければ基本的にワラの事蹟を記録・顕彰しようとする『墓碑銘』がワラとザクセン人との友誼関係をくり返し描くことにはなかったであろう。クリューガーは帝国の相続をめぐるルイと息子たちとの争いが武力衝突に至ったとき、双方の陣営はすでにフランク帝国の構成要素として組みこまれていたザクセンを味方に引きいれようと腐心したことを指摘している[27]。ザクセン戦役を経て「統合」されたザクセンの存在感は、その後むしろ強まりこそすれ決して稀薄になってはいなかったかに見える。

第四節　コルヴァイ建設のコルビー的コンテクスト

ところで、コルヴァイ修道院建設の成功はアダラルドとワラに負うところがきわめて大きいとする点で、歴史家の見解はほぼ一致している[28]。とすれば、成功に至る道のりで彼らの持つ「コネクション」ばかりでなく、それまでのキャリアを通じて身につけたスキルが活用されたと考えるのは的外れではあるまい。考察の糸口となるのが第一文書が認証する、コルビー修道院がザクセンに持っていた土地の移管である。史料はこの財産移管がコルビー修道士の合意を得て行われたことを明記し、さらに物資不足によって存続が危ぶまれる組織に対しては豊かな組織が自身の財を「双方の側で理にかなっているであろう範囲で」、寛大と慈愛の心をもって譲渡するべきであると述べている[29]。しかしこの措置に対して、コルビーではかなりの不満がくすぶっていたようである。『墓碑銘』において修道院の内情に通じた老練の修道士セウェルス[30]は、アダラルドとワラは管理する土地を活用してコルビーを豊かにできるのにそれを望まず、逆にせっかく獲得した財を分離してコルヴァイ修道士の自由な利用に委ね、自分たちの手だしできぬものにしたと非難している[31]。これに対して作者であり主要な語り手でもあるパスカシウス・ラドベルトゥスは際限なく財の増大を求める指向を批判し、余剰の財をしかるべき修道院に譲渡するのはそれを「神の教会のなかで正しい位置に置く」ことに他ならず、これによって一つの根から発展した二つの修道院が愛の贈り物によって豊かにされたのだ、と反論した[32]。最終的には、『墓碑銘』の随所で起こるのと同様に、修道士の疑念はパスカシウスによって解消されるのだが、作者がこの挿話を書きしるしたこと自体が、かかる不満や疑問が多くの修道士に共有されていたことを示していよう。欲望に制限を設け、また財をそれが真に必要とされる場所に置くべしという言説が教会財産の管理をめぐってしばしばくり返されるのを、われわれはすでに多くの場所で見てきた。そしてこうしたいわば建前論のかたわらで財の際限なき増大をめざす行為が絶えなかったことは、貪欲への非難が執拗にくり返されていた事実からもうかがい知ることができる。[33] したがってパスカシウスの反論はそれ自体とくに目新しいものではない。ただし、少なくとも九世紀前半のコルビーとコルヴァイに関するかぎり、これとはもう少し異なったコンテクストも想定可能と思われる。

八二一年にコルビー修道院長に復帰したアダラルドのヘティス救援策について、『聖ウィートゥス奉遷記』はこう記している。彼は「[ヘティスの修道士に]大至急貨幣を与え、どこであれ荷車を調達し、穀物と牛を手に入れて急ぎ飢えに苦しむ者たちを助けるよう指示した」[34]。次いで彼は宮廷にルイ敬虔帝を訪ね、修道施設をしかるべき王領地に移転させる許可を取りつけるのであるが、[35]前段に記された応急処置は後段の根本的解決策以上に「実務主義者」[36]アダラルドの特質を語っている。すなわち彼はコルビー本拠からは必要物資そのものではなく貨幣を送り、必要なもの（食糧とともに運搬手段）はそれを使って現地で調達するよう指示した。これはほぼ同時期に彼が作成した『指令集』に見られる、遠隔の所領からは十分の一税として徴収された生産物を本拠地に運ぶことをせず、売却した代金を納めるようにという指令[37]と根を同じくするものであろう。全体として『指令集』は遠隔所領からの物資運搬が領民を疲弊させることを深く憂慮し、領民による長距離運搬を極力回避しようとしていた。[38] そこからさらに遠隔所領の忌避までは遠くないであろう。実際八二三年、イタリア滞在中のアダラルドが仲介した教会組織間の土地交換を記録した文書[39]はこうした指向をはっきりと示している。

この文書が記録しているのはブレシアのサン・サルヴァドーレ修道院とノナントーラのサン・シルヴェストラ教会との間で行われた土地の交換である。シャルルマーニュから交換の認可を取得すべく、アダラルドは前者の院長ペトロを同道して皇帝のもとを訪れた。この交換が双方にとって利益があるものになるかというシャルルマーニュの問いに対してペトロは、それぞれがより近隣に所領を持つことで双方とも利益を得ることができると返答した。[40]

次いでアダラルドは現地に赴き、交換の対象となった不動産それぞれの地価を近隣住民に訊ね、またそれらの農業生産性を調査して交換すべき不動産を調整した。かくして交換は双方が利益を得るかたちで成立したという[41]。たしかにここで所領を近隣に移すことのメリットを直接発言したのは交換当事者の修道院長であってアダラルドではない。しかしF・ブガールは、アダラルドはこの交換にあたって権威者の背後に隠れることに専心していると指摘しており[42]、それが正しいとすれば発言がアダラルドの助言をもとになされた可能性は低くなく、少なくともアダラルド自身、所領を修道院本拠近くにまとめて運搬コストを削減するメリットを十分に認識していたことは確実であろう。そうであれば、コルビー修道院がザクセンに持つ所領が移管された背景として、遠く離れて管理困難な所領を、あえて言えば切りすてて、所領を極力管理者の目が届く範囲に集約し、それ以外は別組織に委ねようとするアダラルドの「戦略」・「リアリズム」を想定するのは十分に可能であろう。そしてさらに進んで、八二三年に発給された二通に見られる財の自由な交換を承認する文言を、コルヴァイにおいてもこの戦略を容易に実行できるようにするための布石と考えることもまた不可能ではないであろう。もしその仮説が正しいとすれば、アダラルドが新旧コルビーの院長を同一人物が兼任する状況を解消しようとしていたという指摘[43]もまた、この戦略との関連で理解することが可能になってこよう。そしてこの戦略がめざすところは、皇帝の権勢があまねく行きわたった均質な、あるいは同心円的な世界とは微妙に異なる、むしろ佐藤彰一が統合される以前のザクセンに想定した政治文化[44]と一脈通じるものであったかに思われるのである。

第五節　おわりに

最後にコルヴァイ創建に関わった立役者たちのその後を簡単に書きとめておこう。死期が近いことを悟ったアダラルドは「新しいコルビー」の院長にコルビーの若い修道士ワリンを推そうとした。しかし修道士の多くはワラが修道院長になることを望み、アダラルドは後任の選考を修道士たちに任せて八二六年早々に死去した(45)。彼を継いでコルビーと、おそらくはコルヴァイの院長を兼ねたワラはルイ敬虔帝に反抗した廉で追放され、後に皇帝と和解するもののもイタリアに留まり、ボッビオ修道院長として生涯を閉じる。その生涯最後の仕事はルイ敬虔帝と彼の長子ロタール（イタリア王・共同皇帝）との、結局は成功しなかった関係修復であった(46)。そしてワラの後任としてコルヴァイの修道院長に就任したワリンは政治的混乱期に一貫して皇帝の側に立ち、その恩顧をつなぎ止めた(47)。ワラとともに追放されたサン・ドゥニ修道院長ヒルドゥインがワリン率いるコルヴァイに身を寄せたのが縁となって、聖ウィートゥスの聖遺物はサン・ドゥニからコルヴァイに移されることになった(48)。聖ウィートゥスはその後ザクセン・北ドイツ一帯で守護聖人として広く崇敬されるようになる。そして一〇世紀後半をコルヴァイで過ごした修道士ヴィドゥキントは、『ザクセン人の事蹟』のなかで、「ドイツ」王、ザクセン家のハインリヒ一世に対面したカロリング家の末裔、西フランク王シャルル三世（単純王）の使者をして「輝かしき殉教者聖ウィートゥスが立ち去って我らが没落し、ザクセンに到来して皆様に永遠の平和をもたらし――(49)」と言わしめるのである。ここにわれわれはザクセン「統合」の「記憶」をめぐるせめぎあいを見るべきであろうか、あるいは「統合」という言葉そのものが再検討を求めているのを感じとるべきであろうか。

（1）三佐川亮宏「解説」コルヴァイのヴィドゥキント（三佐川亮宏訳）『ザクセン人の事蹟』知泉書館、二〇一七年、二六五頁。

（2）Ernst Dümmler (ed.), *Radbert's Epitaphium Arsenii*, Verlag der königl. Akademie der Wissenschaften, Berlin, 1900（以下 *Ep. Ars.* と略記）; Allen Cabaniss (Translated, with Introduction and Notes), *Charlemagne's Cousins. Contemporary Lives of Adalard and Wala*, Syracuse University Press, Syracuse, 1967.

（3）Irene Schmale-Ott (ed.), *Translatio sancti Viti martyris. Übertaragung des Hl. Märtyrers Vitus*, Aschendorffsche

Verlagsbuchhandlung, Münster in Westfalen, 1979（以下 *TSV* と略記）.

（4）Theo Költzer (ed.), *Die Urkunden Ludwigs des Frommen* (*Monumenta Germaniae Historica, Dlplomata Karolinorum*, t. Ⅱ), Harrassowitz Verlag, Wiesbaden, 2016（以下 *MGH, DK* Ⅱ と略記）, No. 226, p. 559-562; No. 227, p. 563-565.

（5）藤田裕邦「中世初期コルヴァイ修道院所領の空間構造―市場史研究の前提として―」『経済論究』（九州大学大学院）第七七号、一九九〇年、一七七―一九八頁、同「西欧中世初期市場史の一考察―ヘクスター＝コルヴァイ区域の市場をめぐって―」『市場史研究』第七号、一九九〇年、一―一七頁、同「西欧中世初期の修道院における所領と市場―コルヴァイ修道院の事例から―」『社会経済史学』第五十七巻第四号、一九九一年、二八―五四頁参照。

（6）Brigitte Kasten, *Adalhard von Corbie. Die Biographie eines karolingischen Politikers und Klostervorstehers*, Droste Verlag, Düsseldorf, 1985, p. 154-155.

（7）*Ibid.*, p. 145.

（8）Lorenz Weinrich, *Wala. Graf, Mönch und Rebell. Die Biographie eines Karolingers*, Matthiesen Verlag, Lübeck/Hamburg, 1963, p. 18-28. また註（26）参照。

（9）Josef Semmler (ed.), 'Breuis quem Adalhardus ad Corbeiam regressus anno incarnationis domini DCCCXXII mense ianuario indictione quinta decima imperii uero gloriosi Chluduici Agusti octauo fieri iussit', K. Hallinger (ed.), *Corpus consuetudinum monasticarum*, t. 1, Siegburg, 1963（以下 *CCM* Ⅰ と略記）, p. 365; ... et sicut illi Uinedi et Gerola et Bruningus Saxo uel germanus Bituradi ...

（10）*TSV*, c.Ⅲ, p. 36-38. Sed quia non erat inferior illo devotione, regressus ad monasterium ab eis, qui ibidem erant a gente Saxonica, sciscitari cepit, si posset illa in patria inveniri locus, ubi monachorum monasterium construi rationabiliter posset. E quibus unus Thiodradus nomine ait: „Scio“, inquit, „in patris mei possessione esse locum, ubi ex utraque parte fons vivus emanat et multum aptus ad hoc opus esse mihi videtur.“ Cuius responsione delectatus venerabilis pater eum statim illas in partes direxit, ut diligenter rem prolatam investigaret et, utrum pater et reliqui consanguinei hoc consentire vellent, inquireret. Qui cum isset et patris matrisque, avunculi atque patruelis voluntatem cognovisset, reversus ad monasterium, ut hoc fieret [eos] desiderare potius quam resistere velle nuntavit. Sed iam dicto abbati illo in tempore commissa erat cura maxima, videlicet ut regnum Longobardorum gubernare deberet, donec filius Pippini Bernhardus nomine cresceret.

（11）Kasten, *op. cit.*, p. 146; *TSV*, c.Ⅲ, p. 40-42; Erat eodem tempore Adalbertus vir religiosus praefato in loco praepositus, qui cum gravi aestuaret angustia, eo quod non haberet ad opus fratrum stipendia, cepit cepit de mutatione loci cogitare, sed ubi vel qualiter invenire nequibat. Sed cum magna habitatoribus ingrueret necessitas, ad hoc ventum est, ut se in tres patres dividerent cum prioribus singulis.

(12) Kasten, *op. cit.*, p. 151

(13) *MGH, DK* Ⅱ, No. 226, p. 561; Neminem fidelium nostrorum dubitare credimus, quam magnum quondam domnus et genitor noster Karolus christianissimus imperator cum Saxonibus subiit laborem, ut eos ad agnitionem verae fidei adduceret, quod et divina gratia cooperante sicut optavit effecit.

(14) *Ibid.*, No. 227. p. 564; Cum petitionibus servorum dei iustis et rationabilibus divini cultus amore favemus, superni muneris donum largiri non diffidimus.

(15) Sabine Krüger, *Studien zur sächsischen Grafschaftsverfassung im 9. Jahrhundert* (*Studien und Vorarbeiten zum Historischen Atlas Niedersachsens*, 19. Heft), Vandenhoeck und Ruprecht, Göttingen, 1950, p. 51, n.1.

(16) Hans Heinrich Kaminsky, *Studien zur Reichsabtei Corvey in der Salienzeit*, Böhlau-Verlag, Köln/Graz, 1972, p. 18, n. 13.

(17) *MGH, DK* Ⅱ, p. 560. また Susanne Zwierlein, *Studien zu den Arengen in den Urkunden Kaiser Ludwigs des Frommen* (*814-840*), Harrassowitz Verlag, Wiesbaden, 2016, p. 302, n. 51 参照。

(18) *MGH, DK* Ⅱ, No. 226, p. 561; ... quod est constructum super fluvium Uuisera in villa regia in loco nuncupante dudum Hucxori.

(19) TSV, c.Ⅲ, p. 42; Tunc inierunt consilium cum episcopis et comitibus et cum nobilissimis viris eiusdem gentis, ut instanter eundem locum excolerent et monasterium ibidem collocarent.

(20) Kasten, *op. cit.*, p. 147.

(21) Kasten, *op. cit.*, p. 147-148; *MGH, SS*, XV-2, p. 1044; Qui voluntati cesaris libenter acquiescens, tradidit ei possessionem suam, hoc est villam Huxeri cum domo sua lapidibus exstructa, que usque hodie permanet—quam villam Bernhardi Selicasam vocant—, et omnem Huxeri marcam in potestatem.

(22) *Ep. Ars.*, c. 16, p. 45; Igitur nemo nostrum ignorat, cuius fuerit hereditas, quam nulli alteri omnino cessisset in vita, etiam (ut ita fatear) nec regi, nisi divinis ab isto fuisset conpulsus persuasionibus, cui nihil contradicere poterat, quia ab ineunte aetate eius carissimus atque familiarissimus fuerat pre omnibus.

(23) Kasten, *op. cit.*, p. 148–149; Helmut Wiesemeyer, 'Die Grundung der Abtei Corvey im Lichte der Translatio Sancti Viti. Interpretation einer mittellateinischen Quelle aus dem 9. Jahrhundert', *Westfälische Zeitschrift*, 112, 1962, p. 264–266.

(24) *MGH, DK* II, No. 226, p. 561; ... necnon et res seu possessiones, quae a deo timentibus vel deum diligentibus Saxonibus ...

(25) *Ep. Ars.*, c. 7, p. 30; Unde cum ad quosdam devenissemus, qui eum mutato habitu non agnoscerent, vastarentque idem hostiliter suorum agros, et depopularentur finitima, voluit eos Antonius noster, ut erat benignus, corripere lenitate sua, nec tamen est auditus.

(26) *Ibid.*, c. 7, p. 30; Deinde, Fateor, alter ait, quod saltem nec minimi extrema digiti eius vales, quanto magis ut talis tantusque dicaris. His ita dictis, nos omnes subrisimus ac discessimus.

(27) Krüger, *op. cit.*, p. 50–51.

(28) Kasten, *op. cit.*, p. 150.

(29) *MGH, DK* II, No. 226, p. 561–562; ... etiam et res, quae ad Corbegiam antiquiorem traditae fuerant infra ipsos supradictae Saxoniae fines, in terris, silvis, ... datum vel traditum fuit, cum omni integritate ad praedictum monasterium una cum consensu praefati abbatis vel congregationis eius celebri donatione contulimus et perpetuo monachis ibidem deo militantibus ad possidendum fruendumque concessimus atque confirmavimus. ... Nam si forte talis esset causa, ut idem locus, ex propriis in eadem provincia sibi conlatis nequivisset subsistere rebus, dignum erat, ut de prioris monasterii rebus benignitatis seu caritatis causa, prout ex utraque parte rationabiliter esse potuisset, larga manus porrigi debuisset, quanto magis de his, quae infra eandem provinciam conlatae, ut dictum est prius, fuisse noscuntur, cum omni benignitate ardentissimo caritatis affectu largiri.

(30) Weinrich, *op. cit.*, p. 7.

(31) *Ep. Ars.*, c. 19, p. 48; Esset laudabile, fratres, quicquid de eis amplissima virtutum fama ubique concelebrat, nisi prius res sollempniter monasterio nostro delegatas et omnia, illis in partibus quae nobis conlata sunt, de iure proprietatis coenobii huius (quod valde mirabile est) alienaverint, et in sua eos proprietate per sese esse voluerint. Presertim cum rarus qui locum, cui preest, ditescere rebus magis magisque non velit, ut valeat amplius dominari et dilatari, quasi pro religione, fastu potentiae. Isti autem e contrario non solum locum, cui preerant, ditescere rebus, cum possent, noluerunt, verum conlatas distraxerunt et redigerunt in libertate usibus fratrum, ne ad nos pertinerent.

(32) *Ibid.*, c. 19, p. 49; Unde valde locupletatur donum gratiae, cum ex una radice perfecte dilectionis duo coenobia monasticae

disciplinae geminantur.

(33) Valentina Toneatto, *Les banquiers du Seigneur. Évêques et moines face à la richesse* (*IV*[e]*-début IX*[e] *siècle*), Presses universitaires de Rennes, Rennes, 2012.

(34) *TSV*, c. Ⅲ, p. 42; Qui cum iam dictos monachos in tanta cognovisset penuria esse, cum omni festinatione misit dans pretium iussitque, ut sicubi invenirentur carra onusta, et tam annonam quam boves compararent et cum festinatione fame laborantibus subvenirent.

(35) *Ibid*., c. Ⅲ, p. 42; Post haec accessit ad imperatorem et rogavit, ut daret licentiam quaerere inter illa loca quae ad se pertinebant, si forte posset alicubi in praefata regione locum invenire, ubi monasterium rite fieri posset; quod a pio principe statim concessum est.

(36) Kasten, *op. cit.*, p. 100.

(37) *CCM* I, p. 402; Si uero beneficium eius paulo longius possitum fuerit quam ut manipuli aut fenum sine nimio labore adduci possint, sciat, quantum de decima est, et conuenientia cum portario faciat, quo tempore haec eadem utiliter uenundare possit et absque ulla fraude uel subtractione uenundatum pretium eius portario deferatur.

(38) *Ibid*., p. 391-393.

(39) Guglielmo Cavallo, Giovanna Nicolaj (ed.), *Chartae latinae antiquiores. Facsimile-Edition of the Latin Charters*, 2nd Series. Ninth Century, LXXXVIII, URS Graf Verlag, Dietikon-Zürich, 2008, No. 29, p. 110-115.

(40) *Ibid*., p. 110; Cui cum diceret, si eiusdem largitas id fieri permitteret, quod ita fieri potuisset, quod non solum detrimentum non esset, sed etiam magna oportunitas propter vicinitatem locorum que ... erant, utroque monasterio esse potuisset; ...

(41) *Ibid*., p. 111; Interrogavimus autem cives singolorum locorum, si eedem terre venundande essent, quali praetio secundum more singolorum locorum conparari postuissent, ... His ita omnibus perspectis atque cum omni diligentia consideratis, visum est nobis omnibus hoc sepe dictum concambium utriusque partibus, ita tam utile esse ...

(42) François Bougard, 'Adalhard de Corbie entre Nonantola et Brescia (813): *commutatio*, gestion des biens monastiques et marché de la terre', Errico Cuozzo, Vincent Déroche, Annick Peters-Custot et Vivien Prigent (ed.), *Puer Apuliae. Mélanges offerts à Jean-Marie Martin*, vol. 1, ACHCByz, Paris, 2008, (Collège de France-CNRS Centre de recherche d'histoire et civilisation de Byzance, *Monographies* 30), p. 57.

(43) Kasten, *op. cit.*, p. 167.

(44) 佐藤彰一『カール大帝　ヨーロッパの父』山川出版社、二〇一三年、二九頁。

(45) *TSV*, c.Ⅳ, p. 44; Hunc venerabilis pater in nova Corbeia iuvenem abbatem facere cogitabat confidens scilicet de Dei misericordia, ut qui a tanta perfectione cepisset, perfectius consummaret. Fratres autem enixius agebant, ut venerabilem virum Walonem sibi in patrem eligerent. Interim cum iam iamque diem egressionis suae adesse sentiret, misit ut quem vellemt eligerent accepta licentia imperatoris.

(46) Weinrich, *op. cit.*, p. 87-88.

(47) Kasten, *op. cit.*, p. 154.

(48) *TSV*, c. V, p. 46-48.

(49) Kasten, *op. cit.*, p. 153; *MGH, Scriptores Rerum Germanicarum in Usum Scholarum* [60], Hahnsche Buchhandlung, Hannover, 1935, p. 46; ... nos deseruit insignis martyr Vitus ad nostran perniciem vestramque perpetuam pacem Saxoniam visitavit. ... 三佐川前掲訳、七五頁。

〔本稿は科学研究費補助金（基盤研究（C）、課題番号15K02942）による研究成果の一部である。〕

第2章　フス派時代前夜のチェコのユダヤ人

浅野啓子

はじめに

一三八九年四月、チェコ王ヴァーツラフ四世（在位一三七八—一四一九）治世下のプラハで、ユダヤ人虐殺（ポグロム）が起こった(1)。プラハでは、一〇九六年の第一回十字軍のとき、また一一四六年のおそらく第二回十字軍のとき以来、ほぼ二世紀の間ポグロムは起こっていない(2)。一三八九年の事件は、たしかに十三世紀後半以降ヨーロッパを襲ったユダヤ人迫害の一つであるが(3)、他の地域の迫害に直接影響を受けたわけではなく(4)、突然発生したのである。

このユダヤ人虐殺が起こった頃、プラハではすでに教会改革運動が始まっていた。一三八九年十月に、教会改革者ヤノフのマチェイ（一三五〇／五五—九三／九四）は異端の嫌疑をかけられ、プラハ教会会議で自説の撤回に追い込まれている。マチェイは日常的な聖体拝領、原始キリスト教への回帰を主張したばかりでなく、高位聖職者の道徳的堕落を批判し、世俗権力の強化を反キリストの支配だと攻撃した。マチェイは反キリストをキリスト教徒の中の悪と解釈したのである。中世の教会で反キリストの同属とみなされていたのはユダヤ人であったから、これは画期的な考えであった[5]。マチェイの反キリスト論は、その後ヤン・フス（一三七〇頃―一四一五）の同僚ストゥシーブロのヤコウベク（一三七三―一四二九）に受け継がれた。一四一五年にフスが異端のかどで火刑に処せられた後、彼はフス派革命（一四一九―三六）において改革運動の指導者の一人となる。ヤコウベクは一四一二年に『反キリスト論』（De Antichristo）を著わし、その中でマチェイの考えにもとづいて、反キリストは異教徒、ユダヤ人、イスラーム教徒ではありえない、と述べた。また一四一五年頃に執筆した『高利について』（De usura）では、ユダヤ人が高利貸しをやめ、キリスト教徒と同じ労働にいそしむことが、ユダヤ人のキリスト教改宗へつながる、と主張した。さらに批判の矛先をキリスト教徒の高利に向けた彼は、悪いキリスト教徒はユダヤ人よりももっと悪い、と結論づける。彼にとって、高利は社会悪そのものだったのである[6]。このように、フス派運動の指導者たちは反キリストや高利のテーマを、当時のプラハ社会の弊害として論じた。しかもこれはユダヤ人に深く関わる問題でもあった。そういう意味で、一三八九年に起こったプラハのユダヤ人虐殺は、フス派運動の指導者が教会改革を進める上で直面したユダヤ人の問題、それが凝縮した形で現われた出来事だったと考えられるのである。

中世ヨーロッパのユダヤ人の問題について、これまでの研究は、宗教的要因や略奪目的の経済的要因といった迫害の原因の究明、ユダヤ人の法的地位、それを保証する皇帝や国王とユダヤ人との関係、あるいはユダヤ人保護権をめぐる権力者間の関係の解明、また中世後期の社会経済的な緊張関係からの考察など、多岐にわたっている[7]。

したがって、これまでの研究をふまえて、ここではフス派運動初期までに時期を限定して、以下の課題に取り組みたい。まず一三八九年のプラハのポグロムまでのユダヤ人の状況を、チェコ最古の年代記であるコスマス年代記[8]とチェコ王プシェミスル・オタカル二世（在位一二五三―七八）のユダヤ人特権付与状[9]（一二五五年）に拠りながら明らかにする。次に、一三八九年のプラハのポグロムの原因と特徴について、この事件をパロディー風に描いた『頑固な農夫ヨハネスによるプラハのユダヤ人たちの受難物語[10]』にもとづき考察する。これらの問題を追究することで、少数派のユダヤ人をどう組み入れてキリスト教社会が秩序づけられてきたのか、その一端が明らかになると思われる。なお、教会改革者およびフス派とユダヤ人との関係については、展望という形で述べることにしたい。

第一節　十四世紀までのチェコのユダヤ人

1　コスマス年代記にみるユダヤ人

ユダヤ人はプラハにいつ頃から住み始め、どういう状況にあったのだろうか。

プラハで最初に史料で確認されるユダヤ人は、商人である。九六五年か九七三年にプラハを訪れたスペインもしくは北アフリカ出身のユダヤ人イブラヒム・イブン・ヤクブ（Ibrahim Ibn Jakub）は、商品をもってプラハにやって来たトルコ人の国出身のユダヤ人商人について証言している。[11] その後のユダヤ人についての情報はコスマス年代記が伝えてくれる。たとえば一〇九一（もしくは一〇九〇）年に、プラハやヴィシェフラトに「金銀豊かなユダヤ人」（Iudei auro et argento plenissimi）が存在した、と記される。[12] 当時のプラハのユダヤ人の恵まれた状況とキリスト教徒との良好な関係がこれから推測される。[13]

ところがその後、マインツやヴォルムスでと同様にチェコでも十字軍によるユダヤ人迫害が起こった。コスマス年代記によると、一〇九六年に、第一回十字軍遠征の軍の一つがライン川からザクセンとチェコを経由して、ハンガリーへ移動した際、プラハの「ユダヤ人に襲いかかり、洗礼を強制し、これを拒否したユダヤ人を殺害した」。[14] 洗礼を強制されたユダヤ人は、一年後あるいは一一〇〇年以後にやっとユダヤ教に戻ることができたが、一〇九六年の迫害がユダヤ人に大きな影響を残したことを、コスマス年代記は伝えている。

たとえば一〇九八年に財産をポーランドやパンノニアにひそかに運ぼうとしたプラハのユダヤ人が、大公ブジェチスラフ二世（在位一〇九二―一一〇〇）から全財産没収の刑罰を科された。[15-1] また一一〇七年には教会の縁飾りつきパリウム五着が、経済的にまだ立ち直っていないプラハのユダヤ人ではなくレーゲンスブルクのユダヤ人に五〇〇マルク銀で抵当に入れられている。[15-2] さらに一一二四年には、キリスト教に改宗して大公ヴラジスラフ一世（在位一一〇九―一一二五）に重用されていたユダヤ人ヤコブが、十字軍迫害のおり教会に改造されたと思われるシナゴーグを元の状態に戻そうとして大公に捕えられ、財産を没収され、彼の仲間もヤコブの死刑免除のために、三〇〇〇ポンド銀と一〇〇ポンド金を大公に支払わなければならなかった。このとき、大公は今後ユダヤ人がキリスト教徒の召使いを雇うことも禁じている。[15-3]

以上のコスマス年代記の記述から、一〇九六年の迫害がプラハのユダヤ人にかなりの影響を残したこと、それでもユダヤ人の財力は大公の重要な財源であり、だからこそ大公はユダヤ人を保護下に置き、支配しようとしたことがわかる。また当時、教会物件の抵当、キリスト教徒の召使いの雇用がユダヤ人に許されていたことは、注目に値する。その後プラハでは一一四二年にシナゴーグの火災、一一四六年におそらく十字軍によるユダヤ人迫害が起こったが、それらを除けば、十二世紀の間は全体的にチェコのユダヤ人の状況はそれほど悪くなかったようである。[16]

2　一二五五年のユダヤ人特権付与状にみるユダヤ人

十三世紀になると、ヨーロッパ全体の動きとして、教会によるユダヤ人規制が始まる。一二一五年の第四回ラテラノ公会議において、ユダヤ人の公職排除、高利禁止、服装規制などが決議された。[17] だが、その一方で、ユダヤ人の経済力は皇帝ならびに国王にますます認識され、一二三六年に皇帝フリードリヒ二世は、これまで一部の地域に限定されていたユダヤ人保護状を帝国のユダヤ人に拡大して与えた。その際、皇帝はユダヤ人を「余の財庫の従属民」(servi camere nostre) と初めて呼び、法的地位を保証した。ユダヤ人は国王の保護に対して、租税納付の義務があった[18]。

こういった動きの中に、チェコのプシェミスル・オタカル二世が一二五四年と一二五五年にユダヤ人に与えた特権を位置づけることができる。一二四九年、彼がまだモラヴィア辺境伯のときに公布したイフラヴァ鉱業法には、すでにユダヤ人に関する条項が含まれているが、それは証明のない教会物件の抵当禁止、キリスト教徒とユダヤ人の姦通ならびに聖金曜日の交わりを禁止した条文のみであった[19]。しかし新国王としてプシェミスル・オタカル二世が公布した一二五五年のユダヤ人特権付与状は三二条項から成り[20]、キリスト教社会で暮らすユダヤ人の生活全般に注意が向けられている。このユダヤ人特権付与状を次に紹介し、その特徴を考えてみたい。

まず、十一条項がユダヤ人の金融業に関する規定であり、全体に占める割合が最も大きい。ユダヤ人が商人としてよりも金融業者として、キリスト教社会でますますその存在意義が高まっていたことを反映している。しかも十一条項のほとんどが担保に関してであった。担保は、貸付業の安全を保証する唯一のものだからである。また貴族の土地さえも書状と印章で証明されれば担保と認められる条文、ユダヤ人の祭日に配慮する規定もある。「血のついた、もしくは濡れた衣服以外は」担保になりえた［5］。担保が「放火、窃盗、暴力によって」紛失したとき、そのことを宣誓して証明すればユダヤ人に責任はない［7］。キリスト教徒は担保を請け出す際、滞納していた利息を上乗せして支払うべし［23］。貴族の土地は「書状と印章で証明されていれば」抵当として認められ、国王は抵当の土地を不正から守る［25］。「ユダヤ人の手元に一年と一日経過した担保は」ユダヤ人の処分に委ねられる［27］。「ユダヤ人の祭日に担保の請け出しを強要すべきではない」［28］。「ユダヤ人から暴力で自分の担保を持ち去るキリスト教徒は」厳罰に処せられる［29］。他の条文はキリスト教徒との担保をめぐるトラブルについてであり、相手からの疑いを晴らすために、当事者は宣誓をして証明すべきであった［2、3、4、6］[21]。

第二に注目したいのは、七条項がユダヤ人、ユダヤ人の子供、ユダヤ人の墓地や学校（シナゴーグ）に対するキリスト教徒の暴力を禁止する規定だったことである。

　キリスト教徒がユダヤ人を負傷させたとき、国王あるいは大公の国庫に十二マルク金、負傷者に十二マルク銀と医療費を支払うべし［9］。「キリスト教徒がユダヤ人を殺害したとき、しかるべき裁判で罰せられ、罪人の動産と不動産はすべて、国王あるいは大公の所有となる」［10］。キリスト教徒がユダヤ人を殴って、血がでなかった場合、国王あるいは大公に四マルク金、負傷者に四マルク銀を支払うべきだが、貨幣がない場合は、手を切断して犯行を償うべし［11］。キリスト教徒がユダヤ人女性に乱暴に危害を加えた場合、その者の手が切断されるべし［21］。ユダヤ人の少年を誘拐した者は盗人の罪が宣告される［26］。「キリスト教徒がユダヤ人の墓地を冒瀆して破壊したり、侵入したりするならば、裁判で死刑となり」、彼の財産はすべて国王あるいは大公の国庫に所属する［14］。「ユダヤ人たちの学校を冒瀆し損害を与えた者は、ユダヤ人の裁判官に二タレントを支払うべし」［15］[22]。

　これらの条文は、ユダヤ人に対するキリスト教徒の暴力が少なからずあったことを推測させ、刑罰を科すことによってユダヤ人の安全を保証しようとするものである。また、ユダヤ人の墓地や学校（シナゴーグ）はユダヤ人の神聖な場所として特別に扱われている。さらに、罰金の大部分と罪人の不動産と動産は国王または大公に属した。

　第三に、裁判に関する規定は九条項にのぼるが、そのうち重要なのは、国王による召喚を除いて「ユダヤ人に対しては彼らの学校以外では裁判は行なわれるべきではない」［30］こと、ユダヤ人の控訴審は都市裁判所ではなく、「国王もしくは大公、あるいは最高財務官が裁判を司る」［8］ことである。他の六条項はユダヤ人同士の争いで「ユダヤ人の裁判官」（iudex Iudeorum）に納める罰金の規定［16、17、18、20］、トーラーの宣誓ならびに裁判要請に関する規定［19、22］、キリスト教徒がユダヤ人を訴えた裁判で証言に関する規定［1］であった[23]。

　第四に、二条項は関税免除に関する規定である。ユダヤ人が商品を運ぶ場合は関税は免除され、市民に義務のある通行料のみを支払うべし［12］。死者をプラハの墓地に埋葬するために運ぶ場合はユダヤ人に通行料が免除された[24][13]。

最後に、次の三条項はとくに注目される。一つは、ユダヤ人とキリスト教徒との接触を制限する条文で、「ユダヤ人の家に何者も泊まるべきではない」[24]とある。二つ目は、最高利率を規定する条文「ユダヤ人は一タレントにつき利子として八デナリウス以上を受け取らないことを定める」[31]がある。これは年利一七三・三三%であり、十三世紀の他の最高年利の二倍であった。一二五五年マインツの最高年利四三・三三%ないし三三・三三%と比べても、法外に高いといえる。三つ目は、教皇インノケンティウス四世の教書にもとづいて、ユダヤ人が祭儀でキリスト教徒の血を使用するという非難が禁止された。「今後、余の領地のユダヤ人は、人間の血を使用する、と非難されることを禁じる」[32]とある。[25]

以上のプシェミスル・オタカル二世のユダヤ人特権付与状は、ユダヤ人の生命、慣習、墓地とシナゴーグの保護を保証し、なによりも金融業の経営を保証した。金融業者としてのユダヤ人は、大公の重要な財源として、キリスト教徒の暴力から保護される必要があったからである。プシェミスル・オタカル二世のユダヤ人政策は、鉱山業、都市制度の整備、ドイツ人入植活動、シトー修道会の促進などと同様、貴族に対抗するため、また経済力を強めるための政策の一環と考えられるが、[26]キリスト教徒とユダヤ人の関係に目を向ければ、両者の共存をキリスト教社会に定着させる働きをしたように思われる。たしかにキリスト教徒とユダヤ人の接触を制限する規定もあるが、ユダヤ人に独自の裁判所と裁判官を認め、儀式殺人の非難をキリスト教徒に禁じるなど、ユダヤ人の慣習とユダヤ教に則った生活をキリスト教社会の中に認めたものであった。一二五五年のユダヤ人特権付与状は、その後一二六二年に二条項が変更されて、更新された。第五条項で教会祭服が担保物から除外され、第三一条項の最高利率が引き下げられ、「しかるべき利子とともに」(cum usura debita)という表現に変更された。[27]

ヨーロッパ全体では一二六七年のウィーン教会会議で、一二一五年のラテラノ公会議のユダヤ人規制がさらに強化され[28]、ユダヤ人とキリスト教徒の接触が一層制限される傾向にあったが、プシェミスル・オタカル二世はさらに一二六八年、一二七三年、一二七八年にユダヤ人特権付与状を更新した[29]。十三世紀までのチェコでは史料に言及されるユダヤ人がプラハとプシブラームのみであったのが、十三世紀末にはブルノやオロモウツなどの都市、十四世紀半ばには、おそらくチェコの都市制度の発達とも関係して、ヘプ、チャースラフ、プルゼニュなどの都市にもユダヤ人の居住区が増加した。チェコのユダヤ人は良好な状況にあり、プシェミスル・オタカル二世のユダヤ人特権付与状がこれに少なからず貢献したことは間違いないだろう。このユダヤ人特権付与状はユダヤ人の「自由の大憲章」(Magna charta libertatum)と呼ばれ、チェコばかりでなく、わずかな修正を伴って、ハンガリー、シュレージエン、ポーランド、リトアニアに受け継がれ、近代にいたるまで重要な影響を及ぼしたといわれる[30]。

第二節　一三八九年のプラハのユダヤ人虐殺

1　『受難物語』に現われたユダヤ人虐殺

十三世紀から十四世紀にかけてのプラハのユダヤ人については、一二七三年のヴルタヴァ川の氾濫によるユダヤ人街の浸水、一三一六年のユダヤ人街から出火した火災、そして一二九八年の国王ヴァーツラフ二世(在位一二七八—一三〇五)、一三三六年の国王ヨハン(在位一三一〇—四六)によるユダヤ人財産の没収が伝えられるが、この間、ユダヤ人迫害は起こらず、ユダヤ人の経済的状況はおおむね良好だった[31]。十四世紀中頃にはプラハのユダヤ人居住区は五カ所に存在した。最大のユダヤ人街は旧市街の北西にあり、壁に囲まれ六つの門があった。一三八九年のユダヤ人虐殺の舞台となったのはここである。そのほかに旧市街の聖霊小教区、ヴィシェフラト、新市街、そしてフラッチャニの辺りに小さな居住区があり、そこではキリスト教徒とユダヤ人の家が混在していた[32]。

一三八九年にプラハ旧市街でユダヤ人虐殺が突然起こった。この事件を『プラハ司教座聖堂参事会年代記』は「一三八九年にプラハのユダヤ人たちが復活祭の日に殺された(33-1)」と簡潔に記している。他の複数の年代記が同じ内容の簡潔な記事を載せているが、別の情報を追加している年代記もある。たとえば『パラティヌム年代記』には虐殺の理由が「冒瀆の罪により(33-2)」と述べられ、『古チェコ年代記』にはもっと詳しく「一人の司祭が聖体をもって通っていたときに、ユダヤ人たちが司祭に石を投げたので…焼き殺された(33-3)」と冒瀆の内容を説明している。また『Th. エンゲルフシウス年代記』には、ユダヤ人犠牲者は約三〇〇〇人で、「ヴァーツラフ王はこの殺戮により、銀五トンをうけとる(33-4)」とあり、『リンブルク年代記』には「一人の司祭が聖体をもってユダヤ人街を通っていたとき、一人のユダヤ人によって小石が聖体顕示台に投げられた」こと、「都市の平民によって」(von den gemeinen burgern) 殺害されたことが記述された(33-5)。

これらの年代記のほかに、この事件をもっと詳細に伝えているのは『頑固な農夫ヨハネスによるプラハのユダヤ人たちの受難物語』(『受難物語』と略)(Passio Judaeorum Pragensium secundum Johannem rusticum quadratum) である。これは一種のパロディー文学で、この類いの作品はフス派時代に有効な表現手段であった(34)。一三八九年のプラハのユダヤ人虐殺が、キリストの受難物語、つまりイエスが逮捕されて十字架にかけられ、埋葬後に復活するまでの出来事と重ね合わせて叙述される。福音書からの言い換えが多用され、その大半はマタイによる福音書からであるが、ヨハネ、マルコ、ルカによる福音書からも引用された。

『受難物語』の写本はトメクによって一八七五年にプラハ司教座聖堂参事会図書館で発見され、一八七七年に刊行された。トメクはこの写本が作品のほぼ完全な内容を伝えており、事件の時期、原因、状況の記述が事実に近いと高く評価している。この写本のほかに、やはりトメクが一八七六年に発見したプラハ大学図書館の写本があるが、トメクによるとこれには欠落と修正の痕跡が認められた(35)。また、ヤゲロ大学図書館の写本カタログの中に『プラハのユダヤ人虐殺の物語』が発見され、これはイレチェクによって一八八〇年に刊行された。このクラクフ写本は一八七七年刊行の写本とかなり類似しているが、若干の相違も存在している[36]。次に『受難物語』の著者については「頑固な農夫ヨハネス」(Johannes rusticus quadratus) という偽名でしか知られていない。マレシュは聖書の知識が豊富なことを理由に、著者は司祭以外には考えられないとする。そして一四一五年から一四一七年の間に書かれた反フス派のパンフレット『ミサ　ウィクリフとフス派』の著者と同一人物だとみなした。このパンフレットが「頑固なヨハネス」の偽名で書かれ、フス派運動がマタイによる福音書にもとづいて風刺的に描かれているからである[37]。『受難物語』の執筆時期や目的もまた不明であるが、事件後の早い段階で執筆され、ラテン語が理解できる聖職者などに読まれて、このユダヤ人敵視の事件が伝えられるためであっただろう。

『受難物語』にもとづき一三八九年のユダヤ人虐殺を論じたのは、グラウスである。彼の研究意図は、一三八九年のユダヤ人虐殺、一四一九年のフス派革命の始まりとなる反乱、一四二二年フス派革命の最中の暴動、この三つのプラハの民衆暴動を比較検討して、社会構造史的研究に位置づけることであった。彼によると、いずれの暴動も、担い手の中心は都市下層民で、彼らが市参事会の命令を無視または拒否して起こした典型的な都市の運動であった。また説教内容はそれぞれ異なるものの、説教師による煽動という点でも共通していたとする。その一方で、グラウスは大きな相違点を指摘した。一三八九年の事件は自然発生的で組織されず、犠牲者がユダヤ人だけであったのに対して、他の二つはあらかじめ計画され、宗教的・政治的な背景のもとで、急進フス派がカトリックあるいは穏健フス派を攻撃したものとする。一四二二年の騒擾では一部の暴徒がユダヤ人街を襲撃したが、それは反乱の本質ではなかった。そして結果についても、一三八九年の場合は、ユダヤ人の居住が再開され、都市社会の構造上の変化は生じなかったのに対して、一四一九年の騒擾ではプラハのみならずチェコ全体がフス派革命へと発展し、一四二二年の騒擾でも、一時的に急進派主導の市政に転換したと結論づけた[38]。

グラウスが『受難物語』に拠って一三八九年の事件を分析したように、この事件を最も詳しく伝えている史料が『受難物語』であることは確かである。しかし、そこには著者の意図が少なからずつけ加えられているだろう。グラウスもユダヤ人殺害の理由が率直に述べてある点に『受難物語』の価値を見ており、著者がユダヤ人敵視に特別な関心を抱いていたと推測している。(39) したがって、『受難物語』に描かれた事件の特徴を考察する際、著者の意図に注意する必要がある。以下で、まず『受難物語』を紹介し、次に事件の特徴を考えたい。

さて、安息日が終わって、週の初めの日の明け方、一人の司祭がイエスの聖体をもって、ユダヤ人街にやって来た。ユダヤ人たちが出てきて、手に石を持ち、叫んだ。「その者は石を投げられてしかるべきだ。神の子と自称したからだ。(40-1)」……司祭はこれを見て、キリスト教徒たちに言った。「なぜ、あなたがたはこの民を苦しめないのか？私に最悪のことをしたというのに。……はっきりあなたがたに言っておく。この行いが公けにされるところではどこでも、全世界で、これはわが正統信仰を軽蔑してなされたのだということが語り伝えられるだろう。」イエスに石を投げたあの者たちは当局の権限で逮捕され、都市監獄へ連行された。……プラハの諸教会の説教師たちは、説教を聞いている人びとに言った。「まことに、イエスになされた不正に見合う復讐をしなければ、この年、すべての者がつまずくだろう。(40-2)」……そのとき、キリスト教徒たちの下層民の一人で Gesco Quadratus という名前の者が、時の司教であるかのように予言して言った。「キリスト教徒の民の代わりにユダヤ人すべてが一緒に死に、キリスト教徒の民全体が滅びないですむ方が、あなた方には都合がよい。(40-3)」そこで、その時から、キリスト教徒たちはすべてのユダヤ人を殺そうと考えて、言った。「神の復讐がわれわれになされるといけないから、彼らの財産を奪い、満足な暮らしをしている不信心の民を地上から滅ぼそう。(40-4)」

他方、市当局は下層民がユダヤ人街に向かって大いに激高するのを見て、ユダヤ人たちの将来の危険を食い止めるために、通りを大声で触れ回って市民の集会を市庁舎へ召集するよう、伝令使たちに命じた(40-5)。しかし神の摂理により、聖霊の働きによって伝令使たちは命令とは逆のことを実行した。というのは、全民衆がともにユダヤ人たちの略奪と根絶へ突き進むよう、国王と審判人たちに命令されたかのように、伝令使たちは叫んだからである。……

キリスト教徒たちは言った。「鶏が朝一番に鳴く前に、すべての者が火の中で、また剣による殺戮で悲惨に殺害されるだろう。」あの Gesco Quadratus が言った。「あの者たちは死刑にすべきだ。……私の剣、同様に私の魂がユダヤ人の血で潤されなければ、私は十分には悦ばないだろう。」

キリスト教徒たちの大群衆は、都市の審判人たちや長老たちの説得によってではなく、この人びとを殺害するよう神の霊に突き動かされて、剣、矢、槍、棍棒、盾をもってやって来た。……ユダヤ人たちが近づいてきて、言った。「友よ、何をしに来たのか?」……キリスト教徒たちは互いに言った。「これによって聖書が実現されるよう、ユダヤ人たちを捕まえて殺そう。」そして不信心のユダヤ人たちにしっかりと残忍に手をかけて、彼らの財産も身体も容赦しなかった。互いに彼らの衣服を分け合い、それぞれが非常に多くを略奪することができた。それらのことでくじを引いたりしなくても、衣服も財貨も家具もすべて正当に十分に手に入れた。そこに来ていた者はみな手を伸ばし、同情することもなく彼らに打ちかかり、彼らの耳だけでなく頭、手、足をも切り落とした。……薪を組み立て、彼らを火の中に放り込んだ。彼らを侮辱した後、衣服を脱がせ、火をつけた。……その日の遅くに、ユダヤ人街で大地震が起こった。彼らの墓地の墓石が裂け、粉々になった。彼らの墓がキリスト教徒たちによって暴かれた。しかしユダヤ人たちの身体は生き返ることはなかった。……

この夜、ユダヤ人たちの家が焼き尽くされ、そして真っ暗になった。……おお、ヘブライ人を略奪し、キリスト教徒を富ませた、まことに祝福された夜よ(40-6)。……当局は下層民のこれほど強い狂暴さをどんな方法によっても制御することはできなかった(40-7)。

夜が明けると、市民、都市の長老たちと審判人たちが市庁舎に集まって誓約をし、次のように言った。「誰であろうと、略奪したものを持ち続けることは許されないし、保管したものを自分のために使用することも許されない。それは利息の代価であるから。」しかし彼らは自分の純粋な良心からではなく、王の威厳への恐怖に動かされて、このことを言った。死刑でという伝令使の命令を聞いて、市庁舎に戻しに来た者もいた。……見物に集まっていたキリスト教徒の群衆はみな、これらの出来事を見て、ヘブライ人たちの死体を打ちながら帰って行った。これらのことを見た者が証言をした。彼の証言は真実である。彼が真実を語ったとあなたがたが信じることを彼は知っている。これらのことは、わが主イエス・キリストの受肉から一三八九年に起こった。

次の日、つまりユダヤ人たちが虐殺された安息日の三日後に、都市の長官たち、司祭たち、貴族たちそして民衆が、老人も若者も、妻も処女も、修道士、傭兵、そして娼婦もともに事件の起こった廃墟の場所に集まった。そしてヘブライ人たちの無数の裸の死体を眺めた。それは家や道路に横たわっていて、四肢をバラバラに切断されたり焼かれたりしていた。彼らは、空気の汚染により腐敗が町を汚さないか、と話し合いを始め、貧しいキリスト教徒たちが金銭で雇われて、まだ火で殺害されていなかったすべての死体を運び集めて積み重ね、もしこれまで潜伏していて生きていた者を発見したら、彼らもこの者たちに加えて、強い火で焼いて灰にするように、と取り決めた。そしてそのようになった。同じ日、その後の続く日々に、ヘブライ人とその多くの子供たちが自分自身の願望で洗礼を授けられた。彼らとともに、一人のユダヤ人老女も洗礼を授けられた。彼女は、ユダヤ人街の門の上にわが主イエス・キリストの母である祝福された処女マリアが立っているのを見た、と聴罪司祭に告白したからである。洗礼を受けたこの人びとはキリストを賛美して、言った。「まことに、十字架にかけられた人は、神の子であった。」……

キリスト教徒の民衆は、ユダヤ人街で財貨を手に入れるために、掘り起こす石がないほど略奪し続けた。審判人たちはこれを理解して、言った。「（この間、ヘプに滞在していた）国王が到着する前に、……この忌まわしいことを阻止しなければならないし、以前よりももっと悪い不穏な状態にならないようにしなければならない。」そこで、審判人たちは多くの軍隊を集めて、彼らに言った。「行って、しっかりと見張るがよい。」審判人たちは出かけていき、ユダヤ人街を番兵で守らせ、諸門を封鎖した。(40)

以上の『受難物語』の抄訳にもとづいて、著者の意図、事件の特徴をまとめたい。

まず『受難物語』では、ユダヤ人襲撃のきっかけとして、一三八九年復活祭の日曜日の四月十八日に、司祭がユダヤ人街を通って聖体を運んでいたとき、ユダヤ人がそれに投石し、キリストを冒瀆する発言をした、と冒頭で記される。クラクフ写本では、ユダヤ人の発言が「これは神の子ではなく、偶像だ」という表現に変わり、ユダヤ人はそれを地面に倒し、砕けた聖体を司祭が寄せ集めたと伝えている。(41) クラクフ写本の方が、ユダヤ人が聖体を嘲笑したことが強く印象づけられる。聖体への投石と冒瀆発言が実際にあったかどうかはわからないが、おそらくそのうわさだけでも十分に襲撃のきっかけとなっただろう。中世のユダヤ人迫害の多くは、復活祭の時期に起こっている。復活祭のとき、教会でキリスト受難の説教を聞いた民衆は、ユダヤ人に対する敵意を強め、この一般的なユダヤ人敵意に、何か直接的なきっかけが加わって、ユダヤ人虐殺へと発展した。きっかけの多くは、プラハの場合と同様、聖体冒瀆あるいはそのうわさであったのである。(42)

第二に『受難物語』には、年代記にはない襲撃へと発展する過程が描かれている。その日のうちに司祭や説教師たちがプラハの多くの教会でこの出来事を民衆に広め、ユダヤ人への復讐をキリスト教徒に促した、とある。これが事実であったかどうかはともかく、中世のユダヤ人虐殺に聖職者が何らかの役割を担っていたことは十分推測されるが、ここで強調したいのは、説教師のこの行為そのものに聖職者のユダヤ人憎悪がはっきり示されているということであり、またそのユダヤ人憎悪は、著者も共有していただろうということである。

第三に『受難物語』では、襲撃を実行した当事者は都市の民衆（populus）であり、その中心は下層民（plebecula、plebs）であったとされる。年代記にも「都市の平民」がユダヤ人を襲撃したとあるので、おそらく都市下層民が襲撃参加者の中心であったと思われるが、さらに『受難物語』には、キリスト教徒の下層民の中から（unus ex plebe Christianorum）Gesco Quadratus という名前の一人の人物が突然、襲撃の先頭に立ち、人びとを扇動したと記される。クラクフ写本ではその名前が Gesco ではなく Iohannes となっている。Gescoはチェコ語でJeško、Ješekであり、そのラテン語はJohannesである。『受難物語』の著者は自らを Johannes と名乗っているので、扇動者の登場は著者の創作の可能性がある。もちろん、実際に扇動者が突然現われた可能性もあるだろう。しかしたとえそうであっても、扇動者のユダヤ人憎悪の発言は著者自身の声を代弁していると考えざるをえない。残酷な殺害描写の後で、著者は、ユダヤ人を貧しくさせ、キリスト教徒を富ませた虐殺の夜を大いに賞賛しているからである。ただし襲撃参加者にユダヤ人への憎悪がなければ、ユダヤ人虐殺には発展しなかっただろう。これに関しては、実際に都市下層民とユダヤ人との関係が悪化しつつあったことが推測される。いずれにしても襲撃参加者は略奪をし、債務からも解放されたので、襲撃の直接的な受益者となったことは間違いない。

第四に『受難物語』では、プラハ旧市街の市当局は、最初から一貫して襲撃を阻止しようとしている。その理由は、国王の怒りを恐れたから、とだけ記される。国王によるユダヤ人保護、そしてその政策の実行と都市の秩序の維持は市当局の責任であり、そのことは著者には自明のことだったからだと思われる。クラクフ写本には、国王がこの事件を理由に、プラハ旧市街の参事会に二万ショック・グロッシェンの罰金を科した、とある。国王には市庁舎に戻された略奪物も手に入ったので、国王もまた、間接的にではあるが、ユダヤ人虐殺事件から利益を引き出すことができた。(43)

第五に、ユダヤ人虐殺ではわずかなユダヤ人とその子供たちだけが生き残った。彼らはたぶん洗礼を強要されただろう。しかし『受難物語』では、彼らが自発的に洗礼を受け入れ、キリストは神の子だった、と賛美したことになっている。つまり、『受難物語』の著者は、ユダヤ人が最終的にはキリスト教に改宗する、という中世の、とくに聖職者のユダヤ人観に依拠していたといえる。

以上見たように、『受難物語』に描かれた一三八九年のプラハのユダヤ人襲撃事件は、聖体冒瀆、略奪と殺害という大筋では、年代記とも一致し、また中世の多くのユダヤ人迫害の特徴とも共通していた[44]。しかし、虐殺行為へ発展する過程で登場する説教師や下層民の、とりわけその発言には、著者の意図が明確に現われているように思われる。そこにはユダヤ人憎悪がとりわけはっきり示されている。これらを考えると、著者は、イエスを十字架にかけた罪人という、中世の聖職者の一般的なユダヤ人観にもとづいて『受難物語』を叙述したといってよい。

2　一三八九年のユダヤ人虐殺の背景

それでは、なぜこの時期に突然ユダヤ人虐殺が起こったのか、また、ほぼ二世紀の間、プラハでなぜそれが発生しなかったのか、これらについて考えてみたい。

長い間ユダヤ人虐殺が起こらなかった背景には、国王の「財庫の従属民」というユダヤ人の法的地位が継続されたことが考えられる。ヴァーツラフ四世はユダヤ人を自らの「財庫の従属民」と呼び、先王カレル四世（在位一三四六―七八）も、一三五六年に、チェコのすべてのユダヤ人にプシェミスル・オタカル二世の特権を認め、彼らを国王の「財庫の従属民」とみなした。またフス派革命後の一四五四年に、チェコ王ラディスラフ（在位一四五三―五七）もプシェミスル・オタカル二世の特権を確認しているので、ユダヤ人の法的地位は、一五世紀にいたるまで国王に保証されていた。この法的地位の保証に対して、ユダヤ人は国王に租税納付の義務があった。もっとも、国王はこのユダヤ人保護権（レガリア＝国王大権）を都市や貴族にしばしば譲渡して、政治的駆け引きに利用した。また、新税を課したり、金銭と引き替えにユダヤ人の集団や個人に特権を与えるなど、国王はユダヤ人からできる限り金銭を引き出そうとしたので、保護の見返りとして納めるユダヤ人側の支出は状況に応じて変動しただろう。[45]

それでは、ユダヤ人は国王により法的地位を保証され保護されていたにもかかわらず、この時期にプラハでユダヤ人虐殺が起きたのはなぜだろうか。これについては間接的な要因しかあげられない。一つには教会からユダヤ人敵視を強めるような動きがあったことがある。一三四八年と一三四九年に、プラハ大司教パルドゥビツェのアルノシュト（Arnošt z. Pardubic）（在位一三四四―六四）は、プラハ教会会議で一三一〇年のマインツ教会会議を手本にユダヤ人の衣服条令を取り決め、また一三四九年にユダヤ人が聖金曜日に都市で見かけられるべきではない、と命じた。[46] キリスト教徒とユダヤ人の接触を制限するこれらの指令が、ユダヤ人虐殺にどのくらい影響を及ぼしたのかはわからないが、少なくともユダヤ人とキリスト教徒の共生のために作用しなかったことは確かであろう。

二つ目には、金融業者ユダヤ人と債務者キリスト教徒との緊張関係が高まりつつあった可能性を指摘したい。国王はユダヤ人からの租税が確実に手に入るように、また有利な融資を利用できるためにも、金融業を営むユダヤ人の債権を保護した。ヴァーツラフ四世は、国王都市や他の都市に、債務者の市民に返済を催促するようにとたびたび命令している。国王、辺境伯、貴族、都市ばかりでなく、司教、修道院そして教会もユダヤ人の貸付を頻繁に利用したが、都市住民もユダヤ人の貸付を必要とした。担保は、宝飾品のほかに、都市の関税や租税、土地などもあったが、都市住民の場合は、担保の八七・九％が日用品であった。たとえば、荷車、罠、狩猟用罠、ナイフ、革製半ズボンなどである。これらの中で、靴や帽子など身につけるものは三八・七％にのぼり、対照的に十字架、貴金属のついた多色の高級衣服は一二・一％であった。[47] この都市住民の抵当物からは、プラハの住民の生活苦を読み取ることができる。当時、約三万五千人が住んだプラハで、貧困ゆえの課税免除者は約五〇％にも達した。十四世紀末までにプラハでは不景気が進行し、それは賃金固定、失業増加、生活費増大を意味した。当時の物価は、小麦、大麦、牛肉、豚肉、リンゴ酒、石炭が十四世紀末から十五世紀初めにかけて上昇している。国王条令や都市条令で定められたユダヤ人貸付の最高利率をみると、プラハで十四世紀半ばから十五世紀の最高利率は八六・九％であった。一四九七年以後は二四・七％、プラハ新市街では一五〇三年以後は一八・六％、プラハ旧市街では一五一五年以後は一二％と低くなっている。一四九七年以前の最高利率の高さがとりわけ目をひく。[48]

その上、債権者はユダヤ人ばかりではなかった。キリスト教徒の富裕な市民や聖職者も債権者となった。その場合の最高利率は約一〇％であった。家を建築する場合、市民の多くが終身返済の債務者となっており、終身利率は十四世紀に約一〇％、十五世紀初めには一一～一二％に上昇している。プラハへの新移住者が家を建築する場合、土地取得の一か月後に家を建て始め、十八か月以内に完成しなければならなかったが、建築用木材の価格に変動はないものの、土地価格が三～四倍に上昇したため、建築費用は上昇した。一四〇〇年から一四一九年の間に、旧市街の五九三軒のうち九〇％の五三〇軒が終身利率を負っており、その内四四軒が滞納のために提訴されていた。新市街の場合、二七三軒のうち九五％の二六〇軒が終身利率を負っていた。[49]

このようにプラハでは、家を所有している階層も、そして都市住民の約五〇％を占める貧困層もユダヤ人あるいはキリスト教徒からの負債を免れて生活することが難しい経済状況であった。一三八九年のユダヤ人虐殺の発生、またその中心が下層民であったことには、このような事情が背景にあるのではないだろうか。また、一三七九年と一三八〇年にチェコで流行したペストが社会不安を強め、事件に何か影響を与えたかもしれない。[50]

プラハのラビで金融業者アヴィグドル・カラ（Awigdor Kara）は一三八九年のユダヤ人虐殺を目の当たりにして、「悲歌」を執筆した。ユダヤ人迫害後、逃避していたユダヤ人はプラハに戻ってきてユダヤ人街を再建し、以前とほぼ同様の法的立場で暮らし始めたのである。[51]

むすびにかえて

一三八九年のプラハのユダヤ人虐殺の原因と特徴、そしてそれ以前のチェコのユダヤ人の状況について考察した。一二五五年のプシェミスル・オタカル二世のユダヤ人特権付与状は、ユダヤ人の「自由の大憲章」とも呼ばれ、その後チェコの歴代の国王に確認され、近代にいたるまでユダヤ人の法的地位を保証した。一三八九年までのほぼ二世紀の間、プラハでユダヤ人虐殺が起こらなかったことを考えると、このユダヤ人特権付与状がキリスト教社会の中にユダヤ人の存在を認め定着させる役割を果たしたと思われる。それにもかかわらず一三八九年に下層民を中心とするキリスト教徒の都市住民がユダヤ人を略奪し殺害した。この直接的な原因は、聖体の冒瀆もしくはそのうわさという宗教的なものであったが、著しい略奪行為を考えると、間接的な要因として経済的要素も無視できない。プラハの経済状況が悪化したことによる貧困層の増加、債務者となった都市住民とユダヤ人金融業者との緊張関係の高まり、それによるユダヤ人敵視の増大などが、複合的に迫害に作用したと思われる。また、教会によるキリスト教徒とユダヤ人の接触の制限も、ユダヤ人憎悪を強めた可能性があった。この事件を扱った『受難物語』には聖職者のユダヤ人憎悪が反映されており、著者もまた中世の聖職者の一般的なユダヤ人敵視を共有していたと思われる。このように、フス派時代初期のプラハのユダヤ人とキリスト教徒の関係は、これまで一種の共存関係にあったキリスト教社会の秩序が崩れ、宗教的少数派のユダヤ人に対してキリスト教徒の不寛容が急激に高まった状況であった。

その後チェコでは教会改革運動がチェコ人全体を巻き込み、フスの火刑後は、カトリックに対して、聖書主義を原則とするフス派革命が展開した。フス派とユダヤ人との関係について簡潔に展望を述べたい。フス派の諸都市では、ユダヤ人に対する独自の政策がとられ、国王の代わりに、ユダヤ人から租税が徴収された。また本来、フス派、特に急進的なターボル派にとって、高利の禁止は原則的な主張であったので、これにもとづくならばユダヤ人の生計は絶たれるはずであったが、プラハのユダヤ人は制限された形で金融業を営むことができた。さらにフス派革命のさなか十字軍に対する防衛のために、ユダヤ人がフス派に協力したといわれ、カトリックからは、フス派がユダヤ人に対して寛大だという中傷もあった。そしてマチェイやヤコウベクのような教会改革者は、中世の教会とは異なり、ユダヤ人を反キリストと同属とは考えなかった[52]。フス派時代のこういった例は、フス派とユダヤ人の比較的良好な関係を推測させるものである。

しかし、その一方で、この関係を否定するような出来事も報告されている。一四二二年にはプラハで急進派のジェリフスキー暗殺に抗議した民衆が暴徒化し、ユダヤ人街をも襲撃した。プラハ以外でも、一四二一年にホムトフを占拠したターボル派が、ユダヤ人を含め、そこの住民すべてを殺害している。また一四二〇年と一四三〇年にはリトミシュルでユダヤ人三人が殉教した[53]。つまり、フス派革命の間も、チェコのユダヤ人は迫害を経験している。さらにヤコウベクも『高利について』の中で、キリストの時代に改宗しなかったユダヤ人はもみ殻のように役に立たない残滓だと述べ、ユダヤ人を非難している[54]。少なくともこれらの例からはフス派とユダヤ人との友好関係は認められない。そして研究者の間でも、フス派とユダヤ人の関係については見解が分かれているのである[55]。したがって、両者の関係については、フスなどの教会改革者およびフス派のユダヤ人観、ユダヤ人から見たフス派、そしてフス派とユダヤ人の実際の行動などを具体的に分析する必要があり、この問題は今後の課題としたい。

（1）Václav Vladivoj Tomek, *Dějepis města Prahy*, Vol. 3 (Praha, 1875), pp. 338–340 ; František Michálek Bartoš, 'Židé v Čechách v době Husově', *Kalendář česko-židovský* (1915–1916), pp. 159–161 ; F. M. Bartoš, *Čechy v době Husově 1378–1415* (České dějiny II-6, Praha, 1947), pp. 80 ff.; František Graus, *Struktur und Geschichte. Drei Volksaufstände im mittelalterlichen Prag* (Vorträge und Forschungen, Sonderband 7, Sigmaringen, 1971), pp. 48-60 ; Jiří Spěváček, *Václav IV. 1361-1419* (Praha, 1986), pp. 197-199 ; 石川達夫『黄金のプラハ―幻想と現実の錬金術』平凡社選書、二〇〇〇年、二六三―二六八頁。グラウスは、Pogrom（ポグロム）が局地性、民衆主導、非合法性、虐殺と略奪そして暴動などの特徴を持つのに対して、狭義の Verfolgung（迫害）はユダヤ人共同体に対する当局の措置（訴訟、追放など）という特徴を持つが、ポグロムと同じ現象が現われることも多いとする。F. Graus, *Pest-Geissler-Judenmorde. Das 14. Jahrhundert als Krisenzeit* (Göttingen, 1987), pp. 377-389 ; Cf. Barbara Newman, 'The Passion of the Jews of Prague : The Pogrom of 1389 and the Lessons of a Medieval Parody', *Church History*, Vol. 81, No. 1 (2012), pp. 1-26 ; Evina Steinová, Passio Iudeorum Pragensium : Tatsachen und Fiktionen über das Pogrom im Jahr 1389, (2016) 〈https://www.researchgate.net/publication/314281702_Passio_Iudeorum_Pragensium_Tatsachen_und_Fiktionen_uber_das_Pogrom_im_Jahr_1389〉

（2）　Z. Avneri (ed.), *Germania Judaica*（以下 *GJ*）, Vol. 2, No. 1 (Tübingen, 1968), pp. 91f., n. 2; *GJ*, Vol. 2, No. 2, pp. 659, 661, n. 4. 一二九〇年、一三〇五年のプラハのポグロムについての年代記などの報告は確認されない。

（3）　Graus, *Pest-Geissler-Judenmorde*, pp. 156f.

（4）　Graus, *Struktur und Geschichte*, pp. 49f.

（5）　Vlastimil Kybal (ed.), *Matthiae de Janov dicti Magister Parisiensis. Regulae veteris et novi testamenti*, Vol. 3 (Innsbruck and Praha, 1911), p. 177 ; V. Kybal, 'M. Matěj z Janova a M. Jakoubek ze Stříbra. Srovnávací kapitola o Antikristu', *Český časopis historický*, Vol. 11 (1905), pp. 22-37 ; Ruth Kestenberg, 'Hussitentum und Judentum', *Jahrbuch der Gesellschaft für Geschichte der Juden in der Tschechoslovakischen Republik*, Vol. 8 (1936), pp. 7f.

（6）　F. M. Bartoš, *Literární činnost M. Jakoubka ze Stříbra* (Praha, 1925), pp. 29, 47 ; Bartoš, '*Židé*', pp. 161ff. ; Kestenberg, *op. cit.*, pp. 11-13.

（7）　Cf. Guido Kisch, *Forschungen zur Rechts- und Sozialgeschichte der Juden in Deutschland während des Mittelalters* (Sigmaringen, 2. ed. 1978); Friedrich Battenberg, *Das europäische Zeitalter der Juden*, 2 Vols (Darmstadt, 2. ed. 2000); Graus, *Pest-Geissler-Judenmorde*; Michael Toch, *Die Juden im mittelalterlichen Reich* (München, 1998); 小倉欣一「第一部　中世から近世へ、第四章　ユダヤ人とゲットーの建設」小倉欣一、大澤武男『都市フランクフルトの歴史―カール大帝から一二〇〇年』中公新書、一九九四年、七三―八九頁、古川誠之「シュライン文書に見える「共生」―中世ラインラント地方の都市とユダヤ人」森

原隆編『ヨーロッパ・「共生」の政治文化史』成文堂、二〇一三年、二一一—二二七頁。

(8) Cosmae chronica Boemorum, *MGH SS*, Vol. 9 (以下 *Cosmae*), pp. 31-132.コスマス年代記（全三巻）は、プラハ聖堂参事会長コスマス（一〇四五—一一二五）により一一二五年までのチェコの歴史が叙述される。

(9) Jindřich Šebánek and Sáša Dušková (eds.), *Codex diplomaticus et epistolaris regni Bohemiae* (以下 *CDB*), Vol. 5 (Prag, 1974), No. 41, pp. 85-91.

(10) V.V. Tomek, 'Passio Judaeorum Pragensium secundum Johannem rusticum quadratum', *Sitzungsberichte der königlichen böhmischen Gesellschaft der Wissenschaften in Prag*, No. 1 (1877), pp. 11-20 ; Paul Lehmann, *Die Parodie im Mittelalter* (Stuttgart, 2. ed. 1963), pp. 211-216.

(11) Wilhelm Wattenbach and Robert Holtzmann, *Deutschlands Geschichtsquellen im Mittelalter. Die Zeit der Sachsen und Salier*. new ed. Franz-Josef Schmale (Darmstadt, 1967), pp. 33f. ; M. Brann et al. (eds.), *GJ*, Vol. 1 (Tübingen, 1963), pp. 28, 270 ; Peter Hilsch, 'Die Juden in Böhmen und Mähren im Mittelalter und die ersten Privilegien (bis zum Ende des 13. Jahrhunderts)', in F. Seibt (ed.), *Die Juden in den böhmischen Ländern* (München, 1983), pp. 13-26, esp. p. 14. イブラヒムはオットー一世の宮廷に派遣されたアラブ使節団の随員であったらしい。彼は商業目的もかねてスラヴ人地域を旅行した。

(12) *Cosmae*, II, p. 98.

(13) Hilsch, *op. cit.*, p. 15.

(14) "…irruerunt super Iudeos, et eos invitos baptizabant, contradicentes vero trucidabant.", *Cosmae*, III, p. 103.

(15) (15-1) *Cosmae*, III, p. 104 ; (15-2) *Cosmae*, III, p. 112 ; (15-3) *Cosmae*, III, pp. 128f. コスマスはユダヤ人に友好的ではなかったが、彼らへの強制的洗礼には反対であった。Hilsch, *op. cit.*, pp. 18ff. ; *GJ*, Vol. 1, pp. 33f.

(16) *GJ*, Vol. 1, pp. 29ff. ; Hilsch, *op. cit.*, pp. 19f. プラハではユダヤ人共同体も確認される。

(17) Hilsch, *op. cit.*, p. 20.

(18) Privilegium et sententia in favorem Iudaeorum, *MGH Constit.*, II, No. 204 , pp. 274-276 ; Hilsch, *op. cit.*, pp. 20 f.; Kisch, *op. cit.*, pp. 59-61.

(19) *CDB*, Vol. 4, (Prag, 1962), No. 177, esp. pp. 310f., 321 f.

(20) *CDB*, Vol. 5, No. 41, pp. 85-91. 一二五四年のユダヤ人特権付与状は教皇インノケンティウス四世の一二四〇年代のユダヤ人保護状二通を確認する内容である。*CDB*, Vol. 5, No. 36, pp. 76f.

(21) [5] "exceptis vestibus sanguinolentis et madefactis"; [7] "per casum incendii aut per furtum aut per vim"; [25] "hoc per suas literas et sigillum probaverit"; [27] "pignus per annum et diem apud Iudeum remanserit"; [28] "Item volumus, ut nullus Iudeum super solucione pignorum in sua feriali die audeat cohercere."; [29] "Christianus Iudeo per vim abstulerit pignus suum." *CDB*, Vol. 5, No. 41, pp. 85ff.

(22) [10] "Item si Christianus Iudeum occiderit, digno iudicio puniatur et omnia rei mobilia et inmobilia in regis seu ducis transeant potestatem."; [14] "Item si Christianus cimiterium Iudeorum quacumque temeritate dissipaverit aut invaserit, in forma iudicii moriatur…"; [15] "Item si aliquis temerarie iactaverit super scolas Iudeorum, iudici Iudeorum duo talenta volumus ut persolvat." *CDB*, Vol. 5, No. 41, pp. 86f.

(23) [30] "Item contra Iudeum nisi coram suis scolis nusquam in iudicio procedatur…"; [8] "…rex aut dux aut summus terre vel regni camerarius iudicium exercebit." *CDB*, Vol. 5, No. 41, pp. 85ff.

(24) *CDB*, Vol. 5, No. 41, p. 86.

(25) [24] "Item nullum in domo Iudei volumus hospitari"; [31] "Item statuimus, ut et Iudei de talento non nisi octo denarios percipiant in usuris."; [32] "…ne de cetero Iudei singuli in nostro dominio constituti culpari debeant, quod humano utuntur sanguine…" *CDB*, Vol. 5, No. 41, pp. 87f. ; Hilsch, *op. cit.*, pp. 22, 24.

(26) Hilsch, *op. cit.*, pp. 21ff.; 中世チェコの国家における王権と貴族については、薩摩秀登『王権と貴族―中世チェコにみる中欧の国家』日本エディタースクール出版部、一九九一年、藤井真生『中世チェコ国家の誕生―君主・貴族・共同体』昭和堂、二〇一四年を参照のこと。

(27) *CDB*, Vol. 5, No. 316, pp. 471-474, esp. pp. 472, 474. 一二六二年の場合、第31条項と第32条項が入れ替わっている。

(28) Hilsch, *op. cit.*, p. 25 ; *GJ*, Vol. 2, No. 1, pp. 91f.

(29) *CDB*, Vol. 5, No. 566, pp. 137-143 ; Hilsch, *op. cit.*, pp. 25f.

(30) *GJ*, Vol. 2, No. 1, p. 91; Hilsch, *op. cit.*, pp. 22f., 26.

(31) *GJ*, Vol. 2, No. 1, p. 91; *GJ*, Vol. 2, No. 2, p. 659.

(32) A. Maimon et al. (eds.), *GJ*, Vol. 3, No. 2 (Tübingen, 1995), pp. 1116f.

(33) Tomek, 'Passio', pp. 11-13: (33-1) *Chronicon capituli Metropolitani Pragensis*, in K. Höfler (ed.), Geschichtsschreiber der hussitischen Bewegung in Böhmen, Vol. 1 (Wien, 1856), p. 65 ; (33-2) *Chronicon Palatinum*, Ibid., p. 47; (33-3) F. Palacký

(ed.), *Staří letopisové čeští* (Praha, 2. ed. 1941), p. 26 ; (33-4) *Th. Engelhusii Chronicon*, in G. W. Leibniz (ed.), Scriptores Brunsvicenses Ⅱ, p. 1134 ; (33-5) *Die Limburger Chronik*, MG, Deutsche Chroniken, Vol. 4, p. 79.次の年代記も事件を記録する。*Chronicon Anonymi* (G. Dobner, Monumenta Historica Boemiae nusquam antehac edita Ⅲ, Pragae, p. 58); *Continuator Pulkavae* (Dobner, MHB, IV, p. 133); *Appendix Chronici Bartossii* (Dobner, MHB, I, p. 213); *Chronicon breve Lipsiense* (Höfler (ed.), *op. cit.*, p. 7); *Chronicon Pragense* (Ibid., p. 5).

(34) Lehmann, *op. cit.*, p. 86.

(35) Tomek, 'Passio', pp. 11-13.

(36) Jos. Jireček, 'Zpráva o židovském pobití v Praze r. 1389 z rukopisu Krakovského', *Sitzungsberichte der königlichen böhmischen Gesellschaft der Wissenschaften in Prag*, (1880), pp. 227-229.

(37) František Mareš, 'Jessko rusticus quadratus', *Český časopis historický*, Vol. 9 (1903), pp. 202f.

(38) Graus, *Struktur und Geschichte*, *pp.* 74-78.

(39) Graus, *Struktur und Geschichte*, *pp.* 51f.

(40) Tomek, 'Passio', pp. 13-20: (40-1) "Lapidetur iste, quia filium Dei se fecit." , p. 13; (40-2) "Vere, nisi condignam super injuria Jesu illata vindictam feceritis, omnes scandalum patiemini anno isto.", p. 14; (40-3) "Expedit vobis, ut omnes pariter Judaei moriantur pro populo Christiano, ne tota gens pereat.", p. 14; (40-4) "Ne forte veniat ultio Dei super nos, tollamus eorum bona, et gentem perfidam de terra viventium disperdamus.", p. 14; (40-5) "Videns autem potestas civitatis communem plebeculam mango contra Judaeam fremitu incandescere, mandavit praeconibus, ut clamore valido publice per plateas congregationem totius populi ad resistendum futuris Judaeorum periculis in praetorium convocaret.", p. 15; (40-6) "O vere beata nox, quae spoliavit Hebraeos, ditavit Christianos.", p.18; (40-7) "Namque tunc potestas tantum vilis et communis plebeculae fortitudinis impetum quovis ingenio non poterat cohibere,…", p.18.

(41) Jireček, *op. cit.*, pp. 227-229.

(42) Graus, *Struktur und Geschichte*, pp. 55f.

(43) Jireček, *op. cit.*, p. 228; Graus, *Struktur und Geschichte*, pp. 56-58.

(44) *Graus, Struktur und Geschichte*, p. 49.

(45) *GJ*, Vol. 3, No. 3, pp. 1821-1824 ; *GJ*, Vol. 3, No. 2, pp.1121f. ; Cf. Wilhelm Hanisch, 'Die Luxemburger und die Juden', in Seibt

(ed.), *op. cit.*, pp. 27–35 ; Maria Tischler, 'Böhmische Judengemeinden 1348–1519', in Seibt (ed.), *op. cit.*, pp. 37–56 ; Willehad Paul Eckert, 'Die Juden im Zeitalter Karls IV.', in F. Seibt (ed.), *Kaiser Karl IV.: Staatsmann und Mäzen* (München, 1978), pp. 123–130.

(46) *GJ*, Vol. 3, No. 3, p. 1823 ; *GJ*, Vol. 3, No. 2, p. 1123.

(47) *GJ*, Vol. 3, No. 2, pp. 1118f. ; F. Graus, *Chudina městská v době předhusitské* (Praha, 1949), pp. 203f.

(48) Graus, *Chudina*, pp. 86–88, 116, 189–195; Bedřich Mendl, 'Z hospodářských dějin středověké Prahy', *Sborník příspěvků k dějinám hlavního města Prahy*, Vol. 5, No. 2 (1932), p. 175; *GJ*, Vol. 3, No. 2, pp.1118f.

(49) B. Mendl, 'Hospodářské a sociální poměry v městech Pražských v letech 1378 ăz 1434', *Český časopis historický*, Vol. 23 (1917), pp. 355–357; Mendl, 'Z hospodářských dějin', p. 165; Graus, *Chudina*, pp. 128–130 ; John Martin Klassen, *The Nobility and the Making of the Hussite Revolution* (New York and Boulder, 1978), pp. 17–26.

(50) *Graus, Struktur und Geschichte*, p. 50, n. 12.

(51) *GJ*, Vol. 3, No. 2, pp.1121, 1126f. ; *Graus, Struktur und Geschichte*, p. 60.

(52) František Šmahel, *Husitská revoluce*, Vol. 1 (Praha, 2. ed. 1995), p. 395; Kestenberg, *op. cit.*, p. 14; *GJ*, Vol. 3, No. 3, p. 1825; Tomek, *Dějepis města Prahy*, Vol. 4 (Praha, 1879), pp. 38f.

(53) Šmahel, *op. cit.*, p. 395; *GJ*, Vol. 3, No. 3, p. 1825; *GJ*, Vol. 3, No. 2, p. 1134; Tomek, *Dějepis města Prahy*, Vol. 4, p. 240.

(54) Kestenberg, *op. cit.*, pp. 11f.

(55) ベツォルトとケステンベルクはフス派がユダヤ人に寛容だと考え、バルトシュはその一つの根拠としてヤコウベクの『高利について』を高く評価する。それに対して、グラウスとシュマヘルはバルトシュがヤコウベクの論文を過大に評価しており、フス派とユダヤ人の関係は実際はもっと複雑だと述べる。Friedrich von Bezold, *Zur Geschichte des Hussitentums. Culturhistorische Studien* (München, 1874), pp. 33f.; Bartoš, 'Židé', pp. 161–163; Kestenberg, *op. cit.*, pp. 17–20; Graus, *Struktur und Geschichte*, p. 59, n. 39; Šmahel, *op. cit.*, pp. 395, p. 480, n. 259.

第3章　十五・十六世紀ホラント州議会への都市代表派遣

——ハウダ市の場合——

田中史高

はじめに

前近代西欧諸国の身分制議会では、イングランド王国を除いて、派遣される代表者が原則的に全権を与えられずにいわゆる命令的委任を受け、都市代表の場合、派遣母体である都市政府の訓令に縛られた。ケーニグスバーガーによれば、イングランドで全権委任が十三世紀から発展する際、以下の諸点が主要要因となった。すなわち、(1)国家としての政治的統一がいち早く達成されたこと。(2)政治的に大きな影響力をもつ大都市がほぼロンドンのみであったこと。(3)土地貴族が都市代表をかねたため、地方と都市の区別が不明確で、代表者の社会的同質性がいち早く達成されたこと、である。[1]

これとは対照的だったのが、ネーデルラント全国議会とこれから見るホラント州議会とに召集された都市代表の立場である。十五世紀から十六世紀初めにかけて、ブルゴーニュ・ハプスブルク家君主により同州を含むネーデルラント諸州が統合される。しかし、その一方では、諸州に分裂的・分権的要素として有力大都市という割拠勢力が根強く残存し、これが州議会への代表行動をも左右した。本稿では、ネーデルラント「十七州」の中でフランドル、ブラバント州とともに都市勢力が非常に強大であり続けた州としてホラント伯領に着目し、都市ハウダの事例を中心に、都市代表の派遣に見られるこうした統合・分裂的要素の拮抗状況を検討する。

第一節　ハウダ市の発展

まず都市としてのハウダの発展を概観しておこう。同地はホラント伯領南部を流れるハウエ川（de Gouwe）とホランツェ・エイセル川の合流点に成立し、一一四三年ユトレヒト司教ハルトベルトの証書に集落ゴルダ（loco... Golda）として初出する。民衆語では Gouwe などとも呼ばれ、いずれも地元のハウエ川に由来する名称である。中世ラテン語ではさらに Gouda と記され、この形が現在まで用いられている。[2] ハウダは商業集落として成長し、地の利を活かした内陸水運も発達する。一二七二年ホラント伯フロリス五世は在地領主ファン・デル・ハウデ家に同地を授封し正式な都市領主とする。同時にハウダの都市民たちは伯領全域における関税免除とレイデンの都市法を得た。[3] 十四世紀初めにファン・デル・ハウデ家は断絶し、封主ホラント家のホラント伯が所領を没収して自ら都市領主となる。さらに十四世紀半ばの同家断絶後、ハウダは、エノー家による支配期を経て、いずれもホラント伯として、同世紀末には同家の姻戚バイエルン家、さらには一四二八年以降同家最後の女伯ヤコバの従兄弟にあたるフィリップ善良公から三代にわたりブルゴーニュ家、最後は一四七七年からその姻戚ハプスブルク家の支配を受けた。また、十四世紀末から十六世紀初めに市内には、ホラント州最大の聖ヤン教会が市当局の支援で建立される。

同市市政では、一三二二年に、一名のスハウト（市域における都市領主の裁判権代理職）、審判人七名、フルートスハップ（都市参事会。行政官経験者で構成）が、また一三六二年からは二名の市長が言及される。さらに一四〇二年ホラント伯ウィレム六世はハウダが三名の会計官を任命することを許可した。会計官はフルートスハップにより任命され、都市の収支を監査し、毎年会計記録を作成した。市長・審判人・会計官の職はいずれも任期が一年で無給であり、毎年一月初旬に着任した。これらの都市行政官はフルートスハップと緊密に協議して職務を果たし、この点は市外への出張の際にも顕著である。審判人就任の最低年齢とされたのは二八歳、市長は四〇歳であった。一四三一年からは、会計官の定員が四名に増やされる。ブルゴーニュのフィリップ善良公は一四五〇年頃ハウダ市政府が行政官選出母体として四十人団を設置することを承認し、これが市長二名と審判人七名について定数の二倍一八人の候補者を推薦し、その中から君主が選抜した。一四七七年ブルゴーニュのマリアが同団成員欠員時の互選権も追認し、同時に、市長の定数が二名から四名へと増やされる。また同市には、フルートスハップとも部分的に重なりつつ、行政職経験者と高額納税都市民とから成るレイクドム（Rijkdom）と呼ばれる階層団体も成立する。[4] ハウダの統治は他のホラント大都市と同様に有力市民による寡頭政であった。

都市行政の補完的要職を担ったのは法律顧問（pensionaris）である。ハウダの法律顧問は一四八一年頃に登場し、他都市と異なり定員一名であった。都市行政官とは違って有給の役職者で、[5] 法律・行政技術面で都市当局に助言し、重要文書を作成し、都市代表団の一員として頻繁に出張した。

ハウダは十四世紀末以降ホラント伯の「特恵都市」とされ、十五世紀初め以降顕在化する同州議会では、投票権をもつ六大都市中末席で、ドルドレヒト、ハールレム、デルフト、レイデン、アムステルダムに次ぐ地位を占めた。

中世末期ハウダの産業ではビール醸造業が最も重要となり、これに次いで毛織物工業、穀物商業、ロープ製造業と内陸水運が主要産業であった。十四世紀後半には、周辺農村で農業から牧畜業への転換がおこなわれ、失業した多数の農村人口が同市に入住する。一三九七年頃の屋敷地税記録によれば当時の市内家屋（地片）数は約九〇〇で、その後増えてピークの一四七七年に二、八〇〇、一五一四年には担税能力のある都市民の家屋は一、六九四を数えた(6)。また、十四世紀後半には市壁が構築される。

一三六一年と一四三八には大火で市域が烏有に帰したが、いずれからも立ち直る。一三六八年には初めて同市の市場地が言及される。一三七七～八一年には、聖ヤコブの祝日（七月二十五日）と聖マタイの祝日（九月二十一日）の週にそれぞれ年市が開かれるようになる。一三九五年には、エノー家の都市領主から市参事会庁舎、毛織物会館、畜殺場の用地にもあてるという条件つきで市場地が購入される(7)。

十四世紀半ばからハウダは輸出向けの工業都市へと発展し、その中で同市の基幹産業となるのがビール醸造業である。これに支えられた同市の全盛は十五世紀の第三・四半期であった。同市のビール生産はアルコール度が低めの安いビールに特化し、生産の九割を市外へ出荷する。一三七〇年頃同市には独立のビール醸造業者が八五人、一四八〇年には一七二人いた。十六世紀には減少し一五四五年には九七人が営業していたが、生産量は十五世紀末に比べて半減していた。ハウダ産ビールの主な輸出先はフランドル、ブラバント地域であった(8)。ところが、両地域では、内地市場で地元産品のシェアを高めるため、ハウダからのビールに高い物品税をかけ排除し始める。このためにハウダのビール生産は、ピーク時一四八〇年の三七万樽から、一五七一年の四万七千樽へと大きく減少していった。結局ハウダ産ビールは十六世紀のうちに南ネーデルラントの市場を失う。同世紀前半に、同市政府は市内醸造業者の共存共栄を図り、競争をまねく増産を厳禁し、生産の技術革新にも反対する方策をとった。これが災いして同市ビール醸造業の対外競争力が弱まったのである(9)。

戦乱もハウダの歴史に大きな影を落とす。十五世紀末にホラントで釣針・鱈党争再燃、ヨンケル・フランセン戦争など内戦が頻発し、対フランス戦争の費用をも負担して、同市財政は破綻に瀕するが、戦争終結でいったん回復に向かう。しかし、同市自体の経済繁栄が後退したことと、その後の君主カール五世とフェリペ二世の相次ぐ戦争で御用金要求が増大したことで、同市財政はいっそう逼迫していった。

第二節　都市代表の出張

コッケンの推計によれば、一四三七〜六九年にハウダ市当局から六四一回の代表派遣がおこなわれ、そのうちの四四回には書記（法律顧問の前身）ディルク・ソンデルダンクが参加した。また、一四八一〜一五〇一年に同市代表は一、五六四回以上出張し、そのうち二二九回は法律顧問ヤン・ヘインリクスゾーンが加わり、その際州議会でのアジェンダ（議題）は、州議会会計報告の聴聞、都市発行年金の問題、対ユトレヒト司教領戦争や自州内内戦およびその対策・戦費、君主要求の御用金分担などであった。[10]

ホラント州議会会議との関連では一五〇一年から七二年にわたるハウダ市フルートスハップ決議録が刊行されている。[11] そこからは同市の派遣した一〇〇人余りの代表者名が確認できる。このうち、まず歴代の法律顧問四名がいる。一五四五年まで法律顧問はハウダ代表としてたいていは市長一名に同行するか、単独で出張した。[12] 年代順に歴代の法律顧問がこの決議録などで言及されている回数を表1に掲げる（掲出年次は言及の初出・最終年次）。たとえばディルク・ヘインリクスゾーンは二一六回会議に出張し、そのアジェンダは、御用金協賛がほとんどを占め、その他は、同市の利害が薄いニシン漁妨害（海賊などによる）対策、地元の水門・利水問題、州内指定市場をめぐるトラブル解決、同市産ビール輸出先の物品税問題、地元スティン地方への同市の管轄権、ルター派増加問題（同市は一六世紀半ばまで旧教にとどまった）など多岐にわたった。ただし、他の大都市とは異なり、ハウダ市は財政難による経費節減のため、法律顧問をその後一五四六年から八三年まで雇用しなかった。[13]

次に、都市行政官についてみると、市長として出張した者が三八名と最も多い。一方、審判人、会計官への言及

表１　出張の多いハウダ代表者と出張年次

		出張回数	出張年次
法律顧問	ヤン・ヘインリクスゾーン　○□	229 ※	1481~1501
	ヤコプ・マウエルスゾーン	37 ※	1501~15 頃
	ディルク・ヘインリクスゾーン	216	1520~39
	コルネリス・ファン・ホーヘランデ	20	1542~45
市長	ヤコプ・ミネ・ヤンスゾーン	21	1508~31
	ウィレム・ヤン・ウィレムス	32	1513~37
	ディルク・ヤン・フーンスゾーン　○	17	1520~43
	ウィッテ・アールツ・ファン・フーフ　○	15	1528~56
	ヤン・ヤコプスゾーン	33	1531~72
	ヤン・ヘリット・ヘイネ・ダームスゾーン	25	1537~66
	ヤン・ウィレムスゾーン・ムール	11	1543~56
	ヤン・ディルクスゾーン・フーン	42	1543~67
会計官	フィンセント・コルネリスゾーン	13	1520~37
	アルナウト・クーベル	15	1549~69

※：本文言及の諸史料を、Kokken 1990; H. Kokken en M. Vrolijk e.a. (eds.), Bronnen voor de geschiedenis der dagvaarten van de Staten en steden van Holland vóór 1544. Vols. Ⅳ-Ⅵ. Den Haag 2006-2011. などで補完。○：会計官職も歴任。□：市長職も歴任

はそれぞれ三名、一三名と少なく、しかも、両職いずれかの就任者はその過半数が市長職にも就任している。したがって行政官の同市代表者には市長在職者か実質的にそれとほぼ同等の者が圧倒的に多かったのである。この傾向は法律顧問が雇用されなくなる一五四六年以降いっそう強まる。

表1には、十六世紀半ば以前に出張歴のある都市行政官のうち、市長として言及回数が多い八人（一〇回以上）を初出年次順に掲げた。なお、審判人のみの在職者では、出張が三回以上言及されている者は皆無である。会計官のみの就任者では、回数の多い二名がいるが、他は出張が僅少である。

ところで、都市よりも上の次元、州レベルでは、十六世紀前半にホラント州法律顧問（landsadvocaat）アールト・ファン・デル・フース（一五二五〜四三年在職）が在職期間に開催された州議会会議について、日付、出席者、議事・決議内容などを、職務上の便宜と備忘録のために筆録した。その息子アドリアーン・ファン・デル・フース（一五四三〜六〇年同）も父親の

あと同職に就任してこの記録を書き継いだ。この貴重な筆記史料は十八世紀末に活字化・刊行されている。[14] その内容は前記ハウダ市フルートスハップ決議録の内容と照合することが可能である。前後一日ないし数日違いの両テクストの日付から、ハウダ市のフルートスハップ会議と出張先ハーグの州議会会議とが相互に対応し合っているケース（その際ほとんどの議題は御用金協賛）がある。そこからは、両会議の間を行き来して、請訓し、回訓を受けて奔走する同市代表の姿が垣間見える。当時ハーグでの会議は午前から午後にかけておこなわれた。早朝に出立すれば当日間に合ったレイデンとは異なり、ハウダからの代表者は会議の一日前に出発しなければならなかった。[15]

史料から判明する限りで、こうした明白な対応事例は法律顧問にとくに多く、ディルク・ヘインリクスゾーンに二五件、コルネリス・ファン・ホーヘランデに一三件見られる。また、市長では、ウィレム・ヤン・ウィレルムスが四件、――以下はいずれもカール五世が退位する一五五五年までに限るが――ウィッテ・ファン・アールツ・フーフが三件、ヤン・ウィレムスゾーン・ムールが一件、ヤン・ディルク・フーンスゾーンが一〇件ある。その際、アジェンダのほとんどは御用金問題であった。

トレーシーによれば、一五四二～六二年に君主＝中央政府が召集したハーグでの州議会会議は二八五回あった。これは平均すると毎年一三・五回である。たいていの会議に、各都市は一ないし三名の代表を派遣した。即座の回答を必要としない御用金の発議を聞くだけの場合などには、往々にして法律顧問が単独で派遣された。一方、十六世紀初めにハウダは、議題が格別重要である場合には、派遣される一名の市長か法律顧問がさらなる代表メンバーをも帯同する、と定めている。[16] 右の二八五回のうち、各都市の法律顧問が州議会会議に出席した割合は、ドルドレヒト四三％、ハールレム四九％、デルフト四六％、レイデン五二％、アムステルダム四三％で大差はないが、ハウダだけが九％であった。ハウダの数字が小さいのは先述のように一五四六年以後法律顧問を雇用しなかったためである。[17]

表2　州議会会議への都市行政官代表者（1542〜62年）

都　市　名	出張回数	代表者数	一人あたりの平均出張回数	トップ5人の都市行政官が占める割合
アムステルダム	322	26	12.4	58%
ハウダ	434	42	10.3	65%
ドルドレヒト	322	30	10.7	57%
レイデン	245	34	7.2	60%
デルフト	299	42	7.1	43%
ハールレム	246	42	5.9	45%

（出典：Tracy 1990, p.126. の表を改訂）

次に、派遣される代表が市長の場合がある。ハウダでは定員四名の市長が交替で州議会会議に出席した。十五世紀末に同市では、四人の市長のうち、くじ引きかサイコロを振って出た最大の目で決まる一名が四半年間出張役を担当すると定めている[18]。

表2は、トレーシーが都市行政官の出張について以下の四点で六都市を比較したものである。(1)法律顧問を除く都市行政官のみの出張回数。(2)代表者をつとめたそうした都市行政官の人数。(3)代表者である都市行政官一人あたりの平均出張回数。(4)各都市の出張最多上位五人の都市行政官の出張回数が、その都市の全都市行政官出張回数に占める割合[19]。

この表の一番右の欄におけるハウダの六五％という高い割合は、法律顧問の欠如と相まって、都市行政官のごく少数の常連が代表として会議に出席したことによる。中でも一〇三回の会議に出席したヤン・ディルクスゾーン・フーンは、この時期にホラント諸都市で最も出張回数が多かった都市行政官である。彼の生業はビール醸造業であり、一五四六年その醸造回数は、八三人の同市同業者のうち第二位の多さで、それと併行して彼は市長として一三回の任期をつとめた[20]。

とはいえハウダでは、この六五％という数字に反映されているフーンのような若干の者を除けば、有力市民は市外への代表行動・出張を、なるべく多くの人々の間で分担されるべき、敬遠すべき任務とみなす傾向があった。これの対策として、一五一二年フルートスハップは、「州議会会議において、同市を代表するべく任命された者たちは拒否してはならない」と定め、さらに一五二〇年代には、正当な理由がない拒否者は三ポント、のちには六グルデンないし一ポントの罰金を課される、と規定する。[21]

代表者はフルートスハップから出立時に命令を受けてそれを厳守し、帰還時には自分たちの出張の報告（復命）をおこなった。フルートスハップ決議録は多くがこのことを判で押したように繰り返し記している。一五一五年のフルートスハップ決議では、州議会会議へ派遣される代表が全権（volcomen macht）をもつ、としているが、これはもちろん、文言にあるとおり、君主の御用金・租税要求に極力低額を回答する権限にすぎず、裁量の自由ではなかった。[22]なお、代表者には出張費が日当（食費も含む）で支給された。その金額は州内ハーグへは一五スタイフェル〜三スヘリンク（＝一八スタイフェル）、州外（フランドル、ブラバントなど）へは一八スタイフェル〜一グルデン（＝二〇スタイフェル）と定められている。[23]

第三節　君主と都市代表――御用金をめぐる駆け引き――

ところで、ホラント州議会会議で最も重要かつ頻繁なアジェンダは君主からの徴税であった。一五一五〜五二一年にはハプスブルク家とフランスのヴァロア家との間で六回大きな戦争が勃発し、この時期には火器が急速に進化して高価となり、軍隊も巨大化した。したがって、戦時に君主は多額の資金を必要とし、州議会はそれを御用金（beden）という形で提供させられたのである。御用金には、ordinaris beden（通常御用金）と extraordinis beden（特別御用金）の区別があった。この区別はブルゴーニュのフィリップ善良公の治世十五世紀半ばにさかのぼる。[24]通常御用金は最も基本的な賦課であり、承認後、州議会は原則的に当該年限まで毎年支払う義務を負った。支払には慣例的に毎年二回の期日として聖ヨハネの祝日（六月二十四日）とクリスマスとがあった。通常御用金の支払年限と年賦額は、君主と州議会との交渉で決まった。これにさらに、十五世紀半ばのシャルル突進公の治世以降には御用金に quota（割当率）という制度が付け加わる。一五二三年には、ホラント州のこの割当率は一三％で、フランドル、ブラバント州への割当率の約半分に相当し、これが一五六〇年代まで慣習的に維持された。ホラントの都市・村落別の御用金負担については、十四世紀のホラント伯ウィレム四世以来、割当額配分率の決定を目的とする「査定」(schiltal) がおこなわれた。諸都市の経済状況はまちまちでしかも変動したので、「査定」には「見直し」(verponding) が必要となった。一四九四年と一五一四年に実施された「査定」はそうした目的によるホラント全域での一種の国勢調査である。同年には、二五の都市が同州の割当全体の五九％を占めるとされ、六大都市だけでも四二％を担うことになった。(25)

通常御用金については、特定の都市・村落への gratie、すなわち、君主による減免＝御用金割当額の割引、がおこなわれた。ホラント州の減免は十五世紀初めにさかのぼる。諸都市が承認された減免の事由には、その集落が支払困難になる災害に遭遇したケース（たとえば、大火や洪水）があるし、また、逆に中央政府が都市に御用金支払義務を一部免除することで公共事業（重要水路の掘り下げ工事や防備施設の修築など）を促進しようとした場合もあった。ホラント州議会において投票権をもつ六大都市は、こうした減免を条件として御用金に同意した。六大都市が享受した減免には大きな差があり、一五二〇年にはドルドレヒトとハールレムは六四％、レイデンが一七％、デルフトが一五％、ハウダが八％、アムステルダムが五％であった。(26)

大都市への減免は、各都市の代表者たちと中央政府との州議会ロビーにおけるやはり席次順での個別の交渉で決められた。ハウダはもともと減免享受が少なくて不満をかかえており、同市代表は、とくに自市のビール市場が縮小したことを理由にしてさらに減免を求めたし、それがかなわない場合には、できるだけ交渉を長引かせて、他の諸都市が同意したときにのみようやく同意することもあった。ハウダは州議会会議での序列・発言順序が六大都市の最後であり[27]、御用金にあくまでも反対する態度をとりつづける都市があると、時には他の都市がこれにひきずられて同意を撤回することもあったからである[28]。これを回避するべく君主側は大都市と個別に話しをつけざるをえず、その内容は外へ漏れたから[29]、結果的に、承認される減免額は増えていった。一五二〇年の通常御用金減免は一五三二年までに、レイデンが一七%から約三分の二へと増やし、ハウダは八%から五〇%へ、デルフトは一五%から五〇%へと大幅に増すことに成功した[30]。

もう一方の特別御用金は、文字通り特別な状況下で臨時に君主が要求したものであり、十六世紀にはこれをめぐる折衝も頻繁におこなわれた。この御用金要求にも往々にして「査定」が適用された。ハウダはこの場合にも大きな減免、たとえば一五三〇年に七七%を勝ち取る[31]。

特別御用金の徴収方法にはまた、通常御用金を担保とする losrenten（解約可能年金）と lijfrenten（終身年金）によるものがあった。この二種類の年金はすでに十五世紀にブルゴーニュ公が自領収入を担保として販売していたが、ハプスブルク期の一五一五年頃からこうした年金と御用金とが結びつき、その年金の年利払いと元金償還の両方が、将来の御用金収入を担保として支払われた。これは将来に見込まれる税収からあらかじめ前払いするという、危うい仕組みであった。特別御用金徴収のもう一つの方法として、一五二三年ホラント州議会は州内各地で、新しくビール、ワイン、家畜に関する imposten（賦課金）を承認した[32]。

御用金は承認されても実際の徴収はしばしば緩慢であり、滞納している都市や村落に酌量して徴収官が「支払延期」（afferminatiën）を認める場合もあった。債務不履行＝不払いの場合には、徴収官は、当該都市の行政官をハーグに拘禁する権限（gijzeling＝債務者拘禁権）を有したが[33]、こうした緊急措置も必ずしも所期の結果をもたらすとは限らなかった。

州議会での御用金協賛決議には多数決原理が貫徹された。決定権は貴族（全体で一票）と六大都市（一票ずつで六票）のみにあり、この七票による決定が州全体を左右した。六大都市のうちの三都市が御用金に賛成すれば貴族票と合わせて賛成が過半数四票となった。そもそも一四七七年の「大特権」はホラント州について、六大都市のいずれも、自市が同意していない御用金の割当分を支払う必要はない、と規定していた。ところがその後、この条項は、一四九四年フィリップ美男公によって無効とされていたのである。(34)

十六世紀に御用金交渉でハウダが無条件に賛意を示すことはなかった。同市にとっては、自市の財政的利益を守ることが先決であり、ネーデルラント全体や君主の事情は二の次とみなされたのである。また、十六世紀初めにはまだホラント州全体の連帯感さえ乏しかった。州全体の利害がハウダにも関わる重要問題である、という認識が強まるのは、後代、同市が真先に反君主陣営に加わる同世紀後半の「反乱」時のことである。(35)

おわりに

最後に、ホラント州議会会議におけるハウダ市代表行動の特徴を短くまとめ、若干補足をしておこう。ハウダの都市当局＝フルートスハップは、派遣・訓令と帰郷時の報告・復命を軸に、代表者＝法律顧問・市長らに命令的委任による強い支配を及ぼした。出張を主たる職掌としていた法律顧問を除けば、代表に選ばれた者の中には、こうした拘束を忌避し、あるいは生業経営・利得行為の妨げになる市外出張を拒否する者もいた。生業と代表行動との関係性はとくにビール醸造業者に見られる。またこうした代表行動には地元都市の郷土意識が色濃く反映され、当時はまだ州全体の連帯意識は希薄であった。身分制議会としてのこの時期のホラント州議会の様態は、こうした点で近代的な議会制度とは大きく相違していたのである。

ところで、ホラント州議会に代表を送ったのは、主に若干の貴族と諸都市（たいていは六大都市）であり、――聖職者代表の欠如や他州からの参加者が少ないといった同州議会の特異性はあるものの――運営・機能・君主との関係など、ホラント州議会は基本的に全国議会＝諸州議会の集合体の、構成単位にして、かつそのミニチュア版であったともいえる。小論での点描に加えて、他の有力ホラント都市のケースも積み上げて同州議会の具体像をより明瞭に描くことと、さらには、複数州間でおこなわれた全国議会のありようを――「十七州」から北部七州への構成の変化、君主から議会への主権の移動の検討とともに――記述することをさらなる課題としたい。

（1）H.G. Koenigsberger, The Powers of Deputies in Sixteenth-Century Assemblies,in: id., Esates and Revolutions, London 1971, 176-210. 高見勝利「身分制議会における代表者の権限――一六世紀スペインおよびオランダの議会に関するケーニグスバーガーの研究紹介」（現代憲法学研究会編『現代国家と憲法の原理』有斐閣、一九八三年、九六～一一七頁）。

（2）W. Denslagen (ed.) Gouda, Zwolle 2001, p. 13f. 本稿では、現地音に近いハウダという表記を用いる。ジャック・スホルテン「ゴーダか？　ハウダか？　ガウダか？――オランダ語地名・人名の片仮名表記に関する一考察――」『日蘭学会会誌』第七巻、一九八二年、四五～六二頁、も参照。

（3）J.C.M. Cox, Repertorium van de Stadsrechten in Nederland, Den Haag 2005, p. 113.

（4）M.J. van Gent, 'Pertijelike saken', Den Haag 1994 p. 486; Denslagen, pp. 78f.; K. Goudriaan (red.), Duizend jaar Gouda, Hilversum 2002, pp. 55, 75 and 77.

（5）Goudriaan, op. cit., p. 76. 拙稿「中世末期ホラント州諸都市の書記と法律顧問」『史観』第一七七冊、二〇一七年、七三～九二頁、参照。

（6）Denslagen, pp.20 and 80: Cf. J.D. Tracy, Holland under Habsburg rule, 1506-1566, Oxford 1990, p. 30 table 1; B. Ibelings e.a. (red.), Het oudste hofstedegeldregieter van Gouda en andere socio-topografische bronnen, Hilversum 2000.

（7）Denslagen, op. cit., pp. 14 and 19.

（8）A.M. van Embden, Goudsche vroedschapsresoluties betreffende dagvaarten der Staten van Holland en der Staten-Generaal [GVR と略記], 1501-1524, in: Bijdragen en mededelingen van het Histoisch Genootschap vol. 37 (1916). XIV. pp. 69f.; vol. 38

(1917), CXLI, pp. 229f.: 一五〇九年二月二十日と一五三七年四月十三日。

(9) Denslagen, op. cit., pp. 15, 20, 22, 25; R.W. Unger, Beer in the Middle Ages and the Renaissance, Philadelphia 2004, p.121 table 3; Tracy 1990, p. 22. J・ド・フリース／A・ファン・デァ・ワウデ（大西吉之・杉浦未樹訳）『最初の近代経済』名古屋大学出版会、二〇〇九年、二五五頁。エーリック・アールツ（藤井美男監訳）「中世ヨーロッパにおけるワインとビールの消費について」（『中世末期南ネーデルラント経済の軌跡』九州大学出版会、二〇〇五年、一～一七頁）。

(10) H. Kokken, Steden en Staten, Den Haag 1991, pp.185-187, 296 appendix 2.6.

(11) GVR, 1501-1524; 1525 tot 1560; 1562-1572,in: BMHG, vol. 37 (1916), pp. 61-181; vol. 38 (1917), pp. 98-357, vol. 39 (1918), pp. 306-407.

(12) 前掲拙稿、とくに八二、八四頁。

(13) ちなみに十五世紀の最終四半期には、ハウダ市財政で年間総支出に占める出張費の割合は二～一六％（平均五％）であった。Kokken, *op. cit.*, p. 203.

(14) Aart van der Goes, Holland onder de regering van keizer Karel den vijfden..., of Verzameling van alle de notulen, propositen, resolutien ... van Staten van Holland en Westfriesland, … ［以下 RSH と略記］8 vols. Amsterdam 1795.

(15) Kokken, *op. cit.*, p.208f.; J.G. Smit e.a. (eds.), Bronnen voor de geschiedenis der dagvaarten van de Staten en steden van Holland vóór 1544, vol.III: 1467-1477, Den Haag 1998, p.VIII; vol. IV: 1477-1494, Den Haag 2011, p. XVIII.

(16) L.M.R. Couquerque and A.M. van Embden eds.), Rechtsbronnen der stad Gouda［RG と略記］, Den Haag 1917, CVII, p. 507（一五一二年十月三日）.

(17) Tracy 1990, pp. 124f.

(18) RG, LII, pp. 488f.（一四八九年一月一日）

(19) RSH にもとづく。Cf. Tracy 1990, p. 126.

(20) 一四八四～一五七二年に活動した都市行政官二四四人の中には一二一～一三〇人のビール醸造業者がいた。Goudriaan, op. cit., p. 80. 行政官のリストは以下のものに収載されている。Ignatius Walvis, Beschryving der Stad Gouda, Gouda 1713, pp. 63-116. および、C.J. De Lange van Wijngaerden, Geschiedenis en Beschrijving der Stad van der Goude, vol. 2, Amsterdam 1817. pp. 228-268. さらに次も参照、C.C. Hibben, Gouda in Revolt, Utrecht 1983, pp. 21-28.

(21) Tracy 1990, p. 127; RG, CII, p. 507（一五一二年十月三日）; CXXXVIII, p. 517（二〇年八月十七日）; VII, p. 532（二二年五月二

十七日); XLVII, p. 227（三七年四月九日).

(22) GVR, vol. 37 (1916), XXXVII, p. 79.

(23) RG, XIV, p. 534（一五二三年十月十三日); CXCV, p. 603（五六年六月二日）; XL, p. 621（七〇年三月二十九日).

(24) Tracy 1985, p. 72; Goudriaan, op. cit., p. 89.

(25) R. Fruin (ed.), Informacie … van de steden ende dorpen van Hollant ende Vrieslant … in den jaere MDXIV, Den Haag 1866, esp. pp. 372-386. Cf. Tracy 1985, p.73; Goudriaan, op. cit., p. 90.

(26) Tracy 1985, p. 79. この年にホラント州が同意した御用金は総額九六、八八八ポンドで、州全体の減免額は一五、〇一六ポンドであった。Cf. Tracy 1990, p.75 table 2.

(27) 州議会議長は貴族の最高齢者か州法律顧問がつとめたと推定され、ハーグのビネンホフ内会議室では所定の順序に従って都市代表が発言を求められた。S. Groenveld, Van landsadvocaat naar raadpensionaris,in: Holland 45 (2013), pp. 6 and 44 n. 13.

(28) Tracy 1985, pp. 82 and 101 n. 77. 慣例的に諸都市は他都市も同意することを条件として最終的同意をおこなった。

(29) 十六世紀前半にホラント諸都市は、君主マクシミリアンが一四八八年頃から設置した帝国逓信制度 (Reichspost) に依存せず、各都市独自に形成された都市伝令 (stadsboden) の制度を利用し続けた。都市伝令は代表の出張時に帯同され、書状送達や口頭での要件伝達など敏速に自市との連絡役を果たし、他都市に対する諜報活動もおこなって代表を補佐した。M. Verhoog, Van stadsboden mocht je meer verwachten. Het bodennetwerk van Amsterdam, Leiden en Haarlem tussen 1531 en 1555, in: Holland 46 (2014), pp. 194-204.

(30) Tracy 1985, pp. 80-82. 一五三二年にホラント州が同意した御用金総額は一三一、五〇〇ポンドで、そのうち州全体の減免額は二六、六〇〇ポンドであった。Cf. Tracy 1990, p. 75 table 2.

(31) Ibid., p.83.

(32) Ibid., p.75.

(33) Ibid., p. 75f. たとえば、GVR, vol. 37 (1916), CXLVII, p. 176（一五二四年七月四日); vol. 38 (1917), LXXI, p. 160（二九年十一月六日); LXXII, p.161（三〇年一月八日).

(34) Tracy 1985, pp. 80 and 100 n. 60.

(35) Goudriaan, op. cit., pp. 92f.

第4章　ロックの社会契約

千脇　修

ジョン・ロックの政治哲学上の主著『統治論』第二編第八章第九五節には、彼の社会契約による国家形成の構想が簡潔かつ集約的に表現されている。その全文を引用すれば以下の如くである（伊藤宏之訳、柏書房、一九九七年）。

第一節　社会契約

九五　すでにのべたように、人間は生まれながら、すべて自由、平等で独立しているのであるから、誰も自ら同意しなければ、この状態から追われて、他の人の政治権力に服従させられることはありえない。人がその生まれながらの自由を放棄し、市民社会の拘束を受けるようになる唯一の方法は、他の人と一緒になって一つの共同体に結集しようと協定することだけであり、その目的は、それぞれの財産を安全に享有し、社会外の人に対してより大きな安全性を保つことによって相互に快適で安全で平和な生活をすることである。こういうことは、どれだけの人数によっても可能である。そのことのよってそれ以外の他の人の自由を侵害することにはならないからである。他の人は今までと同じく自然状態の自由のままにいるのである。何人かの人が一つの共同体あるいは統治をつくることに同意すれば、そのことによってただちに彼らは結合し一つの政治体をつくることになるのである。そして、そこでは、多数者が残りの人を動かし、拘束する権利を持つ。

内容は極めて明晰かつ平易であり、疑問や誤解の余地は全くないように見える。だが問題なのは最後の一文である。これは原文では「一つの政治体（one body politic）」という語句に付加された wherein the majority have a right to act and conclude the rest. という関係詞節である。何故、人が一つの政治体に結合すると多数者が少数者を拘束する権利が生じるのだろうか。ここには明らかに論理の飛躍がある。

もっとも、このことはロック自身うすうす気付いていたようで、九六節以降、数節に渡って何故多数者の決定が全体の決定と見なされるのか、その理由付けを行っている。

第二節　多数決

九六　何人かの人が、各々の同意によって一つの共同体をつくったときには、彼らはそのことによって、その共同体を、一体となって行動する権力を持つ一つの団体としたのであり、このことは、多数者の意志と決定によってのみ可能であるからである。ある共同体を動かすものは、それを構成する個人の同意だけであり、そして一つの団体は一つの方向へ動くことが必要であるから、その団体はより大きな力が引っぱっていく方向へ動かなければならない。そして、この大きな力というのは、多数者の同意である。そうでなければ、それは一つの団体、一つの共同体として行動することも、存続することもできない。しかし、そこに結集している各個人は、それが一体となって行動することに同意したのだから、すべての人は、その同意によって、多数者に拘束されるべく義務づけられているのである。だから周知のように、実定法によって行動の権限を与えている集会などでは、その権限を与えている実定法が特に数を定めていないときは、多数者の決定が全体の決定と見なされる。それが、自然と理性の法によって与えられているものとして、全体の権力を決定するのは、当然なのである。

一つの団体あるいは共同体は一体となって一つの方向に動いていくものでなければならない。従って、団体の中の最も大きな力によって引っぱられる必要がある。身も蓋もない言い方をすれば、成員各自が勝手なことを言っていては何も決まらない。だから多数決で決めるしかない、ということである。だがこれはあくまで実務上の効率性、あるいは致し方なさの問題で、これによって多数決が原理的に正当化されるわけではない。一つの団体には一つの舵取りが必要だというのなら、いずれか一人の代表者を定めてその者の決定に全員が従えばよいだけである。が、これは事実上絶対君主を容認することとなり、ロックの執筆意図に反する解決策である。では視点を逆にして考察したらどうなるか。それが次の九七節である。

九七　このように、すべての人は、一つの政治体をつくり一つの統治に服するよう他の人々と同意すると、多数者の決定に服し、それに拘束されるという義務を、その社会の全成員に対して負うことになる。もし、ある人が依然として自由で、自然状態にいるときと同じように何の拘束も受けないとするなら、他の人々とともに団結して一つの社会をつくるというこの原始契約は、まったく無意味となり、契約とはいえないものとなるであろう。もし、ある人が、自ら適当と思い、実際に同意したこと以上には社会の命令によって拘束されないとすれば、契約の見せかけさえなくなってしまうし、新しい約束もない。これでは、契約以前とまったく同じ自由があることになるし、あるいは、自分が適当と思う場合しか法令に服従せず同意もしない自然状態の場合と同じ自由があることになるであろう。

社会の各成員が自ら直接同意した法にしか従わないとしたら、実質、自然状態と何ら変わらず、わざわざ社会契約を結んだ意味がない、というわけである。が、これにしても「契約を結んでも結ばなくても大差ないというのなら、そもそも社会契約など結ぶ必要がないということだろう」との反論が可能であり、ロックの議論は、社会契約による共同体結成を必須のものとする自身の立場を自明視した主張と言わざるを得ない。では多数決をあきらめて、全員一致の原則を採用したらどうか。

第三節　全員一致

九八　もし、多数者の同意が全体の決定として正当に受け入れられず、各個人を拘束しないなら、全員の同意がないかぎり、どんなことも全体の決定とはなりえなくなる。ところが、健康上の理由や仕事上の都合でどうしても公の集会に出ない人が何人かいることを考えてみれば、そういう人の数は国民総数と比べればごくわずかであるにしても、全員の同意ということはほとんど不可能に近いであろう。さらにこれに加えて、人々のどんな集まりにでも必ず意見の違いや利害の対立があることを考えると、そういう条件で社会に入るということは、まるでカトーが劇場に入ったときのように、すぐまた出ていくためだけのことになってしまうであろう。このような制度のもとでは、強力なリヴァイアサンも、最もか弱い生物より短命で、生まれた日一日すらも生き延びられない。このようなことは、理性的な被造物がただ解体させるためにのみ社会を必要とし構成するのだ、とでも考えないかぎり、到底考えられないことである。多数者が残りの人々を拘束することができないのなら、一つの団体として行動することはできず、したがってすぐに再び解体してしまうからである。

全員一致では何も決まらない。何も決まらなければ社会の存続など見込めるはずもない。だからこそ多数決が必要なのだ、そうロックは言う。だが、これもまた本末転倒した議論であって、彼のより原則的な立場に照らし合わせれば、個人の自由意志よりも社会の存続を優先すべきだなどという議論は出て来ようはずがない。ということはつまり、ここが行き止まりということである。どうすればいいのか。ロックにおける根本的な発想の転換、それが九九節前半部分である。

第四節　多数決すなわち社会契約

九九① したがって、自然状態から脱して共同体に結合する者は誰でも、そのような社会へと結合する目的に必要な権力のすべてを、特に過半数を超えた何らかの数の明示に同意していないかぎり、共同体の多数者に譲り渡した、と解されなければならない。そして、このことは、一つの政治社会に結合することに同意するだけでなされるのであって、国家共同体に入り、あるいは国家共同体を構成する個々人の間で結ばれ、また結ばれなければならない契約はそれだけである。

社会契約を結ぶことに同意した者は、ただそれだけで多数者に権力を譲り渡したことになる（と解されなければならない must be understood）のである。逆にいえば、多数決原理の承認こそが、社会契約の具体的内実をなしているということである。というのも、社会契約を結ぶ際、新たに社会の成員たろうとする者は、自らが結成に参加する社会あるいは国家が如何なる制度的枠組みを持ち、如何なる個別具体的法律を有するかを知らず（知ろうにも、まだ何も制定されていない）、わかっているのは、一度参加に同意すれば以後は多数派の意志がすべてを決定し、たとえ自分がその決定に反対であったとしても、逆らえば最悪、死の危険にさらされるということだけだからである。ロックの場合、最初に全員で社会契約に同意し、その後にあらためて制度と法律を多数決で決めるということではなく、社会契約への同意すなわち多数決原理の承認なのである。故にロックにとって「何故、少数派は多数派の意志に従わねばならないのか」という問いは、はなから存在しない。多数派に従うことを条件に社会契約を結んだのだから、個別の決定事項が気に入らないからといって、それに従わないというのは許されない、ただそれだけのことである。問題はその先、すなわちすべての者があらかじめ多数決原理を一人残らず承認するなどという事態が現実にあり得るのか、ということである。たとえば、自らが結成後の国家において社会的マイノリティとなることが確実だと思っている者が、社会契約（＝多数決原理）に同意するだろうか。一旦同意してしまえば、彼あるいは彼女は自身の意向が社会に採用されることはほとんど望めず、それどころか自らの意志を貫徹しようとすれば社会全体から犯罪視されるのである。それならば、周囲すべてが敵であっても自然状態のほうがまだましだと考えるのではなかろうか。少なくとも犯罪者呼ばわりされることだけはないからである。あるいは身の危険を回避するために、涙をのんでいやいや社会契約に同意するだろうか。しかしロックの基本的立場からすれば、契約とは個人の自由意志に基づくものであって、威嚇あるいは威圧によって強制された契約など形容矛盾以外の何ものでもない。となれば、多数決原理を承認する者たちのみが社会契約を結び、その他の者は自然状態のままでいればよいということなのだろうか。実際、ロック自身九五節で、社会契約を結んだとしても「そのことによってそれ以外の他の人の自由を侵害することにはならない」と述べている。だがこの箇所は共同体の規模の大小を言っているのであって、ロックにとって或る一定領域内の全住民が契約に参加すべきことは自明であった。何故なら、一定地域内に契約者と非契約者が混在する場合、社会契約で縛れるのは契約者間の関係のみで、非契約者間は勿論のこと、契約者と非契約者の関係もまた自然状態にあると見なさざるを得ないからである。たとえ社会契約を結んだとしても、隣人が非契約者であったなら、契約自体にどれほどの意味があるだろうか。従ってロック流の社会契約が成り立つためには、一定領域内の全住民が等しく参加することが不可欠なのである。では参加に不同意な者に当該地域からの退去を要請するというのはどうか。これもだめである。ロックにとって個人の所有権（property）は不可侵であり、自分の土地を絶対に離れたくないと言っている者を、力ずくであれ金ずくであれ、追い払うということは許されない。プロパティの保護こそが社会契約の眼目であるにも拘らず、契約達成のために他人のプロパティを侵害しなければならないとしたら、それは自己矛盾でしかない。結局、ロック流の社会契約が成立するためには、一定地域内の全住民がことごとく多数決原理の採用を承認することがどうしても必要なのである。だがこれは極めて厳しい条件、ほとんど絶望的なまでに困難な条件である。住民中のたった一人でも多数決原理に反対すれば、その時点で社会契約は頓挫し、国家はその正当性の根拠をすべて失うのである。ロックはこの困難にどう立ち向かったのか。答は九九節後半部分に記されている。

第五節　可能的多数派

九九②　したがって、なんらかの政治社会の始まりとなり、実際に政治社会を構成するものは、多数派を形成しうる何人かの自由人がそういう社会に結合し、それを構成するという同意をすることだけである。そして、これが、またこれこそが、世界のすべての合法的な統治を誕生させることができたしできるものなのである。

「多数派を形成しうる何人かの自由人の同意（the consent of any number of free men capable of a majority）」があればそれが可能だとロックは言う。ここに言う「多数派を形成しうる自由人」を筆者は、現在多数派を占める者たちだけではなく、たとえ今は少数派として自らの意向を社会の制度や政策に反映できなくても、将来的・可能的にはそれができるとの展望を持つ者たちをも含むと解する。すなわち、世の中に永続的マイノリティが存在せず、誰もが事と次第によってはマジョリティたり得るような状況があらかじめ確保されていれば、そしてそのときに限って、社会契約は成立し得る、そうロックは感じていたと解するのである。そしてまさにその社会契約成立のための前提条件を具体的に展開してみせたのが、彼独自の自然状態論に他ならない。ロックの自然状態論を一読して思うことは、その余りの不自然さであろう。だが上記の事情を考慮に入れれば、まさにその不自然さこそが社会契約の困難さを逆照射しているともいえるのである。とはいえ、彼の自然状態論の詳細な検討は他日を期さねばならない。今はただ、（社会契約に基づく）多数決原理が合意形成手段としての正当性を持ち得るためには、その最低条件として、当該社会内に固定化したマイノリティ集団が存在してはならず、誰もが可能的マジョリティとしての自己を有する必要があるということ、このことのみをロックの議論に即して指摘するに留める。もっともこれは、社会内のマイノリティ集団の存在が多数決を無効化するということでは勿論ない。その場合、多数決原理はもはや合意形成のための一手段ではなく、権力闘争の一形態、あるいはマイノリティ抑圧のための巧妙な自己正当化の一様式に過ぎないということである。

第5章　最後のスコットランド議会（一七〇三～一七〇七）と合同問題

松園　伸

はじめに

「複数国家が統合する」という現象はヨーロッパ世界では決して新奇な概念ではないし、それはイギリスでも同様である。[1] ただしそのほとんどはいわゆる「同君連合」regal union にとどまっており、完全に主権を共有する「国家連合」incorporating union は一七世紀オリヴァ・クロムウェルの共和制期を除けば、一七〇七年五月に発効したイングランド・スコットランド間の「英蘇合同」（これによりグレート・ブリテン王国が誕生）と、一八〇一年一月、ブリテン王国とアイルランド王国が合同して成立した「英愛合同」の二例のみである。英蘇合同は廃止、改正を経ることなく現在に至っているが、英愛合同は、一九二二年のアイルランド自由国独立によりこれが合同から離脱し、英国に残留した北アイルランドと分裂国家の形をなしている。

国政の中心、スコットランド議会 Parliament of Scotland は現在に至るまで復活していない。しかし一九七〇年代以降のナショナリズム高揚の波を受け、スコットランドに対する「権限委譲」devolution の一環として一九九九年五月、ウエストミンスター議会から一部の権限の委譲を受けてスコットランド自治議会 Scottish Parliament

が成立した。このときある議員は「一七〇七年に『休会』したスコットランド議会はここに再開した」と祝賀した(2)が、必ずしも正確な表現とは言えないであろう。一七〇七年、イングランド議会と統合する形はとったが現実には消滅してしまったスコットランド議会は、後述するようにその主権的な性格の有無については問題が残るものの、既に一七世紀には、王国の最高の意思決定機関として認められていた。この地位を現在のスコットランド自治議会が得るためには、連合王国からの完全な独立が求められる。実際、独立論者は二〇一四年のスコットランド完全独立をめぐる住民投票の実施に成功したが、僅差で敗北した。しかし二〇一六年の連合王国のＥＵからの離脱Brexitという政治的激震は、ＥＵとの協力、連帯を望むスコットランド独立主義者には受け入れ難いものであり、再度の独立投票が議論されている。

第一節　英蘇合同までのスコットランド議会――制度史的概観――

さて、身分制議会としてのスコットランド議会はイングランド議会に劣らない長い歴史を有する。イングランドにおいて聖俗の貴族、州、都市の平民代表が一堂に会したのは一二六五年とされるが、スコットランドにおいては*Colloquim*という名の身分制集会が一二三五年に開かれ、さらに一三二六年にロバート一世が聖俗の貴族と勅許都市 royal burghs の代表を召集したのが議会制の嚆矢とされる。(3)一七世紀の共和制期を除いてスコットランド議会は連綿として存在してきた。さらにスコットランド王家の始祖ケネス一世（在位八四一～八五八）以来スコットランド国王の血統は、現英国女王エリザベス二世にも流れているとの誇りも相まって、神話的とも言える長い王権と議会の歴史はスコットランドの政治文化を語るときに欠くことのできないものである(4)。同じブリテン島にありながら、イングランド議会とスコットランド議会ではその類似性よりもむしろ「非対称性」が強調されるには十分な理由があろう。イングランドでは一四世紀半ば、聖俗の貴族と平民代表が別々の院で会合する慣行が確立した。そして聖職貴族と世俗貴族のみが一体化して一つの院を形成した時点で、三身分が一堂に会し、それぞれの立場から発言するという議会の従来の基本的な構造は崩れているのである。他方、スコットランド議会は一七〇七年まで一院制を維持し、各身分代表が一つの場所にに会していた。早くからイングランド議会の呼称が Parliament で統一されたのに対して、スコットランド議会はこれに加えて諸身分会議を示す Estates の名称が併用され続けたことには意味があろう。(5)

イングランド議会ではその召集、解散は国王大権に基づいてなされるが、スコットランド議会には正確には二種類の議会が存在した。すなわち国王の名において召集される議会、パーラメントと、国王大権に拠らず諸身分が自発的に会合する「諸身分会議」Convention of Estates とが時期を異にして開かれている。王権によって召集される議会が公式の立法機関と見なされるのに対して、諸身分会議は王権によって基礎づけられていないだけ自由闊達な議論がなされると言われる。本論に関して言えば、最後のスコットランド諸身分会議は一六八九年三月から六月に開会された。この会議が諸身分会議とされる根拠はそれまでの会議と大きく異なっている。一六八八年、イングランドに上陸したオレンジ公ウィリアムと妻メアリは国王ジェームズ七世（イングランドでは二世）を放逐したが、彼ら自身はスチュアート家の血統にあるものの継承順位においてジェームズに劣るため、正統な（*de jure*）君主とは見なされなかった。そこで彼らはまず諸身分会議の選挙を行い、その後召集された議員の意思によって国王ウィリアム二世（イングランドでは三世、在位一六八九～一七〇二）、メアリ二世（在位一六八九～九四）にそれぞれ推戴され、この段階で諸身分会議はそのままパーラメントと転じたのである。ウィリアムはこの議会を一七〇二年に死去するまで解散し総選挙に訴えることなく、一二年の長きにわたって維持し続けた。

ウィリアムを継いだアン女王（在位一七〇二～一七一四）は総選挙を一七〇二年に実施したが、議会の召集は翌〇三年となった。アンは三回の会期を持ったが、一七〇七年の英蘇合同まで議会を解散しなかったので、一七〇二年総選挙はスコットランド王国にとって補欠選挙を除けば最後の国政選挙となったのである。本論は、主な対象をこのスコットランド最後のアン女王議会とするが、英蘇合同という偉大な「憲法上の実験」を成功させたこの議会を論じるには、これに先行するウィリアム期の議会の分析が欠かせない。したがって両議会は連続的なものとして考察される。限られた頁数の中で英蘇合同成立の過程を個々の党派関係の詳細にまで立ち入って考察することはできないので、本論文では名誉革命から合同成立までの制度的な変遷[6]、立法とそれに携わった法律家の役割[7]、そして平民議員の社会的出自[8]の分析などを主に行う。我が国においても豊饒な業績を持つイングランド議会史に比して明らかに等閑視されがちであったスコットランド議会史に少しでも光が当てられればと考える[9]。

第二節　英蘇合同の前提としてのウィリアム議会からアン女王議会へ

一六八九年、名誉革命を承けて諸身分会議という名の集会がエジンバラで開かれた[10]。当初参加した身分は聖職貴族、世俗貴族、州代表議員、勅許都市代表議員の「四身分」から成り立っていた[11]。聖職貴族とは、監督制教会 Episcopalian Church の代表であり、通例彼らはイングランド国教会と行動を共にする。一七世紀の内乱を間近にした一六三八年、長老派の擡頭とともに彼らは議席を奪われたが、一六六〇年王政復古後、監督制教会の聖職者は議席を回復していた。しかし、長老派勢力が圧倒するスコットランドでは彼らは厳しい批判に曝されている。そして革命勃発後まもなく監督派聖職者はスコットランド議会から消滅することとなる。

世俗貴族は一五世紀頃まで他を圧する巨大地主であり territorial earl とも呼称される伯爵身分が中心であったが、一五世紀半ばイングランドおける男爵 baron に相当する lords of parliament も登場する[12]。彼らも総じて古い家系を持ち（多くは「氏族の長」clan chief の称号を有する）大地主であることには変わりはないが、一六世紀から貴族の数は急増し一五〇〇年には四九家、一七〇〇年には一三〇家余に達した。スコットランド貴族は、数的にはイングランド貴族と遜色ない程度になり、その数は英蘇合同まで維持されたのである。王権が褒賞的な意味合いでスコットランド貴族身分を多数与えたことが、貴族急増の一因であるが、これは逆にスコットランド貴族全体の家格を下げることにもなったと考えられ、イングランド人のスコットランド蔑視の要因ともなった。他方、一七世紀以降スコットランド人平民で、大地主でなくとも法曹家、裁判官として議員に当選し持ち前の法知識、雄弁で頭角を現す者が現れた⑬。彼らは程なく宮廷＝政府の認められるところになり、法曹家の中から世俗貴族身分を受爵する例も見られる。新しい貴族層の登場である。彼らは通常忠実な廷臣として働き、英蘇合同交渉において合同実現のため積極的な働きをみせることとなる⑭。

勅許都市代表は、州代表に先んじてスコットランド議会に参入し、一三二六年には議会の正規のメンバーとして認識されている。英蘇合同時には数的には州選出議員に劣るものの、一般に都市代表は州代表に比して大きな影響力を有していた。王権による集権化が遅れたスコットランドにあって勅許都市は、王権からの通商独占、市域内での課税権などの特権付与と引き替えにしばしば臨時税徴収にも応じており、王権には欠くことのできない存在である。加えて勅許都市はエジンバラ市を盟主として「勅許都市会議」convention of royal burghs を開いている。これは一三世紀に淵源を持つものであるが、一六世紀には恒常的な団体として認められた。彼らは一団となって王権からの課税要求に対応することもあり、また都市特権を武器に宮廷＝政府に対する圧力団体としての機能も有している⑮。そして英蘇合同交渉においても勅許都市は大きな発言力を有していた。

州代表議員がスコットランド議会のレギュラーなメンバーになるのは勅許都市代表よりもはるかに遅れ、一五八七年である。それまで封建的土地所有者として議席を有していたバロン（イングランドの世襲貴族身分としての男爵とは異なる）勢力に取って代わる形で、勅許都市代表と同じく選挙によって選ばれる議員となった。一六世紀以降、地方制度整備に伴い議員数は漸増していき、一五八七年には二八州だが実際に代表を出す州はそれをはるかに下回る状態であったのが、英蘇合同直前には、三三州にまで増大し、格式の上では勅許都市代表が上回っていたとしても、数の上では州代表は次第に勅許都市を上回ることになる。これはスコットランド議会の運営上無視できない変化である。一院制スコットランド議会は、問題が投票に付された場合、貴族、勅許都市代表、州代表はすべて一人一票であった。したがって州代表の数の漸増は彼らの議会における存在感を増していったと考えられる。

最後にイングランド議会では正規のメンバーとみなされなかったものの、スコットランド議会においては貴族でもなく選挙で選出されたわけでもないにもかかわらず、「職権上」*ex officio* 登院し議論し投票権までも持つ集団が少数ながら存在した。「国家の大官」と称される人々である。その数は一〇名ほどであり、国務大臣、王璽尚書に並んで公文書保管人 Lord Clerk Register、法務長官 Lord Advocate、スコットランド最高法院次長 Lord Justice Clerk、大蔵卿代理 Treasurer-depute などである。国務大臣、王璽尚書の多くは世俗貴族であり、当然議会に議席を有していたが、公文書保管人、最高法院次長、法務長官の多くは平民であり、選挙で選ばれない場合、彼らの議会での存在は代議政治の原則に悖るとも見られた[16]。しかし彼らはスコットランド司法界にあっては最高の存在であり、彼らの議会における活発な活動は、スコットランド法曹の政治的影響力の強さを示すものであった。実際名誉革命から英蘇合同成立に至る政治的激動の時期にあって法曹出身の高官は極めて大きな役割を果たすことになる。

さて本論では、一六八九年以降のいわゆる「名誉革命体制」Revolution Settlement のもとでいかなる政治的な改革が実現し、その基盤に立ってアン女王治世のスコットランド議会において合同支持派が、極めて強力な反対勢力に直面しながらも英蘇合同を勝ち得た過程を分析してみたい。そこでのキーワードは「法」である。英蘇合同は政治、経済、財政、宗教、文化と様々な分野でスコットランドに大きなインパクトを与えたのであるが、その中でも本論文は法、法律、そして法律家を主たる対象とする。現代スコットランドを代表する法学者J・D・フォードは英蘇合同の激動の中で「スコットランド法」Scots Law、「スコットランド司法」Scots Judicature、そして最後のスコットランド議会において激論の末成立した「合同法」Act of Unionの三者が改変不可能な存在として位置づけられたと見なしているが[17]、的を射た議論であろう。スコットランド法体系が一七〇七年以後も維持されたことにより、急速にスコットランド社会の「ブリテン化」が進むなかで領域内でのスコットランド法の至高性が保証され、スコットランド法文化はここでのナショナル・アイデンティティの核心的な部分になる[18]。

例えば民事上訴裁判所 Court of Session を初めとするスコットランドの上級裁判所とその裁判官制、これらに人材を供給していた「弁護士会」Faculty of Advocates は一七〇七年以降もほとんど改変されることなく法的な安定に貢献したのである。さらに英蘇合同条約にはスコットランド上級法曹に対して手厚い保護規定が設けられた。アン女王政府は、スコットランド議会議員中から新興貴族あるいは中産階級出身の法律家を積極的に登用してきたが、この傾向は英蘇合同以後も発展し続ける。ただし英蘇合同は、スコットランド法曹に対してその領域内での彼らの法律業務の独占を認めるに止まるものではない。一七世紀において、スコットランド法曹がイングランドに渡って法学院 Inns of Court に通い、遂にはイングランド法廷弁護士 barristerになるという例は極めて稀なケースでしかなかった。しかしアンの時代からこの流れは次第に増加し、一八世紀半ばにはスコットランド人、とりわけここで弁護士資格を有する者が、イングランド法廷弁護士資格をも取得すると同時に、オックスフォード大学、ケンブリジ大学でローマ法など学問的な法律教育も受ける例が見られ始める。そして社会的に認められた彼らは庶民院議員に当選したり、さらには栄達し貴族に叙されたりもする[19]。その典型が、スコットランド出身でイングランド法曹教育を受けるとともにオックスフォード大でも学んだマンスフィールド伯爵ウイリアム・マリ（William

Murray, earl of Mansfield, 1705-93）であろう。彼は累進してブリテンの法務長官、王座部裁判所裁判長、蔵相などを経てついに伯爵に叙されたのである。

第三節　ウィリアム議会からアン女王議会へ——法と法曹社会の変遷——

さてこれからの叙述は、名誉革命直後のウィリアム王議会から、英蘇合同を結実させたアン女王議会への変遷を法、法律、法廷を軸に見ていくことにする。スコットランド名誉革命は、一六九〇年までに一応の結末を見た。それはこれまでに類を見ない議会改革、政治改革を含んでおり、スコットランド議会は、俄然躍動的な存在となっていく。この時期の議会政治の流れは、次の三点にまとめることができるであろう。

①「条文委員会」Lords of Articles に代表される、代議政体としてのスコットランド議会の活動を大きく阻害してきた要因が議院から除去されたこと、②スコットランド弁護士会、そして彼等が栄進して裁判官を務める民事上訴裁判所の政治的活動、さらには法務長官 Lord Advocate, 法務次官 Solicitor-General らが直接間接にスコットランド議会の改革路線に寄与したことが評価されよう。またイングランド法に精通したスコットランド法曹家がスコットランド議会における司法的機能に積極的に関与することによって、結果的にスコットランド議会の司法的機能とイングランド議会の司法的機能の間の差異が小さくなり、これが両国にとって英蘇合同案を受け入れやすい環境をもたらしたとも言える。③一七〇六年のイングランド側、スコットランド側の交渉委員の人選が、イングランド政府の手によって行われたことは、英蘇合同実現に向けての非常に大きな一歩であった。ロンドンに英蘇合同条約（The Treaty of Union）を起草するために会合した両国代表はほとんど全員が合同支持派で占められており、まず合同することの是非から議論を始めなければならなかった一七世紀ジェームズ六世（イングランドでは一世）や

王政復古後のチャールズ二世、そしてウィリアム二世の合同提案とはそのスタートから大きく異なっていた。一七〇六年における彼らの任務は、英蘇双方が受け入れられる条件を探り、その妥協点を合同条約に結実することであった。条約成立後、両国はそれを各議会に持ち帰り、「合同法」の形で批准承認作業に当たった。合同賛成派は、反対派議員の強硬な抵抗に遭うものの、修正された合同法は、交渉委員が起草したものから大きく出るものではなかったのである。以上三点に留意しながらウィリアム即位から合同にいたる流れを見ていくこととする。

一六八八年ロンドンに進出したウィリアムとメアリはイングランドにおける政治的基盤を固める一方で、スコットランド側の状況にも十分な注意を払っていた。ルイ一四世の革命への干渉を排除しイングランドに乗り込んだウィリアムにとって、陸地の国境を超え北に位置するスコットランドがウィリアム、ジェームズ七世のいずれにつくかは地政学的にみて極めて大きな意味を有していた。ジェームズ七世は勅許都市代表、州代表選出にあたって一六八一年制定の審査法[20]を適用し長老派の参加を拒もうとしていたが、ウィリアムはこの制約を外して選挙を実施したため、長老派、反ジェームズ派が多数選出されることになった。選挙権を有する者が非常に限られているスコットランドにあっては、総選挙は少数の有力者の意向に委ねられる「無風区」が目立ったものの、一六八九年総選挙[21]は、スコットランドの宗教体制をイングランドに近い監督制とするのか、あるいは長老派とするかで激しい争いが繰り広げられた。そしてウィリアムの支持も手伝って監督制教会は、長老派優勢の中孤立を強めていく。

諸身分会議において世俗貴族の身分を有する者はスコットランドにおいて優に一〇〇名を超えていたが、ジェームズに従った者など出席しない貴族も多く当時の登院者総数は五〇名余りであった。都市代表は六五都市から各一名、エジンバラ市から二名の六七名が選出されたが、革命後の緊張状態であり出席率は非常に良い。同様に州代表も六一議席の大半が出席している。スコットランド世俗貴族の平民に対する勢威、影響力は非常に強力なものがあったけれども、少なくとも投票に付された際の数だけから見れば、平民議員は過半を制している。そしてまもなく強力な改革路線が明らかになるのである。同時期イングランド議会が「権利宣言」Declaration of Right を起草し、市民の権利を確定し自由な言論を保証された議会の規定を進めている頃、スコットランド議会は有名な「権利要求」Claim of Right を一六八九年三月に作成した。[22] 権利宣言を基礎とした権利章典がジェームズ二世の「退位」abdication というフィクションで革命の混乱を収拾し王統の連続性を維持しようとし、ジェームズ期に制定された議会制定法の多くが適法とされたのに対し、スコットランド議会は権利要求でジェームズ七世の失政を列挙した上で、彼の王権の「没収」forfeiture を宣言し、彼の議会での決定を次々に無効にしていった。

それはスコットランドにおけるラディカル・ホイッグの勝利宣言と言われるだけの急進的な内容を有していたが、その立役者がジョン・ダルリンプル卿（Sir John Dalrymple）である。ジョンは、現在でもスコットランド法学界で最高の存在とされるジェームズ・ダルリンプル卿（Sir James Dalrymple, 一六九〇年ステア子爵 Viscount of Stair に叙爵）の長男として生まれた。ジェームズは、いまもスコットランド法廷での必携書とされる『スコットランド法提要』（*Institution of the Laws of Scotland*, 1st ed. 1681, 2nd and revised ed. 1693）を著した。スコットランド法、イングランド法、ローマ法の豊かな知識を縦横に用いて著された『提要』はその水準においてイングランド法学書を凌駕する傑作と言われ、英蘇合同前に、スコットランド法の基盤を固める上で極めて大きな役割を果たした。そして革命当時は民事上訴裁判所長としてスコットランド司法全般を監督する立場であった。一方ジョンは二三歳の若さでスコットランド法廷弁護士になるや、「決して敵に容赦を与えない」弁護士としてたちまち斯界では有名な存在となる。[23] 父ジェームズ・ダルリンプルは早くからオレンジ公ウィリアムと協働していたが、子ジョンは初め国王ジェームズ七世を支持していたと見られる。だがまもなくジョンもジェームズから離れ、名誉革命では熱心なウィリアム支持派となり、急進的ホイッグとして権利要求起草、法制化の中心となった。[24] ジェームズとジョン親子はスコットランド低地地方 Lowland の旧家の出身ではあるが、中産階級に属していたダルリンプル家の出自である。

彼らは持ち前の豊富な法律知識を縦横に生かして法廷、そして議会において活躍し、社会的階級を上昇させていく典型的な家系の一つになった。ジョンは、父ジェームズが一六九五年に死去したのち、その爵位を襲爵しさらに彼自身の王権への貢献が認められ、アン女王によってステア伯爵 Earl of Stair に陞爵した。イングランド政府のステアへの期待は裏切られなかった。彼はスコットランド側における英蘇合同にとって無くてはならぬ存在であり、彼の豊かな法知識は、合同条約に遺憾なく発揮されたのである。

さて、スコットランド議会の改革立法はなおも続く。権利要求に続いて、「苦情条項」Articles of Grievances がまとめられ、ジェームズの失政がさらに列挙された[25]。最大の眼目は条文委員会を廃止する法律制定を求めたことであろう。条文委員会に多大な権限を与えて、スコットランド議会を「骨抜き」にしたとされるのはジェームズ六世（在位一六〇三―二五、イングランド王としてはジェームズ一世）である。一六二一年に確立したこの委員会はまず主教が八名の世俗貴族を委員に選び、反対にこの選ばれた八名が聖職者代表八名を選出する。そしてこれら貴族身分代表は、州、勅許都市代表の委員を選ぶわけである。通例聖職貴族は王権に忠実な人々であるので、条文委員会は国王の操り人形になる危険をもち、実際議会は、委員会が起草した法案を受け入れる存在に成り下がっていった。

諸身分会議が正式の議会に変わった一六八九年六月からの議会第一会期において、いまや国王となったウィリアムは当然条文委員会を廃止すると見られていたが、この制度が王権にとって持つ「効用」を知った国王は廃止をためらい始める。しかし議会の強い意向に従って九〇年五月、条文委員会は廃止され、今後は議員の中から任意に選ばれた者から委員会が構成されることとなった[26]。他にもこの会期が憲法上成し遂げた功績は大きい。まず長年スコットランド議会に君臨した監督制教会主教は、議会のメンバーから排除され、議会は聖職者身分を失うことになる[27]。次いで制定されたウィリアム、メアリに対する忠誠宣誓 oath of allegiance は、国家が教会の上位に存在することを認めるとともに、宣誓者に対してカソリシズムとジェームズ支持者（ジャコバイト）を否定し、プロテスタントによる王位継承を認めさせる内容であった。(28) 議会による改革のプログラムは、議員選挙の方法にまで及んでいる。州代表は、一州当たり代表二名が原則であったが、すでに一六八一年の制定法で人口の多い州に増員が実施された。九〇年の改革はこれを引き継ぐものである。エジンバラ州など一一州が二議席増、スターリング州など四州が一議席増となり、総議員八七名となった。そしてこの新選挙制度は、一七〇二年のアン女王治世の総選挙で実行に移された。

ウィリアムからアン女王期の勅許都市の選挙は州選挙とはいくつかの点で異なる。実に一六七二年まで、「貧しさゆえに代表を送ることができない」勅許都市が存在していた。王権にとって議会召集の最大の目的は課税問題であり、貧しい勅許都市は敢えて代表を派遣する必要を認めなかったのである。しかし様相は大きく変化していた。勅許都市選挙区は、選挙人、被選挙人ともその都市に住むか商工業を営んでいることが要件であった。しかし既に王政復古（一六六〇年）頃から勅許都市と関係を持たない者が当該都市の代表として、エジンバラ議会に選出された例が見られる。議会はこれを重く見て、選挙争訟においてこうした違反を罰した例もある。しかし現実には一八世紀に入ると、選挙におけるこうした要件は実質的に空文化していたと考えられる。英蘇合同を実現させた一七〇三年以降のスコットランド議会に選出されてきた勅許都市選出議員は、居住要件を満たさない者を相当数含んでおり、彼らの選出は議会によっても黙認されていた。後に再び触れるが、都市近縁の貴族・地主は、実利かあるいは名誉心かは別として、既に都市選挙区を侵蝕し始めていたのは明らかである。それは議員になることが「喜ばしいことではない」時代が既に終わり、自ら「望んで」代表になる者が現れたことを意味している。州選挙区の状況も都市と大差はない。州においてはすでに一六六九年法で選挙人、被選挙人の当該区の居住要件は撤廃されている。(29) しかも従来議員には議会出席に必要な旅費等を州から受け取ることになっていたが、アン女王の一七〇二年の総選挙においてこの慣行が続いていたかは疑わしい。州選挙区においても、代表は会期中の出費を負担してでも当選を欲するようになっていた。ウィリアム、アンの時代の選挙で多く選挙不正が敗れた側から暴露され、選挙争訟が議会で論じられたこと、また英蘇合同を目指す政府によって議員に対する賄賂が頻繁に用いられてきたことも明らかになってきている。スコットランド議会の改革の開始は皮肉なことに「腐敗の開始」もあったのである。

これまで、主にアン女王即位後の（そして英蘇条約が現実的な可能性になる）時期のスコットランド議会を概観してきたが、その他にも注目すべき点は多い。名誉革命以降、議会の立法手続は、条文委員会が無くなったことで新たに整備することが求められた。条文委員会任せであった法案審議の手続きは次第に整えられ、「決議」resolutionや「立法提案」overture が起草され、これらが法案審議のたたき台となるのである。議院内の不正は彼らも自覚しており、アン女王の一七〇四年、議会において投票行為について買収などを行った者については除名を含む厳罰を科す案が出されたが、予備的な読会で廃案とされている。さらに注目すべきは、一六八九年議会以降、記名投票においては賛成者、反対者の氏名の入った採決リストが公式にまとめられるようになったことである。ウエストミンスター議会は個々の議員の投票行動が外部に出ることを非常に警戒し、公式の採決リストの公刊の開始が一八三六年であったことを考えれば、二つの議会の間での立場の違いは明瞭であろう。この採決記録のおかげでわれわれは、三〇以上もの、英蘇合同をめぐる議員の投票行動を知ることができる。[30] この点については本論の終わりに概観するが、その前にウィリアム時代の議会改革路線のレールの上に置かれたアン女王議会が、国制上どのように扱われ得るかを論じておこう。

第四節　「主権的議会」としてのスコットランド議会と議員の出自

ある議会についてどの時点で「議会主権」parliamentary sovereignty が認められるか、という問題は議会主権に「具体的に何を盛り込むか」によっても変わってこよう。その点、イングランド議会は、多くの点において名誉革命時において議会主権が成立したといえる。星室庁、高等宗務裁判所は既に廃止され、枢密院はいまや内閣のなかに埋没しようとしている。議会権力に比肩しうる立法機関は姿を消した。毎年歳入法案を議会が議決する慣行ができたことで、収入確保を図る王権は議会の毎年開会を迫られる。国王の拒否権はアン女王が行使して以降、現在にいたるまで例はない、などである。ではアン女王期、英蘇合同を控えたスコットランド議会はどうであろうか。かつてのホイッグ史観は、スコットランド議会の権能について明らかに低い評価を与えていた。例えばアルフレッド・ダイシーらは、革命後の条文委員会の廃止などの諸改革は認めつつも、「スコットランド議会はかれらの公的生活の中心にはなり得なかった」と断じ、弱体な議会がウエストミンスターに吸収され、「国家的な独立を犠牲にすることで」辛うじて彼らの文化、芸術などのアイデンティティを保ち得たというのである。[31] しかし近年、スコットランド議会が「主権的」な存在であったのか否かについては相当の議論が生じている。そしてこの問題は、二つの議会を少なくとも理論的には「対等に統合」した英蘇合同についても多くのことを語っていると思われる。その立場を大まかに分類すれば、以下の二つになるであろう。①枢密院、長老派総会など議会に肩を並べる立法機能を有する組織がスコットランドには存在した。したがって歴史家がイングランドにおける議会主権を言うように、「スコットランド議会主権」を語ることはできない。この立場はイングランドの議会主義を称揚し、スコットランド議会をこれに及ばない存在と見なすことになる（ダイシーはこれにあたる）。②遅くとも一七世紀中頃には、スコットランド議会は他の政治機関を凌駕する存在になっていたが、名誉革命を境にスコットランド議会は主権的な存在に上昇した。そしてこの基盤があったからこそ、二つの議会の合同が実現し得たとする見解である。

まず、ジュリアン・グッデアによれば、中世以来スコットランド議会はその主権的な機能を発揮する上で多くの「ライバル」に直面したとする。そのライバルとは、諸身分会議、長老派全体会議、勅許都市会議、そしてなかんずく枢密院である。しかしグッデアはそれぞれの機関の強大な権限を認めつつも、一六、一七世紀において徐々にそれらの力は減衰し、結局議会に対抗するものとはならなくなったとする。これは制度史的な観点から②の立場を論証したと考えられる。[32] しかし、スコットランドにおける議会主権の淵源を遡ろうとするのは主に思想史的なアプローチである。多くの論者は一六三〇、四〇年代のスコットランドにおける長老派主導になる国民盟約派Covenanters の思想的伝統の基礎の上にウィリアム期の議会改革、政治改革を置いている。中でもJ・R・ヤングにとって、条文委員会制度の廃止、州選挙区の定数不均衡を人口比に応じて変更するなどの改革などは、王権に対して盟約派が対抗していた「一六四一年への回帰」に他ならないと論じている。[33] またカリン・バウイも、一七世紀スコットランドの立憲主義の伝統が評価され得る要因として、スコットランド政治文化における治者・被治者間の誓約、盟約の伝統を挙げ、この立憲主義に多くの不完全さが伴っているとしても、その知的伝統は権利要求に見られる改革の思想に繋がっていることを論証しているのである。[34] このように近年のスコットランド議会史研究は、おおむね一七世紀から英蘇合同までに何らかの形でスコットランド議会に主権的な要素が成立していることを示している。

だが必ずしもそれで完全なコンセンサスがあるわけではない。マーク・ゴルディは、当時のイングランド議会とスコットランド議会の間には類似性よりもはるかに相違の方が多いことを挙げ、イングランド的な議会主権論を安易にスコットランドに適用することに慎重である。例えば条文委員会が議会で跋扈している時代において、議会はごく少数の議員に支配されていたわけで、イングランドの「古来の国制」に見られる政府―貴族院―庶民院間の権力の抑制と均衡は見られないこと、スコットランドの州選挙区の有権者総数は二千名ほどに過ぎず、イングランドの大きな一州の選挙人の数にも及ばないことを指摘し、スコットランド政治の寡頭制的な性格を強調するのである。スコットランド議会が極めて少数の大土地所有貴族と、非常に制限的な有権者から選ばれた平民議員で成り立っていたことはしばしば言われ、その寡頭制的性格はもはや常識とも言える。だがそれは本当に正鵠を射た議論なのか？

そこで本論の最後に当たって、英蘇合同交渉が大詰めになった一七〇六〜〇七年にスコットランド議会の勅許都市選挙区および州選挙区を代表した議員の職業、出自などを示すことで、英蘇合同を実現させた平民議員たちを分析してみよう。まず非常に特徴的な事実としては、総数六七議員（但し在職を確認できる議員は六五名）の勅許都市選出議員のうち、「大土地所有者である貴族の子息もしくは貴族に近い縁戚」あるいは「地主階級」と分類される者が、少なくとも一六名（二三・九％）に上るという事実である。勅許都市選挙区における当該都市の居住要件などは被選挙資格から無くなっていたけれども、スコットランド勅許都市の選挙人、被選挙人資格が「当該都市の自治体の成員」であること、彼らは本来商工業に従事する都市市民であることを考えれば、右のグループは勅許都市選挙区選出者として「ふさわしい」人々ではないであろう。地主が社会で圧倒的な力を有するスコットランドにおいて「地主勢力の都市への侵蝕」は確実に起こっていたと見られる。そしてこの一六名中最終的に英蘇合同に賛成した議員は一二名（七五・〇％）と考えられる。いま一つの大きな特徴は、法曹出身議員の多さであろう。勅許都市選挙区では、六七名中一八名（二六・九％）、州選挙区では八七名中一五名で、合わせて法曹出身者は三三名に達する。うち事務弁護士が二名いるので、弁護士会所属の法廷弁護士身分を持つ者は三一名である。スコットランド全体の法廷弁護士総数は二〇〇名程度であることを考えるならば、トップレベルの法曹がいかに競って議員を目指したかが理解されるであろう。さらに上記三一名のうち半分以上は「地主」と区分され得る者である。スコットランドの法制史家ジョン・ケアンズは王政復古後の弁護士会の成員に変化が生じ、地主階級が増加していること、しかも単なる人数の増加以上に重要なことは、「法曹が社会的上昇を図るために地主になる」のではなく、「すでに地主階級に属する者が、法曹家を目指す」ようになったのである。[35] スコットランドにおいてきわめて寡頭制的な社会

英蘇合同時のスコットランド議会平民議員

（選挙区、議員名、議員を経験した年、職業等の順）

A. 勅許都市 royal burgh 選挙区

エジンバラ市のみ定数 2、他はすべて定数 1

Aberdeen:

Allandyce, John, 1703-1707; 商人

Annan:

Johnstone, Sir William, 1698-1702, 1703-1707; 合同反対投票

Anstruther Easter:

Anstruther of that Ilk, Sir John, 1703-1707; 民事上訴裁判所裁判官

Anstruther Wester:

Anstruther of Wrae and Balcaskie, Sir Robert, 1703-1707; 商人

Arbroath

Hutchison, John, 1703-1707; 合同反対投票

Ayr

Muir, John, 1689, 1689-1702, 1703-1707; 商人，合同賛成投票

Banff

Ogilvie of Forglen, Sir Alexander, 1702, 1703-1707; 民事上訴裁判所裁判官「貴族の縁戚」合同賛成投票

Brechin

Mollison, Francis, 1685-86, 1693-1701, 1703-1707; 合同反対投票

Bruntisland

Erskine of Alva, Bandeath and Cambusk, Sir John, 1703-1707; 法廷弁護士，合同賛成投票

Campbell Town

Campbell, Charles, 1700-02, 1703-1707; 貴族の子息，合同賛成投票

Crail

合同締結時、代表無し

Cullen

Ogilvie of Cairnbulg, Patrick, 1703-1707; 貴族の子息，合同反対投票

Culpar

Bruce of Bunzion, Patrick, 1703-1707; 商人，合同賛成投票

Dingwall

Bayne of Tulloch, John, 1703-1707; 合同反対投票

Dornoch

Urquhart of Merdlum, John, 1703-1707; 合同賛成投票

Dumbarton

Smollett of Stainflett and Bonhill, Sir James, 1685-86. 1689, 1689-1702, 1703-1707; 法廷弁護士、合同賛成投票

Dumfries

Johnston of Kelton, Robert, 1695-1702, 1703-1707; 商人，合同反対投票

Dunbar

Kellie, Robert, 1703-1707; 合同反対投票

Dundee

Scrymgeour of Kirkton, John, 1681-1702, 1703-1707; 商人，合同賛成投票

Dunfermline

Halkett of Pittfirrane, Sir Peter, 1705-1707; 民事上訴裁判所裁判官、合同賛成投票

Dysart

Black, John, 1705-1707

Edinburgh

Inglis, Robert, 1703-1707; 金細工師，合同反対投票

Johnston, Sir Patrick 1703-1707; 商人，

Elgin

Sutherland, William, 1703-1707; 貴族の子息，商人，合同反対投票

Forfar

Lyon, John, 1698-1701, 1703-1707; 合同反対投票

Forres

Brodie of Aslisk, George, 1703-1707

Fortrose

Mackenzie of Prestonhall, Roderick, 1705-1707; 法廷弁護士，合同賛成投票

Glasgow

Montgomerie of Busbie, Hugh, 1703-1707; 商人，合同反対投票

Haddington

Edgar, Alexander, 1696-1701, 1703-1707; 商人，

Inveraray

Campbell of Shawfield, Daniel, 1703-1707

Inverbervie

Maitland of Pitrichie, Alexander, 1703-1707; 貴族の子息，法廷弁護士，

Inverkeithing

Spittal of Leuchat, James, 1696-98, 1700-01, 1703-1707; 合同賛成投票

Inverness（Highland）

Duff of Drummuir, Alexander, 1703-1707; 合同反対投票

Inverurie

Forbes of Lereney, Sir Robert, 1693-1702, 1703-1707; 法廷弁護士，合同反対投票

Irvine

Munro, George, 1705-1707; 合同賛成投票

Jedburgh

Scott, Walter, 1700-02, 1703-1707; 合同反対投票

Kilrenny

Moncrieffe, of Reidie, Patrick, 1706-1707; 法廷弁護士，

Kintore

Allardyce, of that ilk, Sir George, 1703-1707;, 商人，合同賛成投票

Kirkcaldy

Oswald of Dunnikier, James, 1700-1707; 船長、合同反対投票

Kirkcudbright

Home of Kimmerghame, Sir Andrew, 1700-02, 1703-1707; 法廷弁護士，MA（Edinburgh），合同賛成投票

Kirkwall

Douglas, Robert, 1703-1707; 貴族の子息，合同賛成投票

Lanark

Carmichael of Skirling, William, 1703-1707; 貴族の子息，MA（Edinburgh），合同賛成投票

Lauder

Cunningham of Milncraig, Sir David, 1703-1707; 法廷弁護士

Linlithgow

Stewart of Pardovan, Walter, 1700-01, 1703-1707; 合同反対投票

Lochmaben

Carruthers of Denbie, John, 1703-1707; 合同反対投票

Montrose

Scott of Logie, James, 1703-1707

Nairn（Highland）

Rose of Newck, John, 1689, 1689-98, 1700-02, 1703-1707; 合同賛成投票

New Galloway

Home of Whitfield, George, 1703-1707; 合同反対投票

North Berwick

Dalrymple of North Berwick, Sir Hew, 1703-1707; 貴族の子息，MA（Edinburgh），法廷弁護士，弁護士会会長、民事上訴裁判所裁判官、合同賛成投票

Peebles

Shiells, Archibald, 1703-1707;　合同反対投票

Perth

Robertson of Craig, Alexander, 1703-1707; 合同反対投票

Pittenweem

Smith of Gibliston, George, 1689, 1689-1701, 1703-1707; 合同反対投票

Queensferry

Stewart of Goodtrees, Sir James, 1705-1707; 法廷弁護士，法務長官，合同賛成投票

Renfrew

Campbell of Woodside, Colin, 1703-1707; 合同賛成投票

Rothesay

Stewart of Blairhall, Dougald, 1703-1707; 法廷弁護士，民事上訴裁判所裁判官、合同反対投

Rutherglen

Spence, George, 1703-1707; 合同反対投票

St Andrews

Watson of Aithernie, Alexander, 1703-1707; 合同反対投票

Sanquhar

Alves, William, 1702, 1703-1707; 事務弁護士、合同賛成投票

Selkirk

Scott of Haining, Robert, 1703-1707; 合同反対投票

Stirling

Erskine, Lt.-Col. John, 1703-1707; 商人，合同賛成投票

Stranraer

Dalrymple of Dalmahoy, George, 1703-1707; 法廷弁護士，合同賛成投票

Tain

Macleod of Geanies, Capt. Daniel, 1703-1707; 合同賛成投票

Whithorn

Clerk of Penicuik, John, 1703-1707; 法廷弁護士，合同賛成投票

Wick

Fraser, Robert, 1703-1707; 法廷弁護士，合同反対投票

Wigtown

Coltrane of Drummorall, William, 1681, 1685-86, 1689, 1689-92, 1696-

1702, 1703-1707; 合同賛成投票

B. 州 shire 選挙区　定数 2～4 人区

Aberdeenshire（定数 4）

Gordon of Pilurg, Alexander, 1703-1707; 合同反対投票

Moir of Stoneywood, James, 1689, 1689-93, 1696-1701, 1703-1707; 合同反対投票

Seton of Pittmeden, William, 1703-1707; 合同賛成投票

Udny, of that ilk, John, 1703-1707; 合同反対であったが投票棄権

Argyll（定数 3）

Campbell of Ardkinglas, James, 1703-1707; 合同賛成投票

Campbell of Auchinbreck, Sir James, 1703-1707; 合同賛成投票

Campbell of Manmore, John, 1700-02, 1703-1707; 貴族の子息, 合同賛成投票

Ayrshire（定数 4）

Brisbane of Bishopton, John, 1704-07; 合同反対投票

Cathcart of Carleton, Sir Hew, 1703-1707; 合同反対投票

Dalrymple of Glenmure and Drongan, William, 1703-1707: 貴族の子息, 職業軍人、合同賛成投票

Montgomerie, of Griffen, Francis, 1690-92, 1694-1702, 1703-1707; 貴族の子息, 合同賛成投票

Banffshire（定数 2）

Abercromby of Glasshaugh, Alexander, 1706-07: 職業軍人、合同賛成投票

Ogilvie of Boyne, James, 1703-1707; 合同反対投票

Berwickshire（定数 4）

Home of Castlemains, Sir Alexander, 1706-07: 貴族の子息, 法廷弁護士, 合同賛成投票

Home of Lumsden, Sir Patrick, 1703-1707: 法廷弁護士, 合同賛成投票

Sinclair of Longformacus, Sir Robert, 1703-1707; 合同反対投票

Sinclair of that ilk, Sir John, 1690-1702, 1703-1707

Bute（定数 2）

Stewart of Kilwhinleck, John, 1704-1707

Stewart of Tillicoultrie, Sir Robert, 1703-1707; 民事上訴裁判所裁判官、合同賛成投票

Caithness（定数 2）

Sinclair of Stemster, Sir James, 1704-1707; 合同反対投票

Sutherland of Hempriggs, Sir James, 1706-1707; 貴族の子息, 法廷弁護士, 合同賛成投票

Clackmannanshire（定数 2）

Abercromby of Tullibody, Alexander 1703-1707: 法廷弁護士, 合同反対投票

合同締結時、代表 1 名のみ

Cromartyshire（定数 2）

Mackenzie of Cromarty, Sir Kenneth, 1693-95, 1698-1702, 1704-07; 貴族の子息　合同賛成投票

McLeod of Cadboll, Aeneas, 1703-1707; 合同賛成投票

Dumfriesshire（定数 2）

Douglas of Dormock, William, 1703-1707: 貴族の孫、合同賛成投票

Ferguson of Isle, Alexander, 1703-1707: 法廷弁護士, 合同反対投票

Dunbartonshire（定数 2）

Cochrane of Kilmarnock, William, 1703-1707; 貴族の子息，合同反対投票

Colquhoun of Luss, Sir Humphrey, 1703-1707; 合同反対投票

Edinburghshire（定数 4）

Dickson of Inveresk, Sir Robert, 1703-1707; 合同賛成投票

Dundas of Arniston, Sir Robert, 1700-01, 1703-1707; 民事上訴裁判所裁判官、合同賛成投票

Foulis of Colinton, Sir Alexander, 1704-1707; MA（Edinburgh），法廷弁護士，民事上訴裁判所裁判官、合同反対投票

Lockhart of Carnwath, George, 1703-1707; 合同賛成投票

Elgin and Forresshire（定数 2）

Innes of that ilk, Sir Harry, 1704-1707; 合同反対投票

合同締結時、代表 1 名のみ

Fife　（定数 4）

Anstruther of that ilk, Sir William, 1681, 1689, 1689-1700, 1701, 1703-1707; 民事上訴裁判所裁判官

Balfour of Dunbog, Major Henry, 1703-1707; 貴族の子息，合同反対投票

Bethune of Balfour, David, 1703-1707; 合同反対投票

Hope of Rankeillour, Thomas, 1706-1707; 法廷弁護士，合同反対投票

Forfarshire（定数 3）

Carnegie of Finavon, James, 1686, 1698-1701, 1703-1707; 貴族の子息，合同反対投票

Haliburton of Pitcur, Sir James, 1703-1707; 合同賛成投票

Lyon of Auchterhouse, Patrick, 1703-1707; 貴族の子息 合同反対投票

Haddingtonshire（定数 4）

Cockburn of Ormiston, John, 1703-1707; 合同賛成投票

Fletcher of Saltoun, Andrew, 1678, 1681, 1703-1707; 合同反対投票

Lauder of Fountainhall, Sir John, 1685-86, 1690-1701, 1703-1707; Edinburgh（MA），法廷弁護士，民事上訴裁判所裁判官

Nisbet of Dirleton, William, 1703-1707; 合同賛成投票

Inverness-shire（定数 2）

Grant of that ilk, Alexander, 1703-1707; 合同賛成投票

合同締結時、代表 1 名のみ

Kincardineshire　（定数 2）

Ramsay of Balmain, Sir David, 1705-1707; 合同反対投票

合同締結時、代表 1 名のみ

Kinross-shire（定数 2）

Bruce of Kinross, Sir John, 1703-1707; 合同賛成投票

合同締結時、代表 1 名のみ

Kirkcudbrightshire（定数 2）

McKie, of Palgown, Alexander, 1705-1707; 合同反対投票

Maxwell of Cardoness, William, 1703-1707; 合同反対投票

Lanarkshire（定数 4）

Baillie of Jerviswood, George, 1703-1707;　合同賛成投票

Baillie of Lamington, William, 1689, 1689-1701, 1703-1707: 合同反対投票

Hamilton of Aikenhead, James, 1690-93, 1696-1701, 1703, 1705-1707; 合同反対投票

Sinclair of Stevenson, Sir John, 1703-1707; 合同反対投票

Linlithgowshire（**定数 2**）

Montgomerie of Wrae, John, 1704-1707; 事務弁護士、合同賛成投票

Sharp of Houston, Thomas, 1700-01, 1703-1707; 合同反対投票

Nairnshire　（**定数 2**）

Forbes of Culloden, John, 1704-1707; 合同反対投票

Rose of Kilravock, Hugh, 1700-01, 1703-1707; 合同賛成投票

Orkney & Zetland（**定数 2**）

Douglas of Egilshay, Alexander, 1703, 1705-1707; 合同賛成投票

Peebleshire（**定数 2**）

Horseburgh of that ilk, Alexander, 1700-02, 1703-1707; 合同賛成投票

Morrison of Prestongrange, William, 1703-1707; 合同賛成投票

Perthshire（**定数 4**）

Graham of Gothie, Mungo, 1703-1707; 合同賛成投票

Haldane of Gleneagles, John, 1689, 1690, 1703-1707; 合同賛成投票

Murray of Ochtertyre, Sir Patrick, 1703-1707; 合同反対投票

Murray of Strowan, John, 1704-1707; 合同反対投票

Renfrewshire（**定数 2**）

Houston of that ilk, Sir John, 1685-86, 1703-1707; 合同反対投票

合同締結時、代表 1 名のみ

Ross-shire（**定数 2**）

Mackenzie of Inchculter, George, 1705-1707; 合同反対投票

Mackenzie of Scatwell, Sir Kenneth, 1703-1707

Roxburghshire（**定数 4**）

Bennet of Grubbet, Capt. William, 1693-1701, 1703-1707; 合同賛成投票

Douglas of Cavers, Archibald, 1700-1702, 1703-1707; 合同賛成投票

Eliott of Minto and Headshaw, Sir Gilbert, 1703-1707; 民事上訴裁判所裁判官

Ker of Greenhead, Sir William, 1685-86, 1703-1707; 合同賛成投票

Selkirkshire（**定数 2**）

Murray of Bowhill, John, 1703-1707; 民事上訴裁判所裁判官、合同賛成投票

Pringle of Haining, John, 1703-1707; Edinburgh（MA）、民事上訴裁判所裁判官

Stirlingshire（**定数 3**）

Graham of Buchlyvie, James, 1703-1707; 合同反対投票

Graham of Killearn, John, 1703-1707; 合同反対投票

Rollo of Powhouse, Robert, 1703-1707; 合同反対投票

Sutherland（**定数 2**）

合同締結時、代表無し

Wigtownshire（**定数 2**）

Stewart of Castle Stewart, William, 1685, 1700-02, 1703-1707; 貴族の子息 , 合同賛成投票

Stewart of Sorbie, Lt.-Col. John, 02, 1703-1707; 貴族の子息 , 合同賛成投票

氏名に付された下線＿＿＿は、勅許都市選出議員の中でもとりわけ「地主階級」であり、かつ法律家ではないと見なされる者を指す。

下線‐‐‐‐‐は勅許都市選挙区、州選挙区での法曹出身者を指す。

下線━━━は、勅許都市選挙区選出議員の中で地主でかつ法曹出身者

を指す。

合同に関する投票は30回以上行われているが、ここでの合同の賛否については下記Youngに拠った。しかし少数の者は他の史料により訂正したものがある。

主要参考文献

Complete Baronetage

Complete Peerage

Scots Peerage

John Stuart Shaw, The Management of Scottish Society 1707-1764 (Edinburgh, 1983).

Margaret D. Young, *The Parliaments of Scotland: Burgh and Shire Commissioners* (2 volumes, Edinburgh, 1992)

の支配者である地主にとっても法曹は魅力ある世界になりつつあったことは疑いない。そして法曹になる魅力の少なくない部分は、法律家となることが政治家への切符になり得たということであろう。英蘇合同期のスコットランド議会はこのことを雄弁に物語っているのである。

おわりに

一九世紀ホイッグ史観において、一七〇七年に幕を閉じたスコットランド議会は、英蘇合同によって法律上の文言はともかくとして、実質的には「吸収合併」に他ならないものであった。爾来、一八三二年にいたるまでスコットランドはウエストミンスター議会に貴族代表一六名、庶民院代表四五名のみを送る存在であり、この数字は貴族院、庶民院それぞれについて議員総数の一〇％にも満たない僅少な存在だったのである。しかし、当時の政治的な変動もさることながら、「吸収合併」前に関するスコットランド議会研究はごく一部のスコットランド史家のモノグラフ的業績を除けば、一九九〇年代頃までほとんどうち捨てられた領域であったと言っても過言ではない。英蘇合同はその中では比較的顧みられた歴史的事件であったが、議会について利用可能な史料、研究の積み重ねにおいては著しい立ち後れを嘆く状態が続いてきた[36]。その限界はあるものの、本論は主に「法」をキータームにして英蘇合同前後の政治過程を分析した。スコットランド議会において、新興中産階級に過ぎない法曹家の進出は著しい。彼らはスコットランド法に並んでイングランド法にも造詣を深めていた。国権の最高機関の道を進みつつあるイングランド議会を横目で見つつ、スコットランド法曹が、王権の道具に過ぎなかったスコットランド議会を「主権的議会」にまで高めようと腐心したのは不思議ではないだろう。しかし議員の社会的出自を見るとき、これら法曹の世界にもスコットランドの伝統的支配者である貴族＝地主の進出は著しい。だが「古来の支配者」たる地主階級とスコットランド法曹は決して敵対的な関係とは言えず、むしろ利害を共有できる要素は少なくなかったと考えられる。

このポイントは、英蘇合同直前の政治状勢を考えるとき興味あるヒントを与えてくれる。これまで血統に基づいて、当たり前のようにスコットランド貴族身分としてエジンバラ議会に出席できた世襲地主貴族は、そのほとんどが英蘇合同後先祖伝来の特権である議会への出席権を失うこととなる。これに憤激した貴族は英蘇合同が本格的に議論に上り始めた一七〇二年頃は、その多くが強硬な合同反対者であった。しかし一七〇六〜七年の合同交渉の「土壇場」になって多くの貴族は雪崩的に合同支持か、中立的立場に鞍替えするのである。元来が巨大地主として安定した農業社会の維持を望む彼らにしてみれば、合同交渉が決裂すれば英蘇戦争もあり得る状況だけに交渉決裂は避けたかったとも思えるが、彼らが合同締結の直前で、スコットランド法曹などにリードされた平民身分の合同支持派議員と協調行動をとれたことは、両者の社会的出自を考えたときうなづけるものである。しかし、この問題についてはスコットランド議会議員の合同交渉における投票行動に基づいた、より精密な分析が必要となろう。

（1）　ヨーロッパ世界における国家連合の優れた事例研究としては、Andrew Mackillop and Micheál Ó Siochrú eds., *Forging the*

State and the Anglo-Scottish Union of 1707 (Dundee, 2009).

（2）BBC News, 12 May 1999. Winnie Ewing reconvenes the Scottish Parliament 出典 http://news.bbc.co.uk/democracylive/hi/historic_moments/newsid_8187000/8187312.stm　二〇一七年一一月五日閲覧

（3）中世以来のスコットランド議会の歩みについて、いまなお体系的な著作としては、R. S. Rait, *The Parliaments of Scotland* (Glasgow, 1924) のみである。

（4）「ナショナル・アイデンティティ」としてのスコットランド議会については、J. R. Young, 'The Scottish Parlaiment and National Identity' in Dauvit Brown *et. al., The Making and Re-Making of Scotland through the Ages* (Edinburgh, 1998), pp. 105-142.

（5）スコットランドにおけるEstates の意味については、Julian Goodare, 'The Estates in the Scottish Parlaiment, 1206-1707,' *Parliamentary History*, 15 (1996), pp. 13-32.

（6）名誉革命から、ウィリアムの死去までのスコットランド議会の変遷については、制度史的観点からは、なお Edith Thomson, *The Parliament of Scotland 1690-1702* (Oxford, 1929) が代表的である。制度よりも現実の政治過程に傾いているが、Patrick Riley, *King William and the Scottish Politicians* (Edinburgh, 1979) も有用である。これらは、初期スチュアート・内乱期・王政復古期の議会と名誉革命以後の議会を比較して、後者が「審議する機関」deliberative institution の要素を強めた点を明らかにする点で重要である。

（7）英蘇合同前後の法律家の果たした役割については、拙稿「一七〇七年イングランド・スコットランド合同（英蘇合同）とスコットランド法曹」、『西洋史論叢』三八号、（二〇一六）、及び、拙稿「スコットランド代表議員の政治的機能（一七〇七―一七四七年）―合同以前のスコットランド身分制議会との関連において」青木康編著『イギリス近世・近代史と議会制統治』（吉田書店、二〇一五年）、五七～八四頁参照。これらの論考で筆者は、一六世紀以降スコットランド司法が整備されていく中で、専門職業人としての弁護士の社会的地位が向上し、ひいては積極的に国政に関与するに至ったことを明らかにしている。

（8）平民議員の社会的出自の研究については、付表に掲載した著作があるが、その嚆矢というべきは Joseph Foster, *Members of Parliament, Scotland...1357-1882* (second ed. London, 1882) である。一七世紀以降のスコットランド議員の出身階級は、依然として地主の地方社会での圧倒的な権力のもとで、法曹家の擡頭が目立ってくる（脚注7参照）。イングランド議会においては財政革命の影響を受け、名誉革命後「金融界」monied interest 出身議員が進出したのに対してスコットランドの場合、都市ブルジョアジーの議会代表が同業組合有力者の域を出なかったのは、スコットランドの経済基盤の弱さを示すものであろう。

（9）　近年英国においてもイングランド、ブリテン議会研究の隆盛に比して、スコットランド議会研究の停滞が指摘されている。その一因は「英国議会の発展」とはとりも直さずロンドンのイングランド、ブリテン議会の発展に他ならず、スコットランド議会は合同条約において表向き対等の立場を取ったとはいえ、その実ロンドン議会に「付加」された存在に過ぎないという根強い偏見が史家の間にもあったと見られる。David Hayton, 'Official Histories of Parliament and the Nature of the Union of 1707: A Forgotten Episode in Anglo-Scottish Academic Relations,' *Scottish Historical Review*, 93 (2014), p. 95.

（10）　ウィリアムからアンに至るスコットランド議会の歴史については、最新かつ最も信頼できるものとしてはChristopher Whatley, *The Scots and the Union* (Edinburgh, 2014) がある。

（11）　以下、スコットランド議会の構成については、Edward Porritt, *The Unreformed House of Commons* (vol. II, Cambridge, 1903); Charles Terry, *The Scottish Parliament: Its Constitution and Procedure* (Glasgow, 1905) に負うところが大きい。

（12）　イングランドとは異なった発達を遂げたスコットランド貴族制については、Alexander Grant, 'The Development of the Scottish Peerage,' *Scottish Historical Review*, 57 (1978), pp. 1–27.

（13）　こうした法曹家の出身母体は、法廷弁護士が属する「弁護士会」（Faculty of Advocates）である。彼らは一般に中産階級に属する平民であるが（あるいは平民であるがゆえに）、貴族に比べて遜色のない行動規範が求められ、国政にも重要な役割を果たすことが期待されていた。名誉革命から英蘇合同の時期、弁護士会の成員は、イングランドの法廷弁護士の数分の一程度の約二〇〇名と見られる。John Finlay, 'Ethics Etiquette and the Early Modern Scots Advocate,' *Juridical Review* (2006), pp. 147–78. *The Laws of Scotland: Stair Memorial Encyclopedia* (vol. 13, Edinburgh, 1992), pp. 506–08.

（14）　こうした法曹勢力の伸長は、拙稿「一七〇七年イングランド・スコットランド合同」、九五～一〇八頁参照。

（15）　勅許都市の中で商人ギルドは一般に職人ギルドに比して優位に立っていたと見られる。そして商人ギルドの活動の大きな目的は「商人が議会を支配することができる組織を提供することであった」。T・C・スマウト著、木村正俊監訳『スコットランド国民の歴史』（原書房、二〇一〇年）、一四三頁。勅許都市会議については、John MacKay, *The Convention of Royal Burghs of Scotland* (Edinburgh, 1884); Theodora Pagan, *The Convention of the Royal Burghs of Scotland* (Glasgow, 1926). 勅許都市選挙区と勅許都市会議の関係については、J. D. MacKie and G. S. Pryde, *The Estate of the Burgesses in the Scots Parliament and its Relation to the Conventions of Royal Burghs* (St Andrews, 1923).

（16）　イングランド議会でも、王座部裁判所、民事上訴裁判所などの裁判長は平民であっても通常貴族院に出席していた。しかし、彼らはあくまでも法律顧問としての役割が求められていたに過ぎない。

(17) J. D. Ford, 'The Legal Provisions in the Acts of Union', *Cambridge Law Journal*, 66 (2007), pp. 106–141.

(18) この問題についての邦語文献は角田猛之『法文化の諸相—スコットランドと日本の法文化』(晃洋書房、一九九七) が有用である。

(19) John Finlay, 'Scots Lawyers, England, and the Union of 1707', in *The Stair Society Misselany Seven* (Edinburgh, 2015). フィンレに拠れば、英蘇合同前後の一七〇一～一七一〇年においてスコットランド弁護士会所属弁護士で、イングランド法学院に入学したものは八名、そのうちイングランド法廷弁護士資格を取得したのは六名である。これに対して一七七一～八〇年、スコットランド法廷弁護士でイングランド法学院へ入ったものは実に六七名、イングランドで実際に法廷弁護士資格を取った者も二一名の多きにいたっている。Finlay, p. 245.

(20) *Acts of Parliaments of Scotlamd* (以後 *APS* と略), viii, 238, c.2.

(21) ウィリアムの手によって進められた一六八九年スコットランド総選挙については、Derek Partrick, 'Unconventional Procedures: Scottish Electoral Politics' in Keith Brown and Alastair Mann eds., *Parliament and Politics in Scotland 1567–1707* (Edinburg, 2005), pp. 208–244.

(22) *APS*, ix, 37.

(23) 父ジェームズ・ダルリンプル、子ジョン・ダルリンプルの詳細な史料を加えた伝記として、*Annals and Correspondence of the Viscount and the First and Second Earls of Staired*. By John Murray Graham (2 volumes, Edinburgh, 1875).

(24) *Memoirs touching the Revolution in Scotland*, ed. by Colin Earl of Balcarres (Edinburgh, 1841), p. 36.

(25) *APS*, ix, 45.

(26) *APS*, ix, App. 132.

(27) *APS*, ix, 104.

(28) *APS*, ix, 264.

(29) *APS*, vii, 553.

(30) G. M. Ditchfield *et. al.*, *British Parliamentary Lists 1660–1800: A Register* (London, 1995).

(31) Albert Dicey and Robert Rait, *Thought on the Union between England and Scotland* (London, 1920).

(32) Jurian Goodare, 'The Scotish Parliament and its early modern rivals', *Parliaments, Estates and Representation* 24 (2004), pp. 147–172.

(33) J. R. Young, 'The Scottish Parliament and the Covenanting Heritage of Constitutional Reform', in Alln Macinnes *et. al. The Stuart Kingdoms in the Seventeenth Century* (Dublin, 2002), pp. 226-250.

(34) Karin Bowie, 'A Legal Limited Monarchy: Scottish Constitutionalism in the Union of Crowns, 1603-1707', *Journal of Scottish Historical Studies*, 35 (2015), pp. 131-154.

(35) J. W. Cairns, 'Scottish law, Scottish lawyers and the status of the Union', in John Robertson ed., *A Union for Empire : Political Thought and the British Union of 1707* (Cambridge, 1995), pp. 243-268.

(36) この点で、二〇〇七年以来、セント・アンドルーズ大学を中心にして、*The Records of the Parliaments of Scotland to 1707* (*RPS*) の名称でインターネット（http://www.rps.ac.uk/）を利用して、スコットランド議会についての根本史料の編纂、研究を進めていることは注目に値する。

〔本論は、科研費平成二九年度、基盤研究（C）（課題番号17K03914）「1707年イングランド・スコットランド合同に関する再検討―新発見史料を用いて」の研究成果の一部である。〕

第6章　エディンバラ新市街における メルヴィル・モニュメントとピット・モニュメント

正木慶介

第一節　はじめに

スコットランドの首都エディンバラの中心部は、南部の旧市街（Old Town）と北部の新市街（New Town）に分けられる。両者の空間構造は非常に対照的である。前者は複雑に枝分かれした網状の通りで形成されている一方で、後者は碁盤目形式で区画整理されている。旧市街は中世の、新市街は近代の産物である。一八世紀半ばにおいて、旧市街はあまり日のあたらない過密で混み合った不衛生な地区であった。間口の狭い家屋は多層階に伸び、下層階級が最低階と最上階に、上流・中流階級が中層階に住んだ。下水設備は整っておらず、伝染病と疾病の温床となっていた。こうした市民の居住環境を改善すべく、一七六〇年代半ば、エディンバラ市議会は空き地となっていた市の北部の開発に着手した。結果的に、新市街と呼ばれることになるこの北部地区は、両端に大きな広場が置かれ、ジョージアン様式の三階建の美しい家屋が整然と並んだ、近代的で洗練された優雅な商業社会を具現化した空間となった。ここに商人や銀行家など富裕層が旧市街から移り住んだ。こうした新市街と旧市街の対照性は、やがて、ヴィクトリア期に活躍したエディンバラ生まれの小説家ロバート・ルイス・スティーヴンソンによって、『ジーキル博士とハイド氏』という同一人物にみられる二つの人格として表象されることになる[1]。

新市街の重要な特徴は、旧市街との対照性にのみ見出せるわけではない。本稿がとりわけ注目したいのは、新市街の広場や通りの名に刻まれた名誉革命体制と（その一要素といえる）英蘇統合の理念である。名誉革命はある種のクーデタであった。一六八八年にステュアート家のカトリック国王ジェイムズ二世（スコットランド王としてはジェイムズ七世）が廃位されると、オラニエ公ウィレムとその妻メアリがプロテスタント国オランダから召喚され、新国王ウィリアム三世およびメアリ二世として共同統治を開始した。この名誉革命に端を発するブリテンにおける「長い一八世紀」は、第二次英仏百年戦争（一六八九～一八一五）の時期とほぼ重なる。この戦争は、特にフランス革命以前においては、プロテスタント対カトリックという構図のもと展開した。名誉革命の直後、イングランド政府は、王位を失いカトリック国フランスと結んだステュアート王家とその支持者であるジャコバイトを脅威と認識し、これに対抗するために英蘇間でプロテスタント同盟が結ばれるべきであると考えた。この結果、一七〇七年にイングランドとスコットランドは合同を果たし、グレート・ブリテン王国が形成されたのである[2]。新市街の広場や通りの名称については後に詳述するが、ここで一例だけ取り上げると、新市街の中央にはジョージ通りという主要通りが東西に延びている。「ジョージ」は、一七一四年以降ブリテンとハノーファを結びつけたプロテスタント複合君主の名に由来する。この年、女王アンが世継ぎを残さず死去したため、一七〇一年の王位継承法に従いハノーファ選帝侯ゲオルグ・ルートヴィヒがジョージ一世として即位した。名誉革命体制は、ハノーヴァ朝下において、結果的に最後のものとなる一七四五年のジャコバイト反乱以降安定していく。新市街の開発は、明らかに、こうした体制護持を記念する作業の一環として進められたのである。

一七〇七年の合同以降、戦争への深い関与とプロテスタンティズムが梃子となり、スコットランド人の間でブリティッシュ・アイデンティティが芽生えていったことはよく知られている[3]。これに関連付けて述べるならば、新市街という空間の構築は、スコットランド人によるブリテン国家に対する愛国主義の一つの表明であったといえよう。しかし、先行研究が明らかにしている通り、愛国主義は保守派から急進派まで多様な政治集団が自らの利益のために利用し得るものであった(4)。そうだとすれば、新市街という「愛国的空間」を利用することで何らかの政治目的を達成しようと試みる党派が出てきたとしても不思議はない(5)。

本稿は、一九世紀初頭のエディンバラにおいて都市統治の中心にあったトーリに注目し(6)、彼らが新市街という特殊な歴史的意味を帯びた空間に対し付加しようとした党派的意味について考察する。その際に注目したいのが、一八一五年の対仏・ナポレオン戦争終結以後、彼らが新市街に建設を計画したメルヴィル・モニュメントとピット・モニュメントである。彼らにとって、ウィリアム・ピット（小ピット：一七五九～一八〇六）と初代メルヴィル子爵（ヘンリ・ダンダス：一七四二～一八一一）は、死してなお尊敬の対象であり救国の英雄であった。ピットは首相として革命フランスおよびそれに影響を受けた国内の急進主義と戦い、他方、メルヴィルはピットの片腕としてスコットランド統治を担い、第二次ピット内閣では海相を務めナポレオンと戦った(7)。

エディンバラのトーリが新市街に両モニュメントを建設しようとした政治的意図は何だったのであろうか。本稿はこれを主たる問いとして、戦後経済不況が背景となり全国化した民衆的急進主義や、当時議会内外で進展していたトーリとホイッグによる二大政党政治と関連付けながら議論を進める。加えて本稿末尾では、結果的に、メルヴィル・モニュメントの完成が遅れ、ピット・モニュメントの建設計画が頓挫することになった原因についても検討する。これに関しW・F・グレイは資金調達の困難を指摘しているが(8)、本稿はそれに加え、そうした困難の背景にあったトーリの政治的影響力の低下を明らかにする。

図　ジェイムズ・クレイグの新市街開発計画（一七六七年）

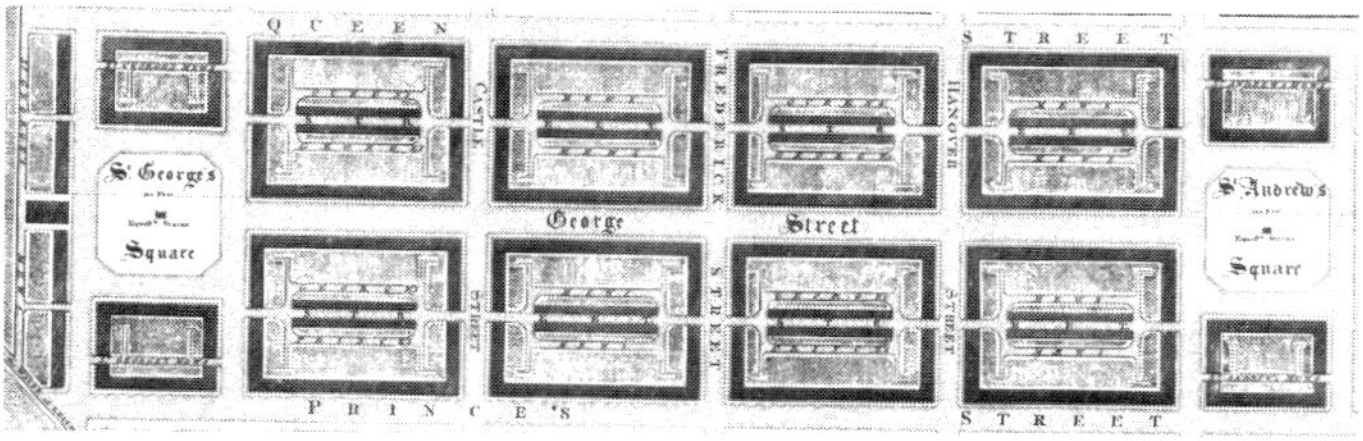

<https://www.ewht.org.uk/news/56/143/James-Craig-s-New-Town-Plan-1767> を編集した

第二節　新市街の開発

まずは、一八世紀半ばに新市街の開発がどのように進展したのかについて整理しておこう。一七六六年の三月から四月にかけて、エディンバラ市長ジョージ・ドラモンドとエディンバラ市議会は、将来的に新市街と呼ばれることになる地区の開発が必要であることを訴え、その具体的な設計図案の提出を広く公衆に求めた。その後、市議会は提出された複数の図案を検討し、結果的に、翌年四月に建築家ジェイムズ・クレイグの図案を採用した[9]。

公表されたクレイグによる新市街の開発計画からは、明確に英蘇合同の理念が見て取れる（図参照）。新市街の東西の両端には聖アンドルー広場と聖ジョージ広場が置かれ（聖アンドルーはスコットランドの、聖ジョージはイングランドの守護聖人である）、それらは中央のジョージ通りによって結ばれている。英蘇両国の結合が（ステュアート王朝下ではなく）ハノーヴァ王朝下で成立していることを強調する形になっているのである（あるいは、両国が対等な関係でハノーヴァ王朝を支えていることを訴える意図もあったかもしれない）。

公表に至る過程で、クレイグの原案にあった通りの名称のうちいくつかは変更されることになった。たとえば、新市街の南側を東西に走る聖ジャイルズ通りは、国王ジョージ三世の二人の息子ウェールズ王太子とヨーク公爵にちなみ、プリンシズ通りに変更され[10]、その北側を東西に走るフォース通りはクイーーン通りに変更された。また、原案では、ジョージ通りは、地区の中央部で、キャッスル通り、クイーン通り、ハノーヴァ通りという南北に延びる三本の通りと交差したが、フォース通りがクイーン通りに変更されたのに伴い、原案のクイーン通りはフレデリック通りに変えられた。さらに、クレイグの図案が公表された後も、実際の開発過程において若干の変更が見られた。たとえば、聖ジョージ広場は、旧市街にすでに存在したジョージ広場との混同を避けるべく、王妃の名にちなみシャーロット広場と改められた[11]。

こうした公表前後における複数の変更にもかかわらず、英蘇両国の統合はハノーヴァ王朝によって体現されるとする基本理念は、新市街の通りと広場の名称から消えることはなかった。東西南北を走る計六つの主要な通りはすべてハノーヴァ家に由来するものであり、また、英蘇それぞれの要素は、東西に走る三本の主要通り以外の二つの通り、すなわち、イングランドの国花にちなんだバラ通りと、スコットランドの国花にちなんだアザミ通りに現れることとなった。新市街は、明らかに、名誉革命体制下におけるブリテン国制を顕彰しているのである。

第三節　メルヴィル・モニュメントとピット・モニュメント

こうした「愛国的空間」に、トーリはメルヴィル・モニュメントとピット・モニュメントを建設することを考案した。両プロジェクトはどのように進められたのか。時系列に沿って、メルヴィル・モニュメントから検討したい。

モニュメントの建設計画が持ち上がったのは、一八一五年のナポレオン戦争終結直後のことであった。エディンバラのトーリは、この戦勝に多大な貢献をした政治家・大臣としてメルヴィルを賞賛し、彼の死を悼むとともにその功績を讃える記念碑が建てられるべきだと考えた。こうした声を受け、一八一七年二月一一日に、海軍中将サー・ウィリアム・ジョンストン・ホープを招集人とする「メルヴィル・モニュメント委員会」が設立された。その後間もなく、海軍将校が主な出資者となり、三四〇〇ポンド強の資金が集まった[12]。

モニュメントはその一〇年後、一八二七年に完成した。ローマにあるトラヤヌスの記念柱を模した、高さ約四五メートルの建造物である[13]。完成までにこれほどの歳月を要したのにはいくつかの理由があった。第一に、モニュメントをどこに建設するのか、委員会内部で同意を得るのに時間がかかった。最終的に、一八二一年に、スコットランド法務長官（Lord Advocate）ウィリアム・レイと同法務次官（Solicitor-General for Scotland）ジェイムズ・ウェダバーンの強い要求により、委員会は聖アンドルー広場を建設地とすることを決定した[14]。その後、モニュメントの建設は、建築家ウィリアム・バーンが設計した図案に沿って、同じく建築家ロバート・スティーヴンソン（上記小説家スティーヴンソンの祖父）の監督のもと進められ、一八二三年に土台部と石柱部が完成した[15]。完成が遅れた第二の理由は、資金の不足にある。土台部と石柱部の完成直後、約二〇〇〇ポンドの負債があることが判明した。これにより、前年二月に委員会で決議された、モニュメント頭頂部のメルヴィル像の設置が困難となった。これを乗り切るべく委員会は一八二四年一月に市民に資金援助を求めたが、結局二〇〇ポンド強しか集められなかった。また、市議会も出資に非常に消極的であった[16]。こうした状況下で委員会は、ピット・クラブ・オブ・スコットランド（以下ＰＣＳと略称）に財的支援を求めた。

ＰＣＳは、一八一四年四月にエディンバラで設立されたトーリ系の政治結社であった。一九世紀初頭のブリテンにおいて、ピット・クラブは六〇以上の都市で設立され、首都および地方都市におけるトーリの重要な政治的結節点の役割を果たした。ＰＣＳの人気はピット・クラブの中でも特に顕著であるといえ、スコットランドの有力貴族・地主層のみならず、商人や専門職従事者など上層中産階級が会員として名を連ね、その数は設立後間もなく約六五〇にのぼった[17]。また、重要なことに、エディンバラ市議会の非常に多くのポストにＰＣＳの会員が就いていた。たとえば、一八一三年から一八三一年まで、市長職はＰＣＳの会員が担った。また、スコットランド統治の要といえる法務長官・次官の役職もＰＣＳの会員が長期間連続して担当した（前者は一八〇七年から一八三〇年まで、後者は一八一三年から一八三〇年まで）。加えて、モニュメントの設立に関わった者の多くがＰＣＳの会員であったことも指摘しておきたい。たとえば、先述した、委員会の招集人であるホープ、建設地を決定したレイとウェダバーン、建設指揮者のスティーヴンソンはいずれもＰＣＳの会員であった[18]。ＰＣＳは、結局、一八二七年に委員会の負債を引き受けることを約束し、その後間もなくメルヴィル像がモニュメント頂部に設置された。

ＰＣＳは、このとき、別のモニュメントの建設計画も進めていた。それがピット・モニュメントである。ＰＣＳにとって、メルヴィル・モニュメントとピット・モニュメントの完成は非常に重要な政治的意味を持っていた。注目すべきは両モニュメントの設置場所である。前述の通り、メルヴィル・モニュメントは聖アンドルー広場に置かれた。これに対し、ＰＣＳが提案したピット・モニュメントの建設地はシャーロット広場（旧聖ジョージ広場）であったのである。加えて指摘すべきは、聖アンドルー広場のメルヴィル像とシャーロット広場のピット像の視線が、ジョージ通りの線上で交差するデザインが採用されたことである。まさしく、ＰＣＳは、両モニュメントの建設を通じて、イングランド生まれのピットとスコットランド生まれのメルヴィルという英蘇の両雄の政治的手腕によって、名誉革命体制が護られてきたことを主張しようとしたのである。重要であるのは、ここで強調されているのが、ハノーヴァ朝下における英蘇統合の理念よりもむしろ、既存の国制が英蘇のトーリ大臣によって維持されてきたことを訴える党派的な愛国主義であるということである。エディンバラのトーリは、新市街が従来表現していた愛国主義の上に党派的意味合いを付け加えることで、新市街のそもそもの意味を書き換えようとしていた[19]。

ＰＣＳの会員の中には、ブリテン国制の護持に対する英蘇の共同的貢献よりもスコットランド独自の貢献を強調しようとする者もいた。その一例は、ピット・モニュメントの建設に関わる書簡の中にある、ピットのスコットランド的要素に着目する表現に見出せる。一八三〇年五月五日に、サー・ジョン・シンクレアは[20]、メルヴィル・モニュメント委員会の書記でPCSの会員でもあったマイケル・リニングに宛てた手紙の中で、ピットの「スコットランド的血統」（*his Scottish extraction*）に言及した。

彼〔ピット〕の祖先であるピット総督は、あるスコットランド人女性（マリー州レッドホールのイニス嬢）と結婚した。注目すべきは、ピット家のうち彼女の血を引かない者はいずれも優れた能力を開花させることはなかったということである。

さらに、シンクレアは健康と寿命に関する自著を引用し、「多くの家庭において、生まれながらの才能は一人の卓越した女性にさかのぼることができるかもしれない」と述べ、続けて、「『母親の知性』（a mother wit）は、彼女自身の子供のみならず、子々孫々に引き継がれていく」と主張した[21]。「ピット総督」とはトーマス・ピット（「ダイアモンド・ピット」とも呼ばれる）のことで、小ピットの曽祖父にあたる。シンクレアは、彼が「イニス嬢」（ジェイン・イニス）というスコットランド人と結婚したことを理由に、ピット家は有能な人材を世に送り出すことができたと論じた。当時のジェンダー観を考える上でも興味深い一節ではあるが、ともかく、ここから、PCSの少なくとも一部の会員は、ピットとメルヴィルという二人の「スコットランドの」英雄によってブリテン国制が支えられてきたことを強調しようとしていたことが推察される。

いずれにせよ、エディンバラのトーリ、あるいは彼らの地域的結節点となっていたPCSが、新市街に両モニュメントを建設することで、トーリこそがブリテン国制の真の守護者であると主張しようとしていたことは間違いない。こうした主張は、長期間戦争を指揮してきたのがトーリ政権であったことを踏まえれば、それなりの説得力があったと考えられる。しかし、エディンバラのトーリは、なぜ戦後間もないタイミングでこれに着手したのだろうか。それについて十分な理解を得るためには、彼らがこの時期に置かれていた政治状況にも目を配る必要がある。ここでは、特に、彼らが直面していた急進主義運動の展開と野党ホイッグの影響力の拡大に注目したい。

終戦直後、三〇万～四〇万の復員兵が労働市場を圧迫し大量の失業者が発生したことが一因となり、民衆を巻き込みながら急進主義運動が広がっていったことはよく知られている。特にスコットランドにおいては、人口全体に対する兵士の割合がブリテンの他の地域（イングランド、ウェールズ、アイルランド）と比較して高かったため、復員兵が与えた社会的・経済的インパクトは相対的に大きなものとなった。[22] 実際、スコットランドでは、西部の工業地帯を中心にさまざまな政治改革を求める運動が非常に活発化した。この時期の急進主義運動の重要な特徴の一つは、民衆的国制主義（popular constitutionalism）に支えられた愛国主義的言説にあった。急進主義者の多くは、自らの改革運動を、古来のブリテン人としての自由（British liberty）を取り戻すための運動と位置づけた。彼らは、ブリテン国制を否定するためではなく、むしろそれを純化するために、急進的改革が必要であると主張したのである。これは、一七九〇年代にブリテンに展開した急進主義運動にはほとんど見られない現象であった。この時期、ピット政権は、敵国フランスからの軍事侵攻と革命原理の輸入を阻止するという立場から、愛国主義的言説をほぼ独占的に利用することができた。しかし、一八〇〇年代後半から愛国的立場から改革運動を正当化しようとする急進主義者が増え始め、戦争が終結するとそうした動きは一層加速した。[23] トーリは、こうした新たな局面に対し何らかの対策を講じる必要があると認識し、それがゆえに、議会内外のさまざまな場で、自らこそが国制を守護する愛国者であることを改めて強く訴えたのである。[24] エディンバラのトーリにとって、新市街にピットとメルヴィルのモニュメントを建設することは、こうした政策の一環として捉えられていた。

エディンバラのトーリは、ホイッグの影響力の拡大にも対応する必要があった。フランシス・ジェフリやヘンリ・コバーンといった有能な地方政治家のリーダーシップのもと、エディンバラのホイッグはブリテンの他の多くの地域よりも大きな勢力を形成していた。そのことを例証するのが、ホイッグ系の定期刊行物とアソシエーションの成功である。前者に関して、一八〇二年一〇月に刊行された『エディンバラ評論』は当時のブリテン社会で最も広く読まれた月刊誌の一つであり、週刊紙『スコッツマン』は一八一七年一月の創刊以降徐々にスコットランドにおける改革派の主要機関紙としての立場を確立していった[25]。次に、他の地方都市と比較して、エディンバラのフォックス晩餐会はとりわけ高い人気を博した。議会ホイッグの指導者C・J・フォックスは政敵ピットと同様一八〇六年に死去したのであるが、その後、十数の都市で、主に彼の誕生日である一月二四日（あるいはその前後）にフォックス晩餐会が開催されるようになった。フォックス晩餐会は、地方ホイッグに、フォックスの政治的原則を確認するとともにトーリ政権を攻撃する重要な機会を提供した。中でも、エディンバラのフォックス晩餐会は、ロンドンを除くブリテン都市において最も長期にわたり定期的に開催され、多くの出席者を集めた会となった[26]。

エディンバラのホイッグは、出版印刷物や政治的アソシエーションを利用しながら、民衆的急進主義と並行して（あるいはその一部として）展開した中産階級を基盤とする改革運動・反政府運動と連携することで、自らの政治的影響力の拡大に成功した。たとえば、彼らのイニシアティヴによってエディンバラで開催された一八二〇年一二月の公的集会は非常に多くの参加者を集め、前年八月にマンチェスタで起きた「ピータールーの虐殺」に対するリヴァプール政権の責任を追求した。この集会では、政権の解散を求める請願（約一七〇〇〇名が署名）が国王に送付されることが決議された。これに対抗し、エディンバラのトーリは、政権を支持する請願を作成したものの、ホイッグによる請願の十分の一ほどの数の署名しか集めることができなかった[27]。

こうしたホイッグの政治的影響力の高まりを危惧したPCSは、一八二一年のピット晩餐会の日程を、フォックス晩餐会と同日の一月二一日とすることを決定し（通常ピット晩餐会はピットの誕生日である五月二八日かその前後に開催された）、より多くの人々がピット晩餐会に出席したことを示すことで、エディンバラにおいてトーリがホイッグよりも優勢であることを証明しようとした。実際、ピット晩餐会はフォックス晩餐会よりも多くの参加人数を集めることができた（前者が約七〇〇であるのに対し、後者は約五〇〇）。しかし、ホイッグに揶揄された通り、トーリは多くの出席者を得るために通常よりも晩餐会のチケットの値段を大幅に下げ、場合によってはそれを無料で配布した。(28) こうした事例が示すように、一八二〇年代初頭までにホイッグの政治的影響力は、トーリにとって無視できないものとなっていた。先述した通り、ウィリアム・レイとジェイムズ・ウェダバーンの鶴の一声によってメルヴィル・モニュメントが新市街に設置されることが決定したのは一八二一年のことであった。この重要な決定の背景には、党派間の高まる緊張関係があったのである。

エディンバラのトーリは急進主義運動とホイッグの政治的影響力の高まりに対し何らかの対策を取る必要に迫られており、その一部として両モニュメントの建設は計画された。しかし、トーリは、急進主義運動を乗り切ることには成功したものの、一方で、ホイッグとの政争に敗北するという運命をたどった。本稿の冒頭で指摘したメルヴィル・モニュメントの完成の遅れとピット・モニュメントの建設の頓挫は、これに起因する現象であった。

まず前者に関して、戦後改革運動が展開する中、エディンバラ市民の多くは、それに消極的なトーリを支持せず、トーリ指導者であったメルヴィルの記念碑の建設に出資することを拒んだ。また、重要なことに、ホイッグに対する世論の支持が高まる中、一八二〇年代初頭までに、ＰＣＳの会員が市議会議員全体に占める割合は大きく低下し、市議会の中でトーリは少数派に転じていた。(29) 先述したように市議会はモニュメントに対する出資を行わなかったのであるが、その一因はこうした市議会議員の構成の変化に見出される。

ピット・モニュメントに関しても、同様の理由から、トーリは十分な資金を集めることができなかった。一八二〇年代後半から一八三〇年代初頭にかけて広がった諸改革運動を背景に、エディンバラの世論はますますホイッグを支持するようになっていた。たとえば、一八三一年二月のエディンバラの公的集会において約二四〇〇〇の人々が議会改革を支持する請願に署名したのに対し、それに反対する運動はほとんど盛り上がりを見せなかった[30]。こうした状況下でPCSが多額の資金を要する大規模な記念碑の建設に着手するのは非常に困難であったと考えられる。

一八三三年、当初計画されたピット・モニュメントよりもはるかに小さなピット像が、妥協案として、ジョージ通りとフレデリック通りの交差点に設置された。この像がエディンバラ市民に歓喜の声で迎えられなかったことは確かである。九月一日の除幕式の模様を伝える地元紙は、個性の欠如などピット像に対し冷ややかなコメントを多数寄せている[31]。結局、ピット・モニュメントという一大プロジェクトは、トーリの政治的凋落とともに立ち消えとなっていったのである[32]。

第四節　むすび

エディンバラの新市街は、名誉革命体制という既存の国制を顕彰する特殊な歴史的意味を帯びた空間であった。対仏・ナポレオン戦争後、トーリは、そこにメルヴィル・モニュメントとピット・モニュメントを建てることで、自らこそがブリテン国制を守護してきたのだと主張しようとした。しかし、トーリによるそのような愛国的プロジェクトの背景には、彼らが当時直面していた緊迫した政治状況が伏在していた。中でも、エディンバラにおけるホイッグの影響力は増大傾向にあり、トーリはこれに対抗する必要に迫られていた。そのため、彼らは、自身の政治的立場を維持することを目的としたさまざまな戦術の一つとして、相補的な二つのモニュメントの建設計画を考案したのである。

しかし、結果的に彼らはこれに失敗することとなった。メルヴィル・モニュメントは完成にこぎつけたものの、その建設に費やした歳月と費用は多大であった。また、ピット・モニュメントの建設計画はプロジェクト半ばで放棄された。彼らが直面したこうした困難は、彼らの政治的影響力の凋落と深い関係があった。一九世紀初頭において、エディンバラ市民の多くは議会改革をはじめとする諸変革を要求しており、それを推進するホイッグを支持する傾向にあった。また、こうした状況下において、トーリはエディンバラ市議会の多数派を維持することができなくなっていた。両モニュメントの建設には多くの費用がかかることが見込まれたため、市民や市議会からの資金援助が不可欠であったが、トーリはそれを受けることができない状況に追い込まれていたのである。

現在シャーロット広場には、騎乗した小ぶりのアルバート像が設置されている。彼の目線は南に向けられており、聖アンドルー広場のメルヴィル・モニュメントと同じ高さで視線が交差することはない。ジョージ通りとフレデリック通りの交差点に置かれたピット像もアルバート像と同様である。こうした新市街におけるメルヴィル・モニュメントとピット像の非対称な関係性は、一九世紀初頭におけるトーリの政治的影響力の痕跡とともに、その失墜をも表現しているのである。

（1）David Daiches, *Edinburgh* (Hamish Hamilton, 1978), chapters 7–10; Michael Fry, *Edinburgh: A History of the City* (Pan Books, 2010), chapter 5; 立野晴子「ロバート・ルイス・スティーヴンソン：スコットランドを謳うロマンス作家」木村正俊編『スコットランドを知るための六五章』明石書店、二〇一五年、第三七章。

（2）英蘇合同に関しては、特に二〇〇七年に「合同三〇〇周年」を迎えたことを契機に、英語圏で数多くの著作・論文が刊行されることとなった。これについては、武田和久「イングランド・スコットランド合同三〇〇周年と一七〇七年合同研究：合同研究の多様化と新視点」『学習院史学』第五一号、二〇一三年、八二―九三頁を参照。

（3）リンダ・コリー（川北稔監訳）『イギリス国民の誕生』名古屋大学出版会、二〇〇二年。一方、コリン・キッドは、一九世紀初頭までに、「アングロ＝ブリティッシュ」アイデンティティが、党派を超えて、スコットランド人の中に広く浸透していったと論じている。Colin Kidd, *Subverting Scotland's Past: Scottish Whig Historians and the Creation of an Anglo-British Identity, 1689–c.1830* (Cambridge University Press, 1993).

（4）Peter Spence, *The Birth of Romantic Radicalism: War, Popular Politics and English Radical Reformism, 1800–1815* (Scolar Press, 1996)；Katrina Navickas, *Loyalism and Radicalism in Lancashire, 1798–1815* (Clarendon Press, 2009); idem, 'The 'Spirit of Loyalty'': Material Culture, Space and the Construction of an English Loyalist Memory, 1790–1840', in Allan Blackstock and Frank O'Gorman (eds.), *Loyalism and the Formation of the British World, 1775–1914* (Boydell Press, 2014), pp. 43–60; James Epstein, *Radical Expression: Political Language, Ritual, and Symbol in England, 1790–1850* (Oxford University Press, 1994).

（5）こうした問題関心は、公的な場（public space）の意味をめぐる政治的競合に注目する近年の研究とも呼応する。一例として以下の研究を参照。Katrina Navickas, *Protest and the Politics of Space and Place, 1789–1848* (Manchester University Press, 2016).

（6）一七世紀末から一八世紀初頭にかけてのトーリと、一九世紀初頭のトーリは実態として性質を大きく異にすることに注意を喚起したい。Frank O'Gorman, *The Emergence of the British Two-Party System 1760–1832* (Edward Arnold, 1982), chapter 2.

（7）Michael Fry, *The Dundas Despotism* (Edinburgh University Press, 1992); David J. Brown, 'Henry Dundas and the Government of Scotland' (unpublished PhD thesis, University of Edinburgh, 1989); idem, 'The Government of Scotland under Henry Dundas and William Pitt', *History*, Vol. 83 (1998), pp. 265–279. なお、小ピットとヘンリ・ダンダスの家族的背景を探ると、興味深い共通性を見つけることができる。本文でも後述する、小ピットの曽祖父でピット家の祖ともいうべきトーマス・ピットは、ネイボブから身を起こしながらも、議会ではむしろ宮廷の腐敗に憤り「カントリー的」立場を表明した。彼は決してジャコバイトではなかったが、一七一四年に、ハノーヴァ派トーリとしてジョージ一世の王権を認めつつ、ホイッグ体制の不正を糾弾している。ダンダス家はスコットランド法曹の名家である。ヘンリの父ロバートは英蘇合同とハノーヴァ王権を認める一方で、カントリー的なスクアドロン派ホイッグの立場からロバート・ウォルポールやアーガイル公爵を軸としたコート・ホイッグの腐敗を厳しく批判した。こうした事実から、ピット家とダンダス家が、政治家の家門としては、本来、反政府的・カントリー的要素を共に持っていたことが指摘できる。D.W. Hayton, 'Thomas Pitt', in D. Hayton, E. Cruickshanks, and S. Hundley (eds.), *The History of*

Parliament: The House of Commons, 1690–1715, access online, 1 December 2017; Romney R. Sedgwick, 'Robert Dundas', in Romney Sedgwick (ed.), *The History of Parliament: The House of Commons, 1715–1754*, access online, 1 December 2017; 松園伸「一八世紀スコットランドとその政治社会：一七三二―三五年におけるスコットランド野党勢力結成を手がかりとして」『早稲田大学大学院文学研究科紀要』五六輯、第四分冊、二〇一一年、三三―四四頁。

(8) W. F. Gray, 'The Melville Monument', in Old Edinburgh Club (ed.), *Book of the Old Edinburgh Club*, Vol. 15 (35 vols., T. and A. Constable, 1927), pp. 207–213.

(9) Daiches, op.cit., pp. 128–129.

(10) この変更の背景には、ジョージ三世による反対があった。クレイグの計画案を知った国王は、「何、何、聖ジャイルズ通りだって、ダメだ、ダメだ」と叫んだと言われている。James Grant, *Cassell's Old and New Edinburgh: Its History, its People, and its Places*, Vol. 2 (3 vols., Edinburgh: Cassell, Petter, Galpin & Co., 1881–1883), p. 117.

(11) Daiches, op.cit., p. 130; アーサー・ハーマン（篠原久監訳、守田道夫訳）『近代を創ったスコットランド人：啓蒙思想のグローバルな展開』昭和堂、二〇一二年、一七八―一七九頁。

(12) Gray, op.cit., p. 208.

(13) Henry Scadding, 'Young Street and Dundas Street: The Men after whom they were named', *Canadian Journal of Science, Literature and History*, Vol. 15 (1878), p. 640.

(14) 建設地の候補としてあがったのは、都市の東部に位置するアーサーズ・シートの頭頂などさまざまであった。*Caledonian Mercury*, 11 December 1817 and 10 February 1820.

(15) *Ibid.*, 18 February 1822.

(16) Gray, op.cit., pp. 210–212.

(17) ピット・クラブの詳細については以下を参照。Keisuke Masaki, 'The Development of Provincial Toryism in the British Urban Context, c.1815–1832' (unpublished PhD thesis, University of Edinburgh, 2016), chapter 2; idem, 'Within the Bounds of Acceptability: Tory Associational Culture in Early-19th Century Britain', *Parliamentary History*, forthcoming.

(18) エディンバラ市政に関しては、William Brydon, 'Politics, Government and Society in Edinburgh, 1780–1833' (unpublished PhD thesis, University of Wales, Bangor, 1988), pp. 81–82. ＰＣＳの会員に関しては、'Rules of the Pitt Club and List of the Members in 1814, The Pitt Club: Lists of Members, Circulars to Members, Programmes of Entertainment, and Discharged

Accounts' (Pitt Club Papers A: 1814–1824), National Records of Scotland, GD113/5/283/28. エディンバラ市議会のポストに関しては、Alexander Pennecuik, *An Historical Sketch of the Municipal Constitution of the City of Edinburgh* (Edinburgh: John Anderson, 1826), Appendix.

(19)　'Memoir and Proposal for the Acceleration of the Pitt, and Completion of the Melville Monument', National Records of Scotland, GD113/5/144B/15; *Lancaster Gazette and General Advertiser*, 11 August 1827.

(20)　シンクレアがPCSの会員であったことを示す史料は残っていないが、彼は間違いなくトーリに近い政治的立場の人物であった。たとえば、一八二六年の議会総選挙でトーリのウィリアム・ダンダスがエディンバラ選出の下院議員に選ばれ、その祝勝晩餐会が開催されたとき、シンクレアは「ヘンリ・メルヴィル卿を追悼して」と祝杯をあげている。Rosalind Mitchison, 'Sir John Sinclair', *Oxford Dictionary of National Biography*, access online, 28 September 2017; *Caledonian Mercury*, 15 June 1826.

(21)　Sir John Sinclair to Michael Linning, 5 May 1830, National Records of Scotland, GD113/5/144B/14; Sir John Sinclair, *The Code of Health and Longevity*, Vol. 1 (4 vols., Edinburgh: Archibald Constable & Co., 1807), p. 42.

(22)　Gordon Pentland, *The Spirit of the Union: Popular Politics in Scotland, 1815–1820* (Pickering & Chatto, 2011), pp. 7–8.

(23)　Epstein, op.cit., chapter 1; Navickas, *Loyalism and Radicalism*, chapter 6; idem, 'The 'Spirit of Loyalty'', pp. 45–46; Pentland, op.cit., pp. 8–9, 27–28.

(24)　一例として、一八一七年末にトーリが組織した摂政への請願運動を参照。*Edinburgh Weekly Journal*, 17 November and 1 December 1817.

(25)　Brydon, op.cit., pp. 222–229; T. E. Orme, 'The Scottish Whig Party, c.1801–20' (unpublished PhD thesis, University of Edinburgh, 2013), chapter 1.

(26)　T. E. Orme, 'Toasting Fox: The Fox Dinners in Edinburgh and Glasgow, 1801–1825', *History*, Vol. 99 (2015), pp. 588–606; 正木慶介「フォックス晩餐会：ホイッグ党の政治観」『史苑』第七八巻第一号、近刊予定。

(27)　Brydon, op.cit., p. 236.

(28)　以下の史料の扉部分に残った手稿文書を参照。Henry Cockburn, *A Letter to the Vice-Presidents and Stewards of the Pitt Club. By a Friend to the Principles of Mr Pitt* (Edinburgh: John Robertson, 1821), National Library of Scotland, H.26.c.47 (1). *Scotsman*, 13 January 1821も参照。なお、チケットの通常価格は、一ポンド一一シリング六ペンスであった。*Caledonian Mercury*, 19 May 1817 and 25 May 1820.

（29） Pennecuik, op.cit. Appendix.

（30） Gordon Pentland, *Radicalism, Reform and National Identity in Scotland, 1820–1833* (Boydell Press, 2008), pp. 87–89, 98–99.

（31） *Edinburgh Weekly Journal*, 2 October 1833.

（32） ナショナル・モニュメントの建設問題も、エディンバラにおける政治的覇権がトーリからホイッグに移行しつつあったことを示している。一八一六年一月、ＰＣＳの会員を中心に結成された委員会は、エディンバラ中心街の北東部に位置するカールトン・ヒルに、戦勝を象徴するローマのパンテオンを建設しようと計画した。しかし、ホイッグが組織した一八二一年六月の公的集会によってこの案は破棄され、ホイッグを中心とする新たな委員会が設立された。この委員会は、啓蒙と理性をモチーフとするアテネのパルテノン神殿を模した記念碑を建てることを決定した。この建造物は現在もカールトン・ヒルで見ることができる。J. E. Cookson, 'The Napoleonic Wars, Military Scotland and Tory Highlandism in the Early Nineteenth Century', *Scottish Historical Review*, Vol. 78 (1999), pp. 60–75; idem, 'Scotland's National Monument, 1816–1828', *Scottish Tradition*, Vol. 24 (1999), pp. 3–12.

〔本稿は、二〇一七～二〇一九年度日本学術振興会科学研究費補助金（若手研究B、課題番号17K13562）による研究成果の一部である。〕

第7章　ランケにおける対立と融和
――近代歴史学とウルトラモンタニスムス――

佐藤真一

第一節　『教皇史』の波紋

近代歴史学の形成に多大な貢献をしたランケ（Leopold von Ranke 一七九五―一八八六）の主著の一つ、『十六世紀および十七世紀のローマ教皇。その歴史と国家』（一八三四―三六。以下『教皇史』と略記[1]）は、彼の著作のなかで最も広く読まれた書物である。ドイツ語版は八版を数え、多くの言語に翻訳された。三年半にわたる南欧研究旅行、とりわけローマで収集した史料の徹底した利用による、かつてないヨーロッパの政治的展望に基づく研究、見事な文体による近代歴史学の輝かしい成果といわれる。しかも宗派による偏りのない公正な叙述が称賛されている。すでに一八二四年末に相次いで公にされた『ロマン・ゲルマン諸民族の歴史』とその付録『近世歴史家批判』で学界の注目を集め、翌年ベルリン大学に招かれたランケは、この『教皇史』で今や世界的名声を獲得するに至った。

しかも諸教皇の歴史をプロテスタントの歴史家が記したことは、関心を呼び起こした。当初、カトリックの歴史家たちにも本書は好意的に受け止められ、賞賛を受けた。アシュバッハの書評はその点をよく物語っている。一八三六年の『学問的批判年報』に掲載された書評で彼は、ランケが多数の手書き史料に当たっていることに注目し、「学問研究の成果を生彩ある端正な言葉で伝え、明確で平明な発展のなかでの政治状況の鋭い把握を示す才能をそなえている」ことを高く評価している。[2] しかもランケが教会の状況の叙述にあたって、きわめて賞賛に値する「非党派性[3]」を一貫して示していることを強調している。「憎悪も偏愛もなしに彼は個人、状態、情勢、出来事を描写している」というのである。

ところがまさに『教皇史』が公刊中の一八三〇年代の半ばになってカトリック教会内部のウルトラモンタニスム（教皇至上主義）の機運が強まり、その影響下に『教皇史』は、一八四一年に教皇庁によって禁書目録に入れられることになる。その理由はどこにあったのだろうか。一九九八年にローマの禁書聖省の文書館に所蔵されていた関係文書が開示されることによって、[4] この点についての詳細が明らかになった。本稿はその報告と研究によりながら、ランケの『教皇史』の史学史的意義を考察することにする。[5]

第二節　『教皇史』成立の背景と「序文」

ランケの最初の書物のねらいは、ロマン・ゲルマン諸国民の歴史をその統一体において捉えることであった。この統一体をランケは彼自身の時代にまで見ようとしているが、宗教改革以後の宗派的な対立は彼の専門とした十六、十七世紀の重要なテーマであった。この反宗教改革時代を取り上げたのが『教皇史』であった。統一体としてのヨーロッパが内部に深い対立をかかえる時代をランケはどう考察するのか。

まず、執筆意図がよく示され、後の禁書手続きにおいても問題とされる『教皇史』の序文を取り上げてみよう。「古代・中世におけるローマの権力を知らぬ者はいない。近世においてもローマは若返りを見せた世界支配の偉大な時期を体験した。十六世紀前半に経験した衰退のあと、ローマはもう一度、信仰と思想の中心にそびえ立つことができたし、その他の国民をふたたび支配下におくという、大胆で、往々にして巧みな試みをおこなった。再生した教会的・世俗的権力のこの時期を、その更新と内部形成、その進歩と衰退を、少なくとも概略において叙述するつもりである」(6)。冒頭でランケはこのように記し、ヴィーン、ヴェネツィア、ローマで自ら見出すことのできた原史料と所蔵場所について詳しく述べる(7)。

しかしそれらの膨大な量の史料のゆえに、考察の視点を絞り込まねばならなくなる、とランケは指摘する。「カトリック教徒であるイタリア人あるいはローマ人であるなら、事柄にまったく別の仕方で取りかかるであろう。個人的な崇拝の表現で、あるいはひょっとすると今見られるように個人的憎悪の表現によって、その仕事に独自の、明らかにより輝かしい色合いを与えるであろう。また多くの部分でより詳しく、より教会的で、より地域に限られたものになるであろう。これにたいし、プロテスタントの北ドイツ人は、この点で張り合うことはできない。彼は教皇権にたいして多くの点で無関心な態度をとる。偏愛や反感から生じるような、ひょっとするとヨーロッパで確かな印象を与えることのできるような叙述の熱気を彼は初めから放棄しなければならない。結局のところ、教会や教会法についての例の詳細にたいする真の共感もわれわれには欠けている。これにたいしてわれわれには自らの立場に立って別の、私の思い違いでなければ、より一層純粋に歴史的な観点が生じる」(8)。

このような歴史的観点からの教皇制の考察を促すことになったのは、ランケによれば、教皇権がかつてのような強大な影響力をもってはおらず、その意味で何事かを恐れ不安になる必要のない時代を迎えているからである。それゆえ、その世界史的発展と活動を冷静に考察するができるというのである。

ところで、ランケが注目しているのは教皇の権力の変容であった。「教皇の権力は、推測されているようには不変ではなかった。……世界の命運が変化し、あれこれの国民が優勢になり、一般の生活が移り変わったように、教皇の権力においても、その原則、努力、要求においても、本質的な変容が生じたし、とりわけその影響力は著しく変質した。……実際に、様々な時代の諸教皇は、一国の王朝と大きく異なるところがない。外部にいるわれわれは、まさにこの変化の観察にもっとも重要な関心を注いでいる。それらの変化のなかに、普遍史、つまり世界の発展全体の一部が現われている。疑う余地のない支配の時期にばかりでなく、ひょっとするともっと多く、作用と反作用がぶつかり合う、本書が扱う十六、十七世紀の時期に変化が生じている。この時期に、教皇制が危機にさらされ動揺しながら、それにもかかわらず持ちこたえ強固になり、それどころか新たに拡大し、しばらくのあいだ突き進み、しかしついには再び停止し、またしても衰退に向かうのをわれわれは見るのである。西欧の諸国民の精神がとりわけ教会問題に取り組み、一方からは見捨てられて攻撃され、他方からは堅持され溌剌とした熱意で擁護されたあの権力が、必然的に一段と大きな意義を獲得した時代である。その時代をこの観点から理解することが当然われわれに求められており、私はこれからそれを試みたい」[9]。

第三節　ウルトラモンタニスムスの台頭
――ヘルメス主義弾圧、ケルン教会紛争、『歴史政治論誌』――

ランケは『教皇史』の執筆に当たって、本書がカトリックの学者にも受け入れられると予測していた。その背景には、ナポレオン戦争後のカトリック、プロテスタント両宗派の協調が見られた。すなわち、十九世紀はじめナポレオンにたいする宗派を超えたキリスト教ヨーロッパの勝利のあと、両宗派の融和的な状況があったのである[10]。

このような状況のなかで、『教皇史』はカトリックの歴史家からも、当初は賞賛をもって受け入れられた。ところが第一巻が刊行された直後の一八三〇年代半ば頃から、ウルトラモンタニスムスが急速に台頭してきた。

一八三五年、ヘルメス派にたいする異端宣告がその発端となった。ボンの教義学教授であったゲオルク・ヘルメス（Georg Hermes）はカント哲学をカトリック神学と結びつけ、理性と啓示の統一を根拠づけようとした。一八三一年に彼が亡くなったとき、彼の見解はプロイセン西部のカトリック神学に根をおろし、彼の弟子たちはボン大学の演習を支配していた。ここに近代の学問との接触が見られた。

これにたいして教皇グレゴリウス十六世（Gregor XVI.）は、一八三五年ヘルメス派の主要命題を異端とする小勅書を発布する。プロイセン政府は同意を拒み、公布を許さなかった。しかし、同年ケルンの大司教となったドロステ・ツー・フィッシェリンク（Droste zu Fischering）はこれを無視して、この小勅書を実行に移した。彼は演習に打撃を加え、ヘルメスの書物とヘルメス派の講義への出席を禁じた[11]。

ランケはヘルメスの立場に理解を示す。「ヘルメスは明らかにカント主義から出発したが、それをあらゆる点で受け入れたわけではない。彼は認識のための理論的理性の能力を実証しようとした。その際彼は啓示と伝統が不可欠であることを承認している。こうした基礎に立って、彼は自らの体系を築き上げたが、永劫の罰を下されたのである」[12]。ランケによれば、大司教は「ヘルメス派を過酷に迫害した。……彼は完全な不法行為をなした。私の考えによれば、彼は多くの点でまったくの不法を行なった。彼が戦わなければならなかった敵は不信仰であって、それ自体ほとんど危険でないヘルメスの教理ではない。まさにこのような行き過ぎがもっとも多く教会を損なうのである」[13]。

この大司教に関係するもう一つの紛争が生じた。ヴィーン会議の結果、プロイセン西部にラインラント、ヴェストファーレン州が付け加わったが、プロイセン国家とカトリック教会との間に異宗婚問題が生じる。一八二五年に、フリードリヒ・ヴィルヘルム三世（Friedrich Wilhelm III.）は、すでに東部地域に適用されている一八〇三年の規定、すなわち子どもたちは父親の宗教で教育されなければならないという規定を西部諸州にも適用する王令を出し、これをめぐって長期にわたる折衝が続けられることになった。カトリック教会の立場は、宗派を異にする男女の婚姻に際し、あらかじめ子どもにカトリックの教育を施すという誓約なしには異宗婚を認めないとするものであった。一八三七年、大司教は断固として王令を拒否し、ここにケルン教会紛争が生じた。大司教は逮捕されミンデンの要塞に監禁されるに至る。これは大きなセンセーションを巻き起こした。そのさいゲレス（Joseph Görres）の書『アタナジウス』（一八三八）がプロイセンにたいする戦闘の最前線に立っていた。カトリック世界は結束する。ランケは記している。「復興しつつあるプロテスタンティズムと復興しつつあるカトリシズムが敵対している。教皇と国王において諸理念が相互に対抗している」[14]。ここにもランケは、ウルトラモンタニスムスの高まりを見ていた。シュナーベル（Franz Schnabel）は「ケルン教会紛争は後の文化闘争の先駆けであった」[15]と指摘するが、このケルン教会紛争から文化闘争の終結までの四十年間は、ウルトラモンタニスムス全盛の時代といえるであろう。

こうした機運は、カトリックの歴史家たちのなかにも顕著になってきた。同じく一八三八年、ゲレスと同志は『カトリック・ドイツのための歴史政治論誌』を創刊する。この雑誌がめざすのはウルトラモンタニスムスの政治的・世界観的な観念を宣伝することであった。このため、歴史の兵器庫から議論を引き出すべきであった。彼らの主要関心事の一つは、彼らを導く歴史理解を近代歴史学から境界づけることであった[16]。その際彼らが攻撃するのは繰り返しランケであり、その戦いは『教皇史』批判から始まったのである。ミュンヒェンのゲレス・グループのデリンガーやヘフラーの書評にそれを確認しておこう。

この雑誌に創刊の年、デリンガー（Ignaz Döllinger）は『教皇史』の書評を公にした。評者は、「著者がいかなる概念を教皇制やキリスト教会と結びつけているか[17]」が重要であるとし、ランケが国家を一次的なものとし、宗教を二次的なものとみなすことを批判するのである[18]。

デリンガーの立場をさらに推し進めて、一八四五年、同誌にヘフラー（Constantin von Höfler）が「カトリックの歴史叙述とプロテスタントの歴史叙述」を寄稿した。彼によればランケはプロテスタント的歴史叙述の代表者であり、芸術的才能を備え、才知に富むが、すべてのプロテスタント歴史家と同様に「一般に承認されるべき不滅の基礎」を持っていない。これにたいしカトリックの歴史叙述は「人間活動の背後により高次の導きを認める」[19]。さらにヘフラーは、アウグスティヌスの伝統を継承して救済史的歴史叙述（『世界史論』一六八一）を推進したボシュエ（Jaques Bénigne Bossuet 一六二七―一七〇四）の模範を掲げ、ヴォルテールと対比させる[20]。これは、「カトリック的歴史叙述」とランケとの対比にも重なり合った。

当時、「カトリック的歴史叙述」の育成に努めていたのは、ベーマー（Johann Friedrich Böhmer）であった。一八三九年、彼はケルン教会紛争およびランケの『教皇史』や『宗教改革時代のドイツ史』を念頭におきながら、クレメンス・ブレンターノに宛てて書いている。「歴史の領域でも、カトリックの側から人材が育ってほしい。……それによって影響の著しいランケやその一派の独壇場にさせないように[21]」、と。

第四節　フランス語訳『教皇史』と禁書手続き

こうしたウルトラモンタニスムスの機運のなかで、ランケの『教皇史』にたいする疑義が生じ[22]、教皇庁の禁書聖省による審理手続きが二段階で進められた。一八三八年と一八四一年であり、後者において禁書指定がなされた。それではなぜ、第一回ではなく、第二回で『教皇史』は禁書目録に入れられたのだろうか。

一八三八年一月に『教皇史』のフランス語訳がパリで出版された。編集者サン・シェロン（Alexandre de Saint-Chérons）の序論、ハイバー（Jean-Baptiste Haiber）の翻訳によるものであった。第一回の禁書審理手続きの対象とされたのは、このフランス語版であった。教皇庁にとって、ドイツ語の書物より、フランス語やイタリア語で書かれた書物のほうが目に入りやすかったと推定されている。

サン・シェロンは序論でランケの書物を近代歴史学の勝利とたたえ、近代歴史学が、ドイツにおいて、フランスその他の国々よりも急速に進展しており、ランケはこうした教皇史を書いた最初の人であるとした。その際しかし注目されることは、フランス語版ではテキストがカトリック的な理解で変更されていることであり、変更がなされていない場合でもカトリック化された説明が加えられていることであった。

この翻訳本を手にしたランケは憤慨した。一八三八年三月二日付のシュトルツ宛の手紙で記している。「彼（サン・シェロン）が私の書物に変更を加え、思いもよらないことを私に語らせていることは耐え難いことです。……私の言葉をまさしく故意に歪曲しています。……無数の箇所で意味が些細な言い回しによってカトリックの立場へと損なわれています。……結論部にはもっともひどい仕打ちがなされています。著作全体の根本主張である考えがまったく省かれています。……非党派性に基づく研究が党派の著作に歪められることは腹立たしいことです[23]」。

このように、自らの歴史的理解がカトリックの立場で解釈され、カトリシズムの正当化のために利用されていることにランケは苛立った。サン・シェロンは、たとえ正当な信仰がなくとも人は歴史的真理に貢献する能力があるとする。その好例としてランケを挙げている。さらに、多くの改宗の事例を指摘し、ランケもカトリック的傾向を備えているという。

とりわけランケに我慢がならなかったのは、サン・シェロンが、ランケの『教皇史』の意義ないし評価を、ケルン教会紛争と直接的に関連づけたことである。またプロイセン王の措置を、狂信的なルター派の不寛容を吹き込まれたカトリック教会の迫害と破壊として非難したことである[24]。ケルン大司教の逮捕は、カトリシズムに対する現代ヨーロッパの諸政府の陰謀とされた。ケルン教会紛争との関連でカトリック側に身をおいていると見られたことはランケには不本意であった。ランケは今や突然、あたかも大司教の盟友であるかのような存在とみなされたのである。ランケはこれを彼の学問研究にたいする誹謗と感じた。

こうしてカトリック化された『教皇史』であったが、それにもかかわらず、一八三八年、禁書聖省の禁書手続きの対象になったのである。第一回の手続きの時すでに禁書指定をつよく主張する声があった。鑑定人の一人でイエズス会士ツェキネッリ（Michele Domenico Zecchinelli）の所見である。(25) これは八月十三日の枢機卿会議顧問の準備会議に先立って顧問たちに届けられていた。(26) 彼によれば、ランケはもっぱら政治的・世俗的観点から教皇史を考察している。神の約束ないし超越的な原理のゆえにではなく、教皇制の諸機関や所産を称賛する。この意味ではツェキネッリは『教皇史』の根本傾向を見抜いていた。彼の批判の辛らつさは、ランケの歴史化する考察方法が伝統的な教会的・歴史的理解にたいして意味した挑発の大きさを物語っている。とくにランケにおける教皇制の宗教的・世俗的権力の「変化」の考察、君主と教皇の間の変わりやすい依存関係が問題であった。ランケは「教会と教皇制の行動のなかにまったく自然で人間の事柄だけを見、その際より高次の力のいかなる影響も排除している」。この点でツェキネッリの指摘は的を射ていた。ランケが対象としていたのは啓示としての歴史ではなく、彼の課題は内在的・経験的な近代の学としての歴史学の考察だったのである。

さて、ツェキネッリはボシュエを引き合いに出しながら伝統的なキリスト教的歴史理解を擁護する。ボシュエは宗教史と世俗史を区別する。前者は真の宗教を論じ、これは神によって導かれ世界の初めから変わることなく存続した。後者は世俗の国々を論じた。これらが本質的に人間の所産であって、絶え間なく変化しながら、相次いで続いた。(27) ツェキネッリはこうした理解を受け継ぎ、それを教皇史にも適用しようとする。ここで念頭にあるのは「ランケ対ボシュエ」という図式である。(28) 近代歴史学と伝統的歴史観との違いが現われている。こうしてツェキネッリはフランス語訳のカトリック的外観によっても惑わされずに、『教皇史』にたいする根本的な疑念から禁書指定をつよく忠告した。

これに反対したのが、もう一人の鑑定人であった禁書聖省の顧問デ・ルカ（Antonino De Luca）の所見であった。これは、八月十三日の顧問準備会議で禁書指定に反対する意見を口頭で述べたものを、デ・ルカが十日後に手書きで文書にまとめ秘書官に提出したものであった[29]。彼は当初ツェキネッリの疑義に同意しつつも、禁書指定は賢明ではないと強調した。彼によれば、ランケはカトリシズムの敵対者の一人であるにもかかわらず、フランス語版『教皇史』はカトリック化されることによって「カトリシズムの名誉になった」のであり、この書物の禁止によって、「禁書聖省の名誉と全カトリック世界の教養人たちのあいだに見られる聖省への名声」に傷がつくと主張したのである[30]。また、ヘルメス主義やケルンの異宗婚をめぐる紛争を通して緊張が続いている教皇座とプロイセンの関係をランケ問題によってさらに悪化させたくないという政治的配慮もあった[31]。

こうして、禁書審査手続きにおいてフランス語訳の『教皇史』には二つの異なる見解の所見が寄せられたが、デ・ルカの功利的な所見が決定的な影響を与え、八月二十七日の枢機卿会議でフランス語訳『教皇史』は禁書目録入りを免れたのである。

第五節　ドイツ語原本と禁書指定

ところが三年後の一八四一年、突然『教皇史』のドイツ語原本が禁書聖省によって取り上げられた。禁書聖省の顧問タイナー（Augustin Theiner）[32]が、一八四一年九月十五日――枢機卿会議の前日――に、手書きの所見を聖省の書記官デゴラ（Antonio Degola）に提出した。この所見はおもにエレンドルフ（Johann Otto Ellendorf）の『ローマ教皇の首位権』（一八四一）の非正統性を指摘するものであったが[33]、ランケの『教皇史』にも言及し、両著の禁書指定を強く迫ったのである。このタイナーの所見が、翌日（九月十六日）の禁書指定を決定づけることになった。

タイナーはシュレージエンに生まれ、青年期には自由主義的で合理主義的であった。若き日の著作はローマから有罪判決を受け禁書目録に入れられた。やがてメーラーの影響を受けカトリック教会に立ち帰り、プロイセンにたいする教会政策に尽力した。一八四〇年には禁書聖省の顧問となった。彼はたびたびドイツ語著作について所見を書いた[34]。彼はまた教皇庁の委託によってばかりでなく、ドイツの教皇至上主義者たちからも援助を求められた。

エレンドルフやランケの書物の所見を書いたころ、タイナーは明確にウルトラモンタニスムスの立場に立っていた。彼はまず『教皇史』のフランス語版とドイツ語版原本を区別する[35]。彼が戦わなければならなかったのは、次のような主張である。「ローマの首位権は神によって啓示された信仰箇条ではなく、神の機関ではなく、歴史的に発展してきた形成物である[36]」。エレンドルフによって繰り返されたこの主張は、当時くすぶっていた対プロイセン教会政策にとって危険を孕むものであった。タイナーにとってローマ教皇の首位権に関する議論は「死活問題」であった[37]。タイナーは、教皇庁の立場からローマとプロイセンとの間の紛争に深く関与していた。彼自身シュレージエン出身者として反プロイセン的感情が強かった。デリンガーのグループから受けた可能性のある教理面での理由に加えて、こうした政治的な理由も彼の所見の背景にはあったのである。

タイナーが何よりも問題視するのは、ランケが『教皇史』でローマがその権威をもっぱらいわゆる「歴史的首位権」の助けを借りることによって獲得したとすることである[38]。ランケによれば、この歴史的首位権はすでに十六世紀以来つよく脅かされており、将来多大の困難をともなって確保されるに過ぎない。しかもこの間、出版され始めたランケの『宗教改革時代のドイツ史』（一八三九―四七）には、『教皇史』に見られたと同じ忌まわしい諸原則が現われているとする。このことも禁書指定の根拠とされた[39]。

一八四一年九月十六日の枢機卿会議で、このようなタイナーの所見が受け入れられ、同日の教令でドイツ語版『教皇史』がエレンドルフの書物とともに禁書目録に入れられたのである。

自らの『教皇史』の禁書指定について、ランケは久しく沈黙を守った。しかし、最晩年の書『世界史』第八部（十字軍と教皇の世界支配）で、教皇制の世界史的意義について触れながらランケは次のように述べている。「われわれが教皇制のもとにいつまでもとどまり得なかったことは明らかである。しかし、世界の発展を見たあの時期に教皇制が欠かしえない存在であったことを否認することは馬鹿げたことであろう。わたしは教皇制を特別な意味で神の機関とみなすつもりはまったくない。そうしないから、私は禁書処分を受けたのである。しかし私はそれにもかかわらず、教皇職をかつて現われたもっとも壮大で感嘆すべき機関の一つとみなす。教皇職を英知や様々な宗教的見解のより自由な発展と結びつけることは、あるいは可能であったかもしれない(40)」。

『教皇史』の疑義にかんして繰り返し言及されるボシュエの歴史理解について、ランケは『フランス史』で記す。「この時期（十七世紀後半）のもっとも重要な歴史的著作は、ボシュエが試みた普遍史の構築である……彼の意図は、啓示の真理の歴史的実証をめざしている。しかし、徹底的な歴史研究にもとづく、先入観を免れた過去と過去の状態の解釈が……試みられたとはいえないであろう(41)」。また、普遍史に関する講義の序論で、ランケはボシュエの『世界史論』が「見事な叙述ではあるが、まったく教会の立場を堅持している(42)」と語る。さらに一八四〇年代の日誌には、次のような言葉が見られる。「ボシュエは歴史家に痛ましい印象を与える。というのも、彼の語ることに誤りであることが明らかになるからである。それは一六八一年（『世界史論』公刊の年）の立場からの歴史の解体ではないだろうか(43)」。救済史的歴史叙述と歴史学にもとづく叙述は区別されるべきであるというのである。

また、ランケは次のようにも語った。「歴史のかつての理解は、すべて神学的であった。今日の歴史の理解はむしろ自然科学的である。両方とも、歴史に異質なものを持ち込む。理解は一般に研究の実際の結果を対象にしなければならない(44)」。

一八七四年、『教皇史』の第六版が、最後の部分が増補され『最近四世紀のローマ教皇』と表題を変えて公にされた。初版の序文で、ランケは教皇制について記していた。「われわれが何事かを恐れることがありえた時代は過ぎ去った。われわれは十分に安心していられる」[45]。

ランケは第六版でこの一文に注をつけ、次のように記している。「一八三四年、私はこのように書いた。それはローマとドイツとのあいだに協調があった、あるいはあるように思われた時代であった。私がここにそのまま載せる序文は、書物自体もそうであるが、時代の気分を表している。しかしそれ以来、すべてはなんと変わってしまったことだろう！　初版の出版から四十年後、第六版を出す準備をしているあいだに、当時は静まっていた紛争がふたたび勃発し燃え上がった。それだからといって、本の字句を変えることはできないが、教皇制の新しい時期が始まったことは明記しておかねばならない。私はこの新しい時期の進展を、初めからつねに心がけてきた客観的立場を保ちながら、その概略だけを述べることができた」[46]。

『教皇史』第五版が出版されたのは一八六七年であり、第六版は一八七四年に公にされた。この間、一八六四年に、近代の国家と学問にたいする批判であるピウス九世（Pius IX.）の回勅『クワンタ・クーラ』と『謬説表』が発布され、一八六九年から七〇年にかけて、教皇の不可謬性を宣言した第一回ヴァティカン公会議が開催された。一八七一年には文化闘争が始まる。ヘルメスの異端宣告以来のウルトラモンタニスムスの高まりを見ながらランケは、このような言葉を序文に付け加えたのであった[47]。

第六版の末尾には、初版の内容に五十頁ほどが付け加わっている。七月革命から、二月革命、三月革命をへて、普墺戦争と普仏戦争の終結に至る時代の教皇制の発展を叙述している。

ランケによれば、教皇ピウス九世は、広くゆきわたった過ちの原因を次の点に見ていた。理性を啓示より優位におくこと、またすべてに優る基準ははっきりと示された民衆の意志にあるという考えである。教皇の観察によれば、良心や礼拝の自由はすべての者の生得の権利とみなされ、無制限の出版の自由は秩序ある国家の必要条件とされている。一八六四年の回勅において教皇が拒否したものは、当時の人々の確信にまでなった近代の見解および学問の体系であった。政治と意見が打ち寄せる大波に、教皇権は伝統的な自負心をもって立ちふさがったのであった。教皇権が大波を受けて後退するか、それとも大波に抵抗するかは、この世紀の大問題の一つとなった[48]。

ランケは『教皇史』の第六版でこのように書いているが、宗派間に融和が見られた初版の執筆時との違いは、書物の末尾に反映している。一八三六年の初版の結論部では次のように記していた。「人々の心を痛みで満たした数百年にわたる不和の考察によれば、不和は和解、すなわち協調の期待へと高まった。……どんなにかつての論争の激しさが拒否され、放棄されたことであろう！……両派の人々がますます自覚的に、徹底して、一層自由に、束縛する教会形式の拘束から真の内面的敬虔の永遠の原則へ立ち帰り始めたのは明らかである。このことは結果をともなわずにはおかない。すべての形態の基礎になっており、どの形態によってもそのすべての内容を言い表しえないような、精神的で積極的なものの完全な把握は、ついにはすべての敵意を一段と高次の統一において和解させるに違いない。それは不信仰をも克服しなければならない。頑固な硬直さを備えた些事に固執することは、不信仰をたえず呼び覚ますであろう。不信仰は、自由に姿をあらわす生き生きしたキリスト教に長いあいだには抵抗し得ないだろう。すべての対立を超えて、純粋で、それゆえその事柄に確信をもつ確かな神意識の統一が生じるのである[49]」。

こうした協調と融和をめざす将来への期待を込めた言葉は、第六版では削除されたのである。

第六節　近代歴史学とウルトラモンタニスムス

近代歴史学は一八二〇年代の半ばに成立した[50]。ランケがベルリン大学に招聘された一八二五年はその象徴である。それから十年、ウルトラモンタニスムスが台頭し、歴史学にも影響を及ぼすことになる。その際その批判の的となったのがランケであり、近代歴史学の成果である『教皇史』であった。豊富な原史料を駆使し、教皇の歴史もあくまで内在的・経験的な方法にもとづき、世俗権力との関係を視野に入れながら考察したものであった。

これにたいし、デリンガー、ヘフラーを初めウルトラモンタニスムスの歴史家たち、また教皇庁の禁書聖省の顧問たちは、ボシュエを範とし、救済史的・超越的な考察から『教皇史』を批判し、その結果、『教皇史』は一八四一年には禁書指定を受けることになる。近代歴史学を体現した書物へのウルトラモンタニスムスの断罪であった。しかしランケは、近代の学としての歴史学はあくまで経験的・内在的な考察方法によるべきものであるとの立場を堅持した。このことはカトリック的な歴史叙述とプロテスタント的歴史叙述の対立を超えて、ヨーロッパの伝統的な歴史観と近代歴史学との対決であったのであり、その意味で精神史的にきわめて重要な一局面であったといえる。

『教皇史』がウルトラモンタニスムスの挑戦を受け、禁書指定を受けたことは、痛みをともなう出来事であった。しかしそのことを通じて、ランケに近代歴史学の立場を一層明確に意識させたという点で、貴重な経験であったといえるではないだろうか。[51]

（1）Leopold Ranke, *Die römischen Päpste, ihre Kirche und ihr Staat im sechszehnten und siebzehnten Jahrhundert*, Bd. 1-3, Berlin 1834-36.（以下、*RP* と略記する）。

（2）J.Aschbach, Besprechung: Ranke, *Die römischen Päpste*, 2.und 3. Band, in: *Jahrbücher für wissenschaftliche Kritik*, Dezember 1836, Sp. 918.

（3）A.a.O., Sp. 909, Sp. 917. ランケ自身も、『教皇史』が「非党派性」(Unparteilichkeit) を志す研究であったと述べている (Ranke, Brief an J.J.Stolz vom 2. März1838, in: Ranke, *Das Briefwerk*, Hamburg 1949, S.292)。

（4） D. Burkard und H. Wolf, Der Fall Ranke-Eine historische Rekonstruktion, in: H. Wolf/D. Burkard/U. Muhlack, *Rankes „Päpste" auf dem Index. Dogma und Historie im Widerstreit*, Paderborn, München, Wien, Zürich 2003（以下、本書を *Auf dem Index* と略記する）, S.18.

（5） 本稿のテーマに関して、U.Muhlack, Rankes Päpste auf dem Index und die deutsche Geschichtswissenschaft. Ein Beitrag zur katholischen Geschichtskultur im Deutschland des 19. Jahrhunderts, in: *Römische Quartalschrift für christliche Altertumskunde und Kirchengeschichte*, Bd.96, Rom, Freiburg, Wien 2001, S. 163-180.（この論文を、以下 Muhlack（A）と略記する）、および前注に挙げた *Auf dem Index* に収められた史料と論文（とくに、U.Muhlack, Historismus und Katholizismus. Die wissenschaftliche Bedeutung des Indexverfahrens gegen Rankes Papstgeschichte, S.169-201 が重要。この論文を以下、Muhlack（B）と略記する）を参照。

（6） *RP*, Bd. 1, 1834, S.V.

（7） *RP*, S.VI-XIV. 第三巻の後半部分には、ランケが利用した手書きの報告書類などの史料一六五点が紹介されている（*RP*, Bd. 3, 1836, S.275-512）。

（8） *RP*, S.XV.

（9） *RP*, S.XVI-XVII.

（10） Muhlack（B）, S.198.

（11） Muhlack（B）, S.174 f.

（12） Ranke, Katholische Sache, August-November 1837, in: Ranke, *Tagebücher*（*Aus Werk und Nachlass*, Bd.1）, München und Wien 1964, S.298 f.

（13） Ranke, Kölner Kirchenstreit, November 1837, in: A. a. O., S.299.

（14） Ranke, Gespräch mit Elvenich zu Breslau, Oktober 1838, in: *Tagebücher*, S.304.

（15） F. Schnabel, *Deutsche Geschichte im neunzehnten Jahrhundert*, Herder-TB, Bd.7（Die katholische Kirche in Deutschland）, Freiburg 1965, S.190.

（16） Muhlack（A）, S.168 f.

（17） Ignaz von Döllinger, Bemerkungen über neuere Geschichtschreibung, in: *Historisch-politische Blätter für das katholische Deutschland*（以下、*HPB* と略記する）, 2, 1838, S.54.

（18）A. a. O., S. 56. デリンガーはさらに翌年、同じ雑誌で、刊行が開始されたランケの『宗教改革時代のドイツ史』を書評で取り上げ、著者の捉えかたを「著しく有害な見解」として批判する。「この見解に従えば、超越的な権威にたいする服従に基づく信仰の本質が破壊され、宗教が政治に隷属されるに違いない」（Döllinger, Besprechung: Ranke, *Deutsche Geschichte im Zeitalter der Reformation*, 1.und 2.Band, in: *HPB*, 4, 1839, S.541）。

（19）C.v.Höfler, Ueber katholische und protestantische Geschichtschreibung, in: *HPB*, 16, 1845, S.299.『歴史政治論誌』に見られるランケ批判については、Muhlack（B）, S.189-193を参照。

（20）Höfler, a.a. O., S.317.

（21）Muhlack（B）, S.193.

（22）その発端となったのは、教皇庁の聖省とその顧問の機関誌『宗教学年報』に掲載された『教皇史』にたいするドイツの学者の書評（一八三七、三八年）である。それによればランケは外面的なもの、人間的なものだけを考察し、政治的に考えるだけであり、その叙述には神的なもの、キリストによる教会の設立、聖霊や摂理の働きが欠落している（*Auf dem Index*, S.52-59; Muhlack（B）, S.188）。

（23）Ranke, *Das Briefwerk*, S.291 f.

（24）Saint-Chéron, Vorwort zur französischen Ausgabe von Ranke, in: *Auf dem Index*, S.118 f.; Muhlack（B）, S.179 f.

（25）ツェキネッリの所見とランケ批判については、*Auf dem Index*, S.24-35およびMuhlack（A）, S.167 f.; Muhlack（B）, S.179-188. を参照。

（26）*Auf dem Index*, S. 29.

（27）Muhlack（B）, S. 183. アウグスティヌスの歴史思想、およびヴォルテールのボシュエ批判の史学史的意義については、佐藤真一『ヨーロッパ史学史』知泉書館、二〇〇九年、九七―一二六頁、二一四―二一八頁を参照。

（28）Muhlack（A）, S. 168.

（29）*Auf dem Index*, S. 36.

（30）Muhlack（B）, S. 180 f.

（31）*Auf dem Index*, S. 62.

（32）タイナーについては、A. a. O., S. 65-84を参照。

（33）エレンドルフはヘルメス派のカトリック教徒で、ケルン教会紛争でゲレス・グループに反対した。一八三九年以来ベルリンの外務省に任用され、教皇至上主義的な新聞雑誌に反対する論考を執筆し、カトリック教会から攻撃を受けた。一八四〇年、フリードリヒ・ヴィルヘルム四世の即位により、教皇庁への譲歩がなされるようになり、エレンドルフの役割も失われた（A.a.O., S.85, S.88）。

(34) A. a. O., S.72 f.

(35) A. a. O., S.67.

(36) A. a. O., S.77.

(37) A. a. O., S.80.

(38) A. a. O., S.82.

(39) A. a. O.

(40) Ranke, *Weltgeschichte*, Teil 8, Leipzig 1887, S.410.

(41) Ranke, *Französische Geschichte vornehmlich im sechzehnten und siebzehnten Jahrhundert*, Bd. 3, Stuttgart und Augsburg 1855, S.363 f.

(42) Ranke, *Vorlesungseinleitungen* (*Aus Werk und Nachlass*, Bd.IV).München und Wien 1975, S. 208.

(43) Ranke, *Tagebücher*, S. 185.

(44) このランケの言葉は、E.Schulin, *Die weltgeschichtliche Erfassung des Orients bei Hegel und Ranke*, Göttingen 1958, S. 319.で紹介されている。

(45) *RP*, Bd.1, 1834, S. XVI.

(46) Ranke, *Die römischen Päpste in den letzten vier Jahrhunderten*, Bd. 1 (*Sämmtliche Werke*, Bd.37), 6.Aufl., Leipzig 1874, S.XI.

(47) ウルトラモンタニスムスは、著作の内容自体だけでなく、ランケの研究者としての地位に関しても影響を及ぼしていた。一八五二年から翌年にかけて、ランケをミュンヒェン大学に招聘しようとする試みがマクシミリアン二世によってなされた。招聘は実現しながったが、その際の様々な理由の一つとして、バイエルンの人々の北ドイツのプロイセンやプロテスタントへの反感、禁書指定を受けた『教皇史』の著者にたいする反発があった（B.Hoeft, *Rankes Berufung nach München*, München 1940, S.35 f., S.39, S.85, S.88 f., S.98）。バイエルン王自身、ランケに直接依頼状をしたためた。「わがミュンヒェン大学に今後久しくあなたをお招きすることが、私の切なる願いであります。私の主要な目的は、比較的最近の歴史学の動向を移植し、北ドイツにすでに存在するような歴史学派をバイエルンで創設することです。あなたを招聘することで、歴史が党派形成の立場からではなく、学問のあのより高次の客観的立場から扱われる自由な歴史研究と教育の原理がバイエルンのために新たに生まれるべきです」(Hoeft, a.a.O., S. 44)。この点については、佐藤真一「ランケとバイエルン科学アカデミー歴史委員会」、早稲田大学政経学部『教養諸学研究』一四二号、二〇一七年、二七―五〇頁を参照。

(48) *RP*, 6. Aufl. (*SW*, Bd.39), S. 183 f.

(49) *RP*, 1. Aufl., Bd. 3, S. 222 f.

(50) 前掲『ヨーロッパ史学史』二二一―二四〇頁、参照。何をもってその基準とするかには議論がありうる(佐藤真一、書評：G.J.Henz, *Leopold von Ranke in Geschichtsdenken und Forschung*, Berlin 2014. 早稲田大学西洋史研究会『西洋史論叢』第三八号、二〇一六年、一四三―一四九頁、参照)。

(51) ウルトラモンタニスムスの台頭以前の十九世紀初頭の、開かれたカトリックの歴史文化と、文化闘争以後のカトリック歴史家の近代歴史学への復帰およびランケへの接近をムーラクが強調している。かつてランケを批判したデリンガーは、一八六〇年代にはウルトラモンタニスムスから距離をおき、学問研究の自由を主張し、ヴァティカン公会議に抗議した。このことはランケの学問への接近をも意味し、ついにはランケを「師」として尊敬するにいたった(Muhlack (B), S.198, S.200)。

第8章　レアルポリティークの時代

――ナッハメルツの革命家たちの統合――

小原　淳

第一節　はじめに

レアルポリティークの論理と技法はビスマルク（Otto v. Bismarck 1815–98）の考案によるものではない。権力主義者の政治手法でもない。レアルポリティーク論を最初に唱えたのは、ビスマルクと対立した自由主義者、A・L・v・ロハウ（August L. v. Rochau 1810–73）である。おそらく、ビスマルクはロハウの著作を読んですらいない。(1)

H・v・トライチュケ（Heinrich v. Treitschke 1834–96）は一八七三年に『プロイセン年報』に発表した論文で、自らの体験を引き合いに出して、ロハウが一八五三年に出版した『レアルポリティークの諸原則――ドイツの国家情勢への適用』（以下、『諸原則』と略記）は、ドイツの青少年の頭脳に「雷光」のごとく撃ち込まれたと述懐している。(2)また、トライチュケと同世代の歴史家Fr・v・ヴェーヒ（Friedrich v. Weech 1837–1905）は、『諸原則』は「一八四八年と一八四九年の失敗に挫けたり怯んだりしてはいなかった」若い世代を励まし、後年の自由主義政党に深い影響を及ぼしたと回想している。(3)レアルポリティークとは、こんにちなおしばしば誤解されているような冷徹な権力至上論ではなく、一八四八／四九年革命の敗北に対する省察から生じた思想であり、革命の理念と精神を新たな時代状況に適合させ、後の世代へと伝達しようとする実践だったのである。

E・H・カー（Edward H. Carr 1892-1982）は革命後の時代を「レアルポリティークの時代」と呼んだが、(4)レアルポリティークが革命の産物である以上、この時代を論じるにあたっては、革命期との断絶を自明視するのではなく、むしろ連続を問い直す視点に立たねばならない。本稿では、ロハウの生涯と『諸原則』、そして彼が同書を執筆したヴュルテンベルクを中心に一八五〇年代の自由主義者、民主主義者たちの活動を検討し、三月後《ナッハメルツ》のドイツにおいてレアルポリティークがいかなる意味をもったのかを考える。

第二節　一八五〇年代初頭のドイツの政治状況

革命後のドイツでは、多くの革命家が訴追の対象となり、政治活動を制限され、あるいは亡命を余儀なくされた。しかし、彼らのすべてが革命の敗北後に直ちに沈黙したわけではない。とくに、革命期の選挙制度が残った中小諸邦では、かつての革命家たちを中核とする左派が一定の勢力を保持し続けている。(5)たとえば、ヘッセン大公国では、一八四九年一一月の第二院選挙で左派が三分の二の議席を、そして一八五〇年一〇月に三級選挙制が導入される直前の八月には約九割の議席を獲得している。またザクセンでは、同年一一月に一八三一年の身分制的選挙制度が復活するまで、穏健自由派が絶対過半数を有しており、急進派だけでも約三分の一の議席を占めて保守派に優越していた。さらにヴュルテンベルクでも、左派が絶対過半数を確保しており、一八五〇年一一月に普通選挙法が廃止された後も政府は議会に多数派を形成できなかった。こうした事実を意識しつつ、以下に五〇年代初頭のドイツ諸邦において共通の争点となった二つの問題、選挙ボイコット運動と憲法紛争を概観し、レアルポリティーク論の背景となった政治情勢を確認する。

まず、選挙ボイコット運動については、[6]まだ残骸議会が続いており帝国憲法闘争の最中にあった一八四九年六月一一日にプロイセンで三級選挙制度が導入され、著しく不平等なこの選挙制度に反発する人びとがアンハルト＝デッサウ公国のケーテンで反対集会を開催したことが、この運動の発端となった。数週間のうちにエルベ以東のプロイセン諸州で同様の集会が開催され、オストプロイセンを除く各州で、三級選挙制度による選挙へのボイコットが呼びかけられるところとなった。

同年一一月にエアフルト・ウニオン議会に同様の選挙制度が採用されることが通告されると、ボイコット運動はウニオン加盟国に波及し、その後数年にわたり、プロイセンやオーストリア、ザクセン、バーデンなどで激しい闘争が続いた。[7]諸邦政府の弾圧にもかかわらず、革命後の議会の正当性を問うこの運動は一定の成果を挙げ、たとえばウニオン議会の投票率は加盟二六諸邦で一〜三四％にとどまり、プロイセン下院の投票率は一八五五年に一六％に過ぎなかった。

しかし、ここで注目したいのは、各地の主導的な自由主義者、民主主義者たちのなかに、H・シュルツェ＝デーリチュ（Hermann Schulze-Delitzsch 1808-83）やFr・フィッシャー（Friedrich Th. Vischer 1807-87）、J・フェネダイ（Jacob Venedey 1805-71）、A・ベルンシュタイン（Aaron D. Bernstein 1812-84）など、選挙ボイコット運動に対して慎重な立場を示す人びとが存在していた点である。[8]彼らは、過度の反対運動が政府の態度を硬化させることを懸念し、既存の議会や制度の内部での運動を推奨していた。

ヴュルテンベルクの場合、左派が議会の多数派を占め、五〇年代末まで自由主義的改革を求める動きが続いたにもかかわらず、こうした慎重論が優勢であった。[9]革命後のヴュルテンベルクでは議会が三度にわたり解散させられたうえ、一八五一年初頭には一八一九年の身分制的憲法が復活し、七〇議席は選挙で選出するが、それとは別に二三議席を選挙によらない貴族と教会の代表で補充することになった。これに対して、Fr・レーディンガー(Friedrich Rödinger 1800–68)らの自由派は四月六日にゲッピンゲンで集会を開催したが、そこで採択されたのは選挙ボイコット戦術ではなく、議会と選挙をつうじた活動の続行という路線であった。フランクフルト国民議会や残骸議会に加わり、当時はレーディンガーとともにヴュルテンベルク議会の議員を務めていたM・モール(Moritz Mohl 1802–88)はこの集会で、自分たちの当面の課題は「政治的に前進する」ことよりも「退歩を防ぐ」ことにあると述べているが、こうした主張からは、あくまでも議会を舞台とした政治活動を継続しようとする姿勢が窺える。

次に、憲法紛争については、一般に「憲法紛争 Verfassungskonflikt」として知られるのは、「新時代」の終焉後のプロイセンにおける議会と政府の対立であるが、五〇年代初頭の中小諸邦でも同様の名を冠した政治闘争が戦われている。[10]

帝国憲法闘争の最終局面にあった一八四九年七月一日、ヴュルテンベルク議会は一院制と普通選挙制の導入を求めて、憲法改正に乗り出した。[11] ヨーロッパ中で革命の敗退が明らかになりつつあった時期にもかかわらず、民主派は八月の邦議会選挙で七割を超える議席を獲得し、同国が承認していた帝国憲法にヴュルテンベルク憲法を適合させようと試みた。こうした動きに対して政府は、議会が過激化すれば隣邦のバーデンのようにプロイセンの軍事介入を招くとして議会を解散した。しかし再選挙で民主派が再び勝利し、彼らは、革命家の大赦やドイツ連邦の復活の拒否など、改憲問題を超えた要求を打ち出すようになる。外務大臣のK・v・ヴェヒター＝シュピットラー(Karl v. Waechter-Spittler 1798–1874)がドイツ連邦の復活協定に署名すると、議会は大臣への不信任決議を出し、再度の不信任決議に対して国王は議会を解散し、一八五〇年七月二日、J・v・リンデン(Joseph v. Linden 1804–

95）が新たな首相に任命された。

リンデンは議会を二度解散し、予算無しの統治を強行した点で、後年のビスマルクと似ている。確かに、この後のヴュルテンベルクでは、六〇年代前半のプロイセンを彷彿とさせる激しい議会闘争が数年間続いた。しかし、彼は立憲主義と議会主義の伝統を尊重していたし、左派が早期に抑制的な態度を示し、政府との妥協点が失われないようにした点でも、ヴュルテンベルクの状況は後のプロイセンとは異なっていた。外務大臣の罷免問題を審議した王国裁判所には、左派の指導者も含まれていたが、この機関は議会による罷免要求を七対五で却下したのである。議会によって裁判官に任命されたL・ウーラント（Ludwig Uhland 1787-1862）は、この問題を引き延ばすことにさしたる意味がないと発言して、事態の収拾を図った。

一八五〇年一一月六日、国王は軍事費の増額に反対した議会を解散し、先述のように、議会制度の改変を断行した。その結果、過半数を保ったものの大幅に力を落とした左派は、四二名の議員が新たな議会制度の不当を訴えた。しかし、こうした議員も辞職せずに議会に留まり続け、一八五二年初頭にはついに一九名の民主派議員が辞職を表明するが、その理由は議会での決議に対する反対であって、議会そのもののあり方をめぐる態度表明ではなかった。(12) ヴュルテンベルク議会に活動の場を得たナッハメルツの活動家たちは、野に下って議会制度の改変を目指す運動に転じることはなかったのである。

このように、比較的リベラルな中小諸邦では、「反動の十年」とされる一八五〇年代に入ってもなお、左派勢力に議会を中心とした政治活動の余地が残されていた。ロハウがレアルポリティーク論を表明するのは、そうした諸邦の一つだったヴュルテンベルクにおいてであり、彼の思想は当時の情勢に影響を受けて誕生し、また反対に、出版をつうじて世間に知られるようになってからは当時の情勢に影響を投げ返しつつ、六〇年代へと革命の思想的遺産を伝達することとなる。次節以降でその点を論じる。

第三節　ロハウのレアルポリティーク論

1　ロハウの生涯

アウグスト・L・v・ロハウは一八一〇年八月二〇日、北部ドイツの小邑ハルプケに、ブラウンシュヴァイク公国軍のいわゆる「黒い軍団」の驃騎兵《ユサール》連隊に勤務する軍人と、下士官の娘との間の非嫡出子として生まれた。[13] ハルプケは後にプロイセン王国のザクセン州に加えられ、現在はザクセン＝アンハルト州に含まれるが、ロハウが出生した当時はナポレオンの衛星国家、ウェストファリア王国に属している。父はアウグストの出生後間もなく離別し、残された家族は、母の兄弟がいたヴォルフェンビュッテルに移り住んだ。「ロハウ」は父方の姓である。

ロハウは一八一八年にヴォルフェンビュッテルのギムナジウムに進学したが、ワーテルローの開戦一三周年の日にあたる一八二八年六月一八日に、他の学生たちとともにトゥルネン協会を設立しており、在学中に政治への関心を育んだと考えられる。当時のトゥルネン協会は、ブルシェンシャフト運動との連携やヴァルトブルク祭への関与によってカールスバートの決議で禁止措置を受け、運動の発祥の地であるプロイセンでは一八一〇年代に活動を著しく制限されたが、取締りがもっと緩やかだった地域では、青年たちの政治的な自覚と団結の場として機能し続けていた。ロハウと仲間たちはこの組織において、多くのブルシェンシャフト団体が標語にしていた「神 Gott、名誉 Ehre、自由 Freiheit、祖国 Vaterland」の四語の頭文字を刺繍した黒赤金の旗をシンボルに用いている。[14]

ギムナジウムを卒業したロハウは一八二九年からゲッティンゲン大学、一八三〇年からはイェーナ大学で法学を学ぶが、両大学でブルシェンシャフトに加入し、政治への傾倒を強める。一八三一年一月八日には、ゲマインデ議会、国民衛兵、憲法の実現を求めるゲッティンゲンでの蜂起に参加し、また同年にフランクフルトで行われたブルシェンシャフトの集会では、法治主義に基づく自由な国民国家の樹立を目標に掲げて政治的な暗殺を擁護し、ドイツ人とポーランド人の武装軍団の創設を支持する演説をしている。こうした活動のために、ロハウはゲッティンゲン大学に戻った後、一八三二年に退学処分を受ける。

青年時代のロハウの政治活動が逢着したのは、一八三三年四月三日のフランクフルト衛兵所襲撃事件であった。約五〇名の急進的学生、手工業者の集団による襲撃事件に連座した彼は、逮捕後に二度にわたり自殺を図るも叶わず、三年半の拘留の後、一八三六年一〇月二〇日に無期禁錮刑の判決を受けると、事件に関与した仲間の一人とともに脱獄に成功し、女装して国境を越えてパリに逃亡した。

パリでのロハウはH・ハイネ（Heinrich Heine 1797–1856）やA・ルーゲ（Arnold Ruge 1802–80）らの亡命ドイツ人と交流し、また、フーリエ（Charles Fourier 1772–1837）、サン＝シモン（C. Henri de Rouvroy, Comte de Saint-Simon 1760–1825）、そしてコント（Auguste Comte 1798–1857）といったフランスの思想家たちから知的刺激を受けた。[15]『アウクスブルガー・アルゲマイネ・ツァイトゥング』や『ライプツィガー・アルゲマイネ・ツァイトゥング』などの自由主義系のドイツ語新聞の特派員を務めながら、文筆業、翻訳業を続けたこの時期のロハウは、表立った政治活動は避けているが、一八四〇年に偽名で出版した『フーリエ社会理論批判』で、ドイツ語の出版物にいち早く「社会主義者 Sozialist」という語をもたらしたことは特筆に値しよう。[16]

一八四六年、ロハウはドイツに戻り、ハイデルベルクに居を構えて、『ドイチェ・ツァイトゥング』や『アウクスブルガー・アルゲマイネ・ツァイトゥング』に寄稿するようになる。一八四八年に恩赦を受けた彼は、革命が勃発すると、三月三一日～四月一日に開催されたフランクフルト準備議会に自由主義左派の議員として選出された。しかし、五月一八日から開催されたフランクフルト国民議会には選ばれず、『アウクスブルガー・アルゲマイネ・ツァイトゥング』の記者として議事を傍聴し、またこの年の秋からは『フランクフルター・フォルクスボーテン』

の編集者となり、文筆活動をとおして革命と向かい合った。この時期の彼は以前の急進主義から離れており、プロイセン国王をドイツ皇帝にしようとする国民議会の動きを支持している(17)。

革命後の一八五〇年に最初の妻が他界してから、ロハウはベルリンで『コンスティテューティオネーレ・ツァイトゥング』の編集を担当し、オルミュッツ協定に対するプロイセン政府の対応を批判したことが理由で、間もなくプロイセンを追放された。彼は翌年までスイスやイタリアを旅し、またその間にパリでルイ＝ナポレオン（Charles Louis-Napoléon Bonaparte 1808–73）のクーデタを目撃し、同年の末に再びハイデルベルクに戻った。その後の数年間のロハウの生活については不明な点が多いが、ハイデルベルク時代の一八五三年に『諸原則』を刊行することとなる。

一八五九年、ロハウは同書の第二版を出版し、また、フランクフルトでシュルツェ＝デーリチュやＪ・ｖ・ミーケル（Johannes v. Miquel 1829–1901）、Ｇ・プランク（Gottlieb Planck 1824–1910）らとともに、一八六〇年代の自由主義運動を牽引するドイツ国民協会を創設した。一八六〇～六五年に彼は国民協会の週報の編集を担当し、ビスマルク批判を展開したことで、同誌はプロイセンでは発売禁止処分を受けた。国民協会が解散した二年後の一八六九年、ロハウは一八五三年の『諸原則』の内容を大枠において踏襲した第二部を刊行し、一八七〇～七一年にはヴォルフェンビュッテル＝ヘルムシュテット選挙区選出の北ドイツ連邦議会および帝国議会議員を務めた。国民自由党に所属した彼は刑法の作成などに尽力したが、一八七三年、ハイデルベルクで脳卒中により死去した。

ここまでロハウの生涯を辿ったが、トゥルネン運動やブルシェンシャフトへの参加に始まり、急進主義的政治運動への関与と亡命生活を経て、一八四八／四九年を体験し、六〇年代の自由主義運動へと繋がるそのキャリアは、一九世紀ドイツの自由主義者、民主主義者の一つの典型である。しかし、既に一八三〇年代に政治的迫害を受け、長らくフランスで過ごして前衛的な思想にふれたために、一八四八年の革命家のうちの若い世代に先んじる部分があったこと、そして国民議会の議論を間近で聞き詳しく把握しつつも、あくまでも観察者として議場にいたために、革命の敗因を冷静に論じうる立場を保ったことは、その後の彼の主張に一定の説得力を与えたと考えられよう。[18]

2　『レアルポリティークの諸原則』

それでは、革命後のヴュルテンベルクで執筆されたロハウの著作は、いかなる主張を展開しているのか。以下に、一八五三年に匿名で出版された『諸原則』の内容を分析する。紙幅の都合上、全体を確認した後、レアルポリティーク論の骨子が集中的に論じられている前半部に焦点を絞って検討を進める。

同書は二一章から構成されている。前半部は、国家と、国家の内部に存在している社会的な諸力について論じており、後半は、前半部の議論を踏まえつつ、当時のドイツ情勢を概観している。

第一章「国体の動的な基本原則」は、本書の基本的な視角を示している。ロハウによれば、国家の存在は本来的かつ必然的であり、「人間は政治的動物」というアリストテレス（Aristotelēs BC 384–322）の思想や、国家の根拠を神に求めるキリスト教の信念は、国家が人間存在の不可欠な一部であるという共通の仮定に基づいている。政治的洞察の出発点は「国家を形作り、担い、変化させる諸力の探究」にあるが、その際、「何が支配すべきか、法か、叡智か、徳か、あるいは個人か、少数者か、それとも多数者か」といった問いは哲学的な思索の範疇に属する問題であって、実際の政治にとって重要なのは、「支配」を可能とする「権力」をいかに獲得し、いかに強化するかという問題である。そして著者は、レアルポリティークの本質を以下のように端的に表現する。「実際の政治は何をおいても、支配はただ権力によってのみ可能なのだという単純な事実にこそ結びついている。支配とは権力を鍛造することを意味し、権力を鍛造することは権力を保持する者にしかできない。権力と支配のこの直接的な関係があらゆる政治の基本的な真実を作り出す」[19]。

第二章「社会的諸力の関係の価値」は、様々な社会的諸力が政治的に協力し合うことの有効性を説く。ここでの議論を引き継ぐ第三章では、社会的諸力が協力するうえで最も適切な政治制度は代表制だとし、多数決の原則の妥当性を検討している。

第四章「革命と歴史的権利」、第五章「フォルク、貴人、貴族」、第六章「ドイツの国制」、第七章「ドイツ連邦規約と連邦改革」では、一八四八／四九年革命の所産が考察され、ドイツ統一思想が広範に浸透したことを革命の成果としつつも、分邦主義の根強さを指摘し、その克服の必要を主張している。なお、第五章において、ロハウが真の選良としての「貴人 Aristokratie」と、旧弊と特権にすがる「貴族 Adel」とを区別し、前者の存続を容認していること、換言すれば、自らの社会的役割を自覚し、フォルクを指導する能力を備えた特権層を、将来のドイツ社会を構成する「諸力」の一つとして認めている点は看過できない。

ドイツ諸邦の選挙制度を扱った第八章、戒厳令を論じた第九章、教会と国家の癒着を批判した第一〇章以降は、同時代のドイツの政治党派に関する分析が続く。第一一章は保守派、第一二章は立憲君主派、第一三章は立憲主義的な諸邦によるプロイセン主導の連邦主義を掲げる「ゴータ党」、第一四章は民主派、第一五章は社会主義について論じられる。ロハウは、革命以前の権威主義的な原則を復活させようとする保守派を非難する一方で、社会主義を所有権と知性の敵と見なし、「保守政治の最も強力な盟約者」と断じている[20]。

第一六章から第一八章では、オーストリアとプロイセンおよび両国の関係に、そして第一九章ではそれ以外の中小諸邦に筆が及ぶ。ここでは、オーストリアを家父長主義的支配に依存した国家と見なし、精神的な抑圧、教会による強制、腐敗、多民族間の対立をその特徴としている。著者によれば、普墺の対立は必至であるが、両国の闘争に際して中小諸邦は脇役しか演じられず、ドイツ統一の命運を握る国はプロイセンに絞られる。

第二〇章で、一八五一年一二月二日のルイ＝ナポレオンのクーデタとそのドイツへの余波について述べた後、第二一章「結論」は、革命の再発の可能性はドイツでも消滅しておらず、再度の革命が起きれば「ドイツの国家とネイションの分裂」がもたらされる危険があるが、革命よりもドイツ統一こそが最優先の課題にされねばならないと論じている。そしてロハウは、この統一は何らかの原則や理念を墨守することによってではなく、「他を吸収する超越的な力」によってのみ達成されうると主張して、本書を締め括る。[21]

以上のように、本書の議論は多岐にわたるが、レアルポリティークについての主張の要点を三つに整理したい。第一に、ロハウによれば、「権力と統治、支配の直接的な関わりはあらゆる政治の基礎をなす真実であり、あらゆる歴史の鍵を成す」のであり、権力こそが政治における決定的要素である。[22] それでは、国家の内部において、誰が主権を主張しうるのか。これは政治学にとって最も重要な問題であり、フランクフルト国民議会が数ヶ月にわたり議論した問題だが、ロハウは、主権は国民のものでも国王のものでも特権階級のものでもなく、その時々の権力関係を反映して、保有者が変わるとする。したがって、従来の自由主義が主張してきたように、法や、国王と臣民の契約によっては国家は統治しえず、プラトン（Plátōn BC427–347）の共和政論やルソー（Jean-Jacques Rousseau 1712–78）の社会契約論も「歴史的な誤り」であって、「哲学的に道理に適っていない」ことになる。[23] これこそは、ロハウが革命家たちへ向けた、最も重要なメッセージである。

第二に、しかしプラトンやルソーを退けたのと同様の理屈から、恣意的な独裁や王権神授説も否定されるし、そうした制度を伝統的に支えてきた貴族や諸侯、教会の位階制といった、旧体制の「死せる重荷」の残滓もまた、批判の対象となる。[24] ロハウの主張では、権力関係に基づく統治は、国家内部の多様な社会勢力が結びつき、均衡をとりつつ、協力している状態にある場合に、最も強固で効果的なものになる。それゆえに彼は、教育と財産を備え、企業家精神を有し、労働意欲に満ちた市民層を権力の共同保有に取り込むよう提言する。ロハウによれば、革命をもってしてもドイツの市民層は単一の集団的意識に目覚めはしなかった。しかしそのことでかえって、彼らがいつか一体化したあかつきには、それまで誇示したことのないほどの大きな力を発揮することが期待される。他方で、既存の秩序に挑戦する様々な社会勢力を見極め、それらと協力するのか抑圧するのかを決定することは、国政を担う者の最初の任務だが、国家との協力関係を構築しえない社会勢力は必然的に敵対集団とならざるをえず、時に国家を存亡の危機にさえ追いやる。この時、国制が硬直的であると、新たな勢力が政治参加を求める力は強まり、その力が既存の制度や規制を打破する際の衝撃も暴力的なものとなる。ロハウの時代認識からすると、為政者が暴力をもって社会の諸力を排除するのはますます難しくなっており、むしろ諸力の統合こそが国家の目指すべき道とされる。「国家の政治的巨大さは〔国家内部の：引用者による補足〕確固たる安定性に決定的に条件づけられているのであり、国家の形態にではなく、実際の社会状況とその展開に条件づけられているのである」[25]。ここでの議論は、ロハウから政府に向けられたメッセージとして読むことができ、より具体的には、市民層の力を取り込んだドイツ統一への提言として理解しえよう。

第三に、「市民意識 bürgerliches Bewußtsein」、「自由思想 Freiheitsgedanke」、「ナショナルな感覚 Nationalsinn」などの表現を随所で用い、教育の価値や言論の自由を擁護していることに示されるように、ロハウは、政治において思想や理念がもつ重要を無視してはいない。支配的な思想や価値観は社会の変化に対応して変わるが、後の生きる時代において優勢なのは市民的価値観、すなわち一八四八／四九年革命のなかで彫琢された自由や平等の思想、そして国民意識である。こうした支配的な思想、理念は世論となり、次第に政府が無視しえない「フォルクの信念 Volksglaube」へと変わり、さらには「時代精神 Zeitgeist」へと昇華して、国政の方向を規定することになる[26]。しかしロハウによれば、思想や理念、イデオロギー、道徳に関して肝要なのは、その純粋性や一貫性よりも、それがどれだけ多くの人びとに受け入れられ、どれほど強く彼らを捉えられるかという点である。こうした主張からは、レアルポリティーク論は革命の理念や精神的側面を否定したわけではなく、思想の純度の維持よりも影響力の拡大に重きを置くことで、革命の遺産が新たな時代の権力政治に作用するよう期待していたことが窺える。

第四節　一八五〇年代後半の左派の統合

トライチュケとヴェーヒによって、『諸原則』が同時代人に大きな衝撃を及ぼしたと証言されているように、同書は出版から程経ずして『ドイツ四季報』や『グレンツボーテン』に書評が掲載されており、再版にはその後の六年を要したものの、出版当初から一定の反響を得ていたと考えられよう。(27) そして、同書の出版と同時期に、ヴュルテンベルクやライン地方の左派のなかに、ロハウの主張に呼応するような政治路線、すなわち革命の理念を守りつつも原則論的立場を放棄し、長期的視点に立って漸進的に成果を挙げようとする現実主義が登場し、さらにそのような志向が、左派のなかにあって懸隔の広がりつつあった自由派と民主派を接近させることとなる。以下にその経緯を確認する。

ヴュルテンベルクでは、既に一八五二年前半から、政府の反動政策に対応するために、S・ショット（Sigmund Schott 1818–95）、J・ヘルダー（Julius Hölder 1819–87）、G・ディーツェル（Gustav Diezel 1817–58）といった民主派の若手指導者が自由派に和解を申し入れ、とくに自治体政策をめぐる次元で、議会で両派の協力が始まっていた。(28) この提携関係を土台として、左派が多数派を占めるヴュルテンベルク下院が一八五五年二月二一日に三級選挙制度の導入、そして国家による地方行政への介入の強化を狙った新たなゲマインデ法案を否決し、五月には閣僚の給与引き上げを却下した。さらに、八月初頭に下院がC・フェッツァー（Carl Fetzer 1809–85）のイニシアチブで、自治体の請願権を規制しようとする首相のリンデンの罷免を要求したため、同月二〇日にリンデンは下院を解散し、その後の選挙で左派は一〇議席以上を失うこととなった。しかし、より長期的に捉えれば、この時期の左派の結束の強化は、六〇年代に同邦で民主人民党やドイツ人民党が結成され、議会主義に立脚した強固な政治勢力が保持されるうえでの一つの前提条件となったと言えよう[29]。

現実主義に接点を得た左派の結集は、ヴュルテンベルクにとどまる動きではない[30]。彼らは各地の保養地で会合を開き、力の結集を図っていた。たとえば、一八五六年夏には、ライン地方で、ウーラント、H・v・ガーゲルン（Heinrich v. Gagern 1799–1880）、Fr・ヴェルカー（Friedrich G. Welcker 1784–1868）、L・ブーハー（Lothar Bucher 1817–92）、H・パーゲンシュテヒャー（Heinrich Pagenstecher 1799–1869）をはじめ、W・ケルクホフ（Wilhelm Kerckhoff 1824–1900）、革命期に『ドイチェ・ツァイトゥング』の編集者を務め、当時は『ケルニッシェ・ツァイトゥング』の代表的な執筆者の一人だった詩人H・クルーゼ（Heinrich Kruse 1815–1902）、『ケルニッシェ・ツァイトゥング』の編集長だったJ・ドゥモン（Joseph Daniel 1811–61）、プロイセン上院議員のTh・ブリュッゲマン（Theodor Brüggemann 1796–1866）らが集まった。また、ナッサウのバート・シュヴァルバッハでは、J・ヤコービー（Johann Jacoby 1805–77）、G・ゲルヴィーヌス（Georg Gervinus 1805–71）、ガーゲルン兄弟、K・ロートベルトゥス（Karl Rodbertus 1805–75）らが定期的に会合を開き、代表団を結成して、保養のために同地を訪れていたヴュルテンベルク国王に接触し、全ドイツ的な議会の必要や「シュレースヴィヒ＝ホルシュタイン問題」への介入を求めようと話し合っていた。ヴュルテンベルク国王のヴィルヘルム一世（Wilhelm I. 1781–1864）は、一八五五年にオーストリア首相F・シュヴァルツェンベルク（Felix Prinz zu Schwarzenberg 1800–52）に送った書簡のなかで全ドイツ的議会の設置に言及していたことが知られ、ドイツ統一を目指す左派の期待を受けていた人物だったが、ヤコービーたちは訪問を拒否され、その目論見は頓挫した。しかし、ひとまずは成果を得られなかったとはいえ、かつての革命家たちがこうした試みをつうじて党派対立を超えたネットワークを構築し、五〇年代末から再燃する自由主義、ナショナリズム運動の素地を作り上げていったことの意味は過小評価されるべきではない。

このネットワークは、ドイツを離れた亡命者たちにまで広がっていた。[31] たとえば、ロンドンの亡命者たちのあいだでは、ドイツの同志たちと歩調を合わせて、選挙ボイコット戦術の放棄への支持を表明する集会が開催され、また、ドイツで活動していたW・レーヴェ（Wilhelm Löwe 1814–86）、S・ミュラー（Siegmund Fr. Müller 1810–99）、Fr・ユホー（Friedrich S. Jucho 1805–84）らはスイスを訪ね、亡命中のK・フォークト（Karl Vogt 1817–95）やC・v・ラッパート（Conrad v. Rappard 1805–81）、H・ジーモン（Heinrich Simon 1805–60）と、国境を越えた協力体制の確立を協議している。一般的な傾向として、亡命した革命家たちのなかには、ドイツに比してリベラルな亡命先で、革命の理念を教条主義的に堅持したり、あるいはより急進的な政治的主張を掲げるようになった者が多かったと見なされるが、彼らのなかにもロハウと同様に現実主義に進み、左派の緩やかな連帯に加わる人たちがあったという事実には、今後さらなる考究がなされるべきである。

第五節　おわりに

ロハウのレアルポリティーク論は、一八四八／四九年革命の敗北に向かい合うなかから生み出され、革命の理念と精神を一八五〇年代以降の新たな社会状況へと適合させようとするものであった。そして革命後のドイツ諸邦では、この思想と呼応する現実主義的な政治路線を採り、党派的分裂を克服しようとする政治家たちが一定の力を保っていた。その点を踏まえれば、レアルポリティークの思想と実践は権力政治の表現ではないし、あるいは自由主義の体制への迎合を示す兆候でもなく、むしろ、自由主義者、民主主義者を統合し、帝国の創建へと再編成するための方途として理解すべきものである。

　しかし、レアルポリティークによる左派の糾合はヴュルテンベルクのような中小諸邦でこそ進展したが、ドイツの自由と統一の実現を左右する存在だったプロイセンにおける情勢の変化のために、全ドイツ規模の現象とはなりえなかった。一八五七年三月、プロイセン下院は政府の増税案を否決し、反動の時代の終わりが見え始める。同年一〇月二三日に王太子ヴィルヘルム（Wilhelm 1797–1888）が「国王代理人」となり、翌年の一〇月七日には摂政に就任したことで「新時代」が到来すると、プロイセンの民主派は従来の原則論的態度に回帰し、プロイセン憲法紛争に突入していった。さらに、社会主義勢力の独自の組織化によって、亡命者たちも含めた全ドイツ的な連帯の可能性は失われていく。

　それでもなお、レアルポリティークが無意味だったと言い切ることはできない。一八六七年の北ドイツ連邦成立以降の約十年間のビスマルクの帝国統治は自由主義勢力との提携に立脚したものであり、H・オンケン（Hermann Oncken 1869–1945）の表現を借りれば、この時代は「議会における自由主義時代」であった。次は、レアルポリティークをはじめとする革命の遺産が、帝国創設へと進む一八六〇年代のドイツ政治にいかに継承されていったのか、あるいはいかなかったのかを問わねばならない。

（1）John Bew, *Realpolitik: a History*, Oxford / New York 2015, p. 47.

（2）Heinrich v. Treitschke, A. L. von Rochau, in: *Preußische Jahrbücher*, Bd. 32, 1873, S. 589.

（3）Friedrich v. Weech, August Ludwig von Rochau, in: ders. (Hg.), *Badische Biographien*, Bd. 2, Karlsruhe 1881, S. 191.

（4）E・H・カー、南塚信吾訳『ロシア革命の考察』みすず書房、二〇一三年、八八頁。

（5）Manfred Botzenhart, *Deutscher Parlamentarismus in der Revolutionszeit: 1848–1850*, Düsseldorf 1977, S. 725ff.; Andreas Neemann, Kontinuitäten und Brüche aus einzelstaatlicher Perspektive: Politische Milieus in Sachsen 1848 bis 1850, in: Christian

Jansen, Thomas Mergel (Hg.), Die Revolutionen von 1848/49: Erfahrung-Verarbeitung-Deutung, Göttingen 1998, S.172ff.; Christian Jansen, *Einheit, Macht und Freiheit: die Paulskirchenlinke und die deutsche Politik in der nachrevolutionären Epoche*, Düsseldorf 2000, S. 203.

（6）選挙ボイコット運動の全般的な状況については，vgl. Jansen, a. a. O., S. 198;

（7）Ernst R. Huber, *Dokumente zur deutschen Verfassungsgeschichte*, Bd. 1, 1987, S. 497ff.

（8）Jansen, a. a. O., S. 199.

（9）ヴュルテンベルクの状況については，vgl. Ebd., S. 199ff.

（10）Andreas Neemann, *Landtag und Politik in der Reaktionszeit: Sachsen 1849/50–1866*, Düsseldorf 2000; Götz Landwehr, Verfassungskonflikte bei der Reform der hamburgischen Verfassung von 1848 bis 1860, in: Ulrike Müßig (Hg.), *Konstitutionalismus und Verfassungskonflikt Symposion für Dietmar Willoweit*, Tübingen 2006; Matthias H. Gehm, Der Verfassungskonflikt des Jahres 1850 in Kurhessen: der Kampf der Landstände für das Steuerbewilligungsrecht und die verfassungsmäßige Ordnung, in: *Zeitschrift des Vereins für hessische Geschichte und Landeskunde*, 115, 2010, S. 219–256.

（11）Jansen, a.a.O., S. 198–221.

（12）Ebd., S. 216f.

（13）ロハウの生涯については，vgl. Treitschke, a. a. O., S. 585–591; Weech, a. a. O., S. 189–192; ders., August Ludwig von Rochau, in: *Allgemeine Deutsche Biographie*, Bd. 28, Berlin 1970, S. 725f.; Kurt Selle, *Oppositionelle Burschenschafter im Lande Braunschweig*, Wolfenbüttel 1999; Christian Jansen, Rochau, August Ludwig von, in: *Neue Deutsche Biographie*, Bd. 21, Berlin 2003, S. 685f.; Natascha Doll, *Recht, Politik und "Realpolitik" bei August Ludwig von Rochau 1810–1873: ein wissenschaftsgeschichtlicher Beitrag zum Verhältnis von Politik und Recht im 19. Jahrhundert*, Frankfurt am Main 2005.

（14）Doll, a. a. O., S. 12.

（15）Bew, op. cit., p. 23.

（16）Gustav Bachner (August L. von Rochau), *Kritische Darstellung der Socialtheorie Fouriers*, Braunschweig 1840.

（17）Bew, op. cit., p. 25.

（18）ロハウがコントをはじめとするフランス思想から受けた影響の大きさについては，以下に詳しい。Doll, a. a. O., S. 81–96.

（19）August L. von Rochau, *Grundsätze der Realpolitik: angewendet auf die staatlichen Zustände Deutschlands*, Stuttgart 1853,

S. 1f.

(20) Ebd. S. 163.

(21) Ebd. S. 224.

(22) Ebd. S. 2.

(23) Ebd. S. 5.

(24) Ebd. S. 5.

(25) Ebd. S. 8.

(26) Ebd. S. 12.

(27) もっとも、ドルの研究書は、ロハウとレアルポリティーク論が、短期間のうちにいったん忘却されたことを指摘している。Doll, a. a. O., S. 1f.

(28) Jansen, *Einheit, Macht und Freiheit*, S. 265f.

(29) 一八六〇年代のドイツ人民党については、vgl. Gerlinde Runge, *Die Volkspartei in Württemberg von 1864 bis 1871: Die Erbe der 48er Revolution im Kampf gegen die preußisch-kleindeutsche Lösung der nationalen Frage*, Stuttgart 1970.

(30) Jansen, a. a. O., S. 267f.

(31) Ebd. S. 269.

〔本稿は、平成二八〜三一年度科学研究費補助金・基盤研究（B）「ジャコバン主義の再検討：〈王のいる共和政〉の国際比較研究」（16H03499）の成果の一部である。〕

第9章　二〇世紀初頭のスロヴァキア国民主義運動における「国民」と「宗派」
――一九〇五年のスロヴァキア人民党設立と一九一三年の再編――

井出　匠

本論では、二〇世紀初頭のハンガリー王国北部において広がりを見せたスロヴァキア国民主義運動における、「国民」と「宗派」の関係について論じたい。とくに、一九〇五年にカトリックとルター派の両宗派を包摂する政党として設立されながらも、その後一九一三年に純粋なカトリック政党へと再編されたスロヴァキア人民党(Slovenská ľudová strana)を中心とする展開に焦点を当てる。

第一節　国民主義の言説

はじめに、本論の基本的前提となる論点を提示しておく。

一般的に政治運動の言説は、特定の集団（国民・階級・宗派など）を集合的かつ一体的な利害主体として設定したうえで、何らかの社会的な利害対立を、それらの集団間の対立関係へと還元するレトリックを用いる。これはすなわち、ロジャース・ブルーベイカーが実践的な「集団主義」(groupism)と呼ぶものである(1)。そのうち、特定の「国民」（ネーション）を中心的な利害主体とみなすのが、国民主義（ナショナリズム）の言説である。ジョン・ブルイリによれば、国民主義の基本的主張は次の三点に要約される。すなわち、（A）明確かつ固有の性格を有する国民が存在すること、（B）国民の利害や価値は他のすべての利害や価値に優越すること、（C）国民は可能なかぎり独立していなくてはならないこと、である。[2]したがって、国民主義が政治的な対抗関係、あるいは利害対立関係として最も重視するのは、ある国民の他の国民にたいする関係ということになる。

ただし、国民主義運動の実践者ではなくその分析者としての立場に立つならば、我々はこれらの「国民」を何らかの実在、実質的集合体とみなすべきではない。我々にとってむしろ必要なのは、国民を「実践のカテゴリー」（ブルーベイカー）、すなわち人々が特定の文脈に関連する言説実践のなかで、自己や他者を個別の集団に分類し、その集合的利害を明確化するための手段として機能する、認識上のカテゴリーと捉えることである。[3]以下では、このようなカテゴリー（「スロヴァキア人」や「マジャル人」など）を「国民的カテゴリー」と呼び、それによって構成される認識上のフレーム、すなわち言説を媒介とした現実解釈の枠組みを「国民的フレーム」と呼ぶこととする。[4]国民主義の言説は、特定の社会的状況について、国民的カテゴリーによって構成されるレトリックを用いつつ、単純化された説明を行う。それにより、国民的カテゴリーが多くの人々にとって意義のあるものとして受け止められ、社会のなかで争点化され、やがて「政治的・文化的形態として制度化されていく[5]」こと、換言すれば、国民的フレームが人々によって広く共有化され、強固なものとなっていくこと――国民化――が目指されるのである。

それでは、集合的利害主体として想定されうるような他のカテゴリー、すなわち宗派や階級などが、所与の社会的条件において強固なフレームを提供している場合、あるいはそれにコミットする政治運動が広汎な影響力を行使している場合、国民主義の言説における「国民の一体性」や集合的利害をめぐる議論はいかにして可能となるのだろうか。換言するならば、国民的フレームと、宗派や階級に関連する他のフレームとの関係性は、いかなるものとなりうるのか。この点を検証することが、国民主義の言説を分析するうえでは不可欠となるだろう。ハンガリー王国を扱う本論でとくに問題としたいのは、宗派である。同国は、後述するように多言語社会であったのと同時に、カトリック、プロテスタント諸派、正教などからなる多宗派社会でもあった。そして「とくに農村部においては、多くの人々にとって、言語やナショナリティよりも、むしろ宗派がコミュニティや政治的忠誠の基礎を形成していた」(6)（ロバート・ネメシュ）とされるのである。

第二節　スロヴァキア国民主義運動の展開

オーストリア＝ハンガリー帝国（一八六七〜一九一八）の半分を構成するハンガリー王国では、多数派言語であるマジャル語を母語とする人々のほかに、少数派言語であるスロヴァキア語、セルビア語、ルーマニア語などを母語とする人々が、主に国内の周辺領域（それぞれ北部ハンガリー、ヴォイヴォディナ、トランシルヴァニアなど）に居住していた。しかし王国の公式理念では、政治的権利主体である「国民」として存在するのは単一不可分の「ハンガリー（マジャル）国民（magyar nemzet）」のみであるとされ、したがって言語的少数派（nemzetiség）が個別に「国民」の地位を要求すること認められなかった。そのうえで、唯一マジャル語のみが国家語であるとされ、「マジャル（語）化」と呼ばれる行政・教育分野におけるマジャル語の導入が促進されていった。これにたいして、本論で取り上げるスロヴァキア国民主義運動は、北部ハンガリーのスロヴァキア語住民から構成される集合的権利主体としての、「スロヴァキア国民（slovenský národ）」の存在を想定し、その公的権利、とりわけ言語的権利を議会や公論の場で要求することを目標としていた。したがってそこでは、「スロヴァキア国民」あるいは「スロヴァキア人」の集合的利害の一体性が強調され、それが「マジャル（語）化」によって〝抑圧〟されているとの主張がなされることとなる。(7)

しかしそうした主張において、言語的基準にもとづいて単一の「スロヴァキア国民」とみなされた人々は、宗派的観点からは多様であった。多数派を占めたのはカトリック信徒（一九〇〇年時点で七〇・三％）であったが、そのほかに一定の割合でルター派（同じく二三・七％）が存在した[8]。スロヴァキア語の正文法を確立したリュドヴィート・シトゥール（一八一五〜一八五六）をはじめ、一九世紀の半ばから末葉にかけてのスロヴァキア国民主義運動の指導者たちの多くは、スロヴァキア語住民のなかでは少数派であるルター派の聖職者や知識人であった。かれらは、一八七〇年代にスロヴァキア国民主義運動を代表する政治党派であるスロヴァキア国民党（Slovenská národná strana）を設立した。しかし、同党は一般のスロヴァキア語住民にたいしてごくわずかな政治的影響力しか持ちえず、とくに一八八四年から一九〇一年までのあいだは、ハンガリー王国議会選挙への参加を含む政治活動からの撤退を余儀なくされていた。こうした状況を受けて、一九世紀末には、より広汎なスロヴァキア語住民の支持の獲得を目指す新たな潮流がスロヴァキア国民主義運動の内部に出現した。すなわち、チェコの哲学者トマーシュ・マサリク（一八五〇〜一九三七）の進歩主義思想の影響を受けた世俗知識人を主体とする「フラス派」、それにハンガリー王国の全国的なカトリック政党であるカトリック人民党（Katolikus Néppárt）から派生したカトリック系国民主義者である。とくに後者は、北部ハンガリー住民の多数派を占めるカトリック信徒に多大な影響力を有する在地聖職者が中心となっており、ルター派知識人が中心のスロヴァキア国民党や世俗主義的なフラス派と比較して、より民衆的な支持基盤に立脚しうる可能性を有していた[9]。

スロヴァキア国民主義運動は、これらの宗派や宗教観を異にする諸潮流を内包しつつも、「マジャル人」支配勢力への対抗上、集合的利害主体としての「スロヴァキア人」の一体性をアピールしていく必要性に迫られていた。この点はとくに、自らの主張を広く一般に訴えかけ、より多くの支持者を獲得する機会となる選挙運動にさいして、重要な課題となった。こうした政治的動機にもとづき、一九〇五年末に、宗派を超えた国民主義者の糾合を掲げるスロヴァキア人民党が設立されることとなった。

第三節　一九〇五年のスロヴァキア人民党設立

一八九五年、ハンガリーの全国的なカトリック政党であるカトリック人民党（前述）が、自由党（Szabadelvű Párt）政府の世俗化政策に反発するカトリック貴族や聖職者によって設立された。以後同党は、政府による一連の教会関連立法（市民婚・戸籍登録の世俗化・ユダヤ教を含む諸宗派の同権）への反対およびカトリック信徒の利益の擁護、さらには反自由主義と一体となった反ユダヤ主義を掲げて、北部ハンガリーのカトリック住民、とくに農民や手工業者のあいだに支持を広げていった[10]。同党のスロヴァキア語機関紙である『キリスト教徒』（*Kresťan*）には、自由主義やそれと結びついているとされる「ユダヤ人」を、「キリスト教徒」の敵として指弾する論説記事が数多く掲載された[11]。

おそらくこうした状況を反映して、スロヴァキア国民主義運動の内部にも、その言説に明示的な宗教的要素を取り込もうとする傾向が現れた。それを主導したのは、アンドレイ・フリンカ（一八六四～一九三八）、フェルディナンド・ユリガ（一八七四～一九五〇）、フランティシェク・イェフリチュカ（一八七九～一九三九）といった聖職者を中心とするカトリック系の国民主義者であった。かれらは、もともとカトリック人民党に属していたが、やがて同党が言語的少数派の権利擁護や普通選挙制の導入に消極的な姿勢を示しはじめたことに反発し、これを離脱していた。かれらの要求の中心は、従来のスロヴァキア国民主義運動と同じく、国民的カテゴリーである「スロヴァキア人」の言語的権利の擁護にあった。しかしそこには、多分に宗教的要素が加味されていた。たとえば、ユリガとイェフリチュカの編集する『カトリック新聞』（*Katolícke noviny*）一九〇五年度版第八号に掲載された「言語の問題・宗教の問題」と題する論説には、以下の記述が見える。

学校では今日、母語が非常に蔑ろにされており、それゆえスロヴァキア語を使いこなせなくなった子どもたちは、スロヴァキア語で説かれる高度な宗教的真実を理解し、修得することができなくなるだろう。子どもたちの母語を抑圧する者は、かれらの精神をも傷つけ、かれらの宗教的発展を妨げる者でもある。このことから我々は、言語の問題は、今日ではまさに宗教的問題であることを見出すのである。[12]（傍線は井出による。）

ここでは、教育の「マジャル（語）化」に反対し、スロヴァキア語教育の維持を要求する理由として、教会において聖職者がスロヴァキア語で行う説教を、若い信徒が理解できなくなることへの危惧が表明されている。すなわち、カトリック系国民主義者にとってとくに重要であったのは、教会における宗教的実践や聖職者と信徒とのコミュニケーションに関わる問題であったとみなしうるのである。これには、かれらの多くが日常的に信徒と接触する小教区司祭であったこととも関係しているだろう。いずれにせよ、ここでは明らかに国民主義的な要求と宗教的動機が結合している。それはさらに、強力な反ユダヤ主義的傾向へと結びつく。ただしかれらの反ユダヤ主義は、先行するカトリック人民党のものとは異なり、国民主義的な性格を明白に帯びていた。すなわち、「ユダヤ人」はカトリック人民党の主張するような「全てのキリスト教徒の敵」というよりも、より限定的に「キリスト教徒のスロヴァキア人の敵」と位置づけられるようになるのである。[13]

こうして、世紀転換期にスロヴァキア国民主義運動内部でカトリック系国民主義者のグループが台頭し、かれらによって国民主義の言説に宗教的要素が導入された。ここで浮上するのが、宗派の問題である。前述のように、スロヴァキア語住民は多数派であるカトリック信徒と少数派であるルター派信徒から構成されており、またスロヴァキア国民主義運動の内部にも、両宗派および世俗主義者のグループが存在した。しかしながら、国民的フレームにしたがって集合的利害主体である「スロヴァキア人」の一体性を主張しようとするのであれば、そうした宗派的な差異はむしろ克服される必要があった。この方向性はまた、可能な限り広汎な有権者の支持を獲得していくための選挙戦略としての側面も有していた。

こうしたなか、オーストリア＝ハンガリーの二重体制を支えてきた政府自由党が一九〇五年二月のハンガリー王国議会選挙において敗北し、ハンガリーの独立性の強化を主張する野党連合が勝利した。この選挙におけるスロヴァキア国民主義派の当選者は、進歩主義的なルター派のジャーナリストで、ヴォイヴォディナ（ハンガリー王国南部）のスロヴァキア語住民居住区から立候補していたミラン・ホジャ（一八七八〜一九四四）と、カトリック人民党の候補者であったフランティシェク・スキチャーク（一八七〇〜一九五三）の二名にとどまった。しかし選挙後、ハンガリー国王としてのフランツ＝ヨーゼフ帝によって新たに任命されたフェイェールヴァーリ内閣は、野党連合に対抗するために、言語的少数派の国民主義運動や社会民主主義勢力が求めていた普通選挙制の導入を示唆した[14]。この機会をとらえたスロヴァキア国民主義勢力は、運動内の各派を糾合する新たな国民主義政党であるスロヴァキア人民党の設立を模索しはじめた。この動きの中心となったのは、かねてよりスロヴァキア国民党の保守主義的傾向に不満を抱いていたホジャと、スキチャークやユリガらカトリック系国民主義者であった。スロヴァキア人民党の設立に向けた議論は、ホジャの発行する『スロヴァキア週報』（*Slovenský týždenník*）および前述の『カトリック新聞』を中心に展開された。この結果、一九〇五年末にジリナで開催されたスロヴァキア国民主義派の会合において、スロヴァキア人民党の設立が宣言された[15]。

新たに設立されたスロヴァキア人民党の喫緊の課題は、翌一九〇六年に行われることが想定されていた王国議会選挙において、可能な限り多くの支持を得ることであった。そのためには、カトリックとルター派の両宗派の有権者に向けて、宗派や信条の違いを超えた「スロヴァキア人」の利害の一体性を訴えかけていく必要があった。この点は、『カトリック新聞』一九〇五年度版第五一号で公表されたスロヴァキア人民党の「設立宣言」に見ることができる。そこでは、スロヴァキア人民党は「全てのスロヴァキア人選挙人および、自らの神、自らの教会そして自らの国民に忠実なる人々」を糾合し、「スロヴァキア人のみに貢献する」真正の〝スロヴァキア〟人民党であると位置づけられている。[16] すなわち新しく設立された党の指針においては、国民主義運動の支持者を最大限獲得するために、カトリックとルター派の国民主義者が提携していく必要性が示されていたのである。

第四節　スロヴァキア人民党とカトリック人民党の対立軸における非対称性

一方でこの「設立宣言」においては、支持者獲得においてスロヴァキア人民党と競合することが想定されたカトリック人民党にたいして、国民主義的観点にもとづく批判の矛先が向けられた。そこでは、カトリック人民党は「マジャル人にのみ依存し、マジャル人のなかでのみ活動する」、「マジャル人のために戦う」政党であるとみなされ、「マジャル人民党」と呼ばれている。[17] ここで強調されているのは、中心的な利害主体は個別の宗派ではなく、あくまでも国民であり、政治的な対立関係が問題とされるのは「スロヴァキア人」と「マジャル人」という国民的カテゴリーのあいだにおいてのみである、という点である。ここには、国民的フレームにもとづく言説実践の典型的な事例を認めることができる。

スロヴァキア人民党によるこうした批判にたいし、宗派を第一の基盤とし、全国のカトリック信徒の利益を代表する宗派政党を自認していたカトリック人民党は、スロヴァキア人民党による「マジャル人民党」という呼称に反発し、自身の「マジャル」的性格を明確に否定した。同党のスロヴァキア語機関紙『キリスト教徒』は、国民的カテゴリーを利害主体と想定し、言語的権利要求を宗教問題や教会の利害問題に優先させる国民主義派の態度を批判した[18]。そして、スロヴァキア人民党による宗派を超えた国民主義派糾合の呼びかけを批判するなかで、スロヴァキア人民党は「純粋なルター派政党」であり、これを支持することは「カトリック信仰に反する」と主張した[19]。

ここで特徴的なのは、スロヴァキア人民党とカトリック人民党との対立軸をめぐる、両者の観点の非対称性である。中心的な利害主体に国民的カテゴリーを据えるスロヴァキア人民党は、両党の対立関係を、「スロヴァキア人」政党と「マジャル人」政党のあいだのものと説明する（国民的フレーム）。これにたいし、宗派カテゴリーを重視するカトリック人民党は、これを「ルター派」政党と「カトリック」政党の対立関係と説明するのである（宗派的フレーム）。実際には、スロヴァキア人民党においてはカトリック系国民主義者が主導的な役割を果たし、一方で北部ハンガリーにおけるカトリック人民党の支持者の多くはスロヴァキア語話者であった。国民ないし宗派の集合的利害の一体性を強調し、対立軸を単純化することで大衆的支持の獲得を目指す政治的言説においては、こうした枠組みに合致しない事実が意図的に排除される点、注意を要する。

第五節　スロヴァキア人民党のカトリック系国民主義政党としての再編

一九〇六年四月に行われたハンガリー王国議会選挙において、スロヴァキア人民党はスロヴァキア国民党と共同で選挙運動委員会を設置した。スロヴァキア国民主義派は一九の選挙区で候補を擁立し（人民党一四、国民党五）、ホジャ、ユリガを含むスロヴァキア人民党の候補六名、国民党の候補一名の計七名が当選した[20]。前年選挙におけるスロヴァキア国民主義派の当選者が二名のみであったことを考えれば、この結果は大きな成功といえた。この選挙においで、カトリックとルター派の糾合を呼びかけたスロヴァキア人民党の戦略が奏功した点は否定できない。しかしこの成功ののちには、スロヴァキア国民主義運動という共通の枠組みにおける両宗派の政治的統合が実現することはなかった。

一九〇六年の選挙後、スロヴァキア人民党は独自の議会会派を作らず、スロヴァキア国民党の会派に組み入れられた。中央政界では、選挙に先立って政府と野党連合とのあいだに妥協が成立し、野党連合の指導者が参加する新政権が発足していた。選挙後、この連合政権は言語的少数派の国民主義運動にたいして強硬な態度で臨み、ユリガ、フリンカらスロヴァキア国民主義派指導者の逮捕・訴追が相次いだ。また一九〇七年には新たな教育法が制定され、初等教育における「マジャル（語）化」がさらに強化された。[21] しかし連合政権は、国内のさまざまな政治的課題に対応できず、やがて力を失った。これに代わって一九一〇年一月に発足した旧自由党系のクーエン＝ヘーデルヴァーリ政権は、スロヴァキア国民主義派にたいして妥協的な姿勢を示した。すなわち、同年六月の王国議会選挙にさいして、普通選挙制導入などの国民主義派の要求実現を確約する見返りとして、一部選挙区における旧自由党系候補への選挙協力を要請したのである。スロヴァキア国民党はこれを受け入れ、候補の数を前回から大幅に減らした八選挙区にとどめた。選挙の結果、旧自由党が大勝利を収めた一方で、スロヴァキア国民主義派の当選者は三名のみにとどまり、うち二名がカトリック系（スキチャークおよびユリガ）であった。政府による選挙前の約束は結局履行されず、その結果政府との協力路線を推進したホジャへの不信が高まるなど、不首尾に終わった一九一〇年選挙の結果はスロヴァキア国民主義派の結束に影を落とすこととなった。[22]

一九一一年一〇月、フリンカを中心とするカトリック系国民主義者が発行する『スロヴァキア人民新聞』(*Slovenské ľudové noviny*,『カトリック新聞』から改称）が、政府から二五〇〇コルナの資金援助を得ていた事実が発覚した。[23] これをホジャの『スロヴァキア週報』や『スロヴァキア日報』(*Slovenský denník*) が非難したことで、これまで互いに協力関係にあった国民主義者たちのあいだに感情的な亀裂が生じた。『スロヴァキア人民新聞』は、カトリック人民党が用いたのと同様の宗派カテゴリーを適用しつつ、ホジャを「カトリックの敵」、『スロヴァキア週報』や『スロヴァキア日報』を「ルター派の新聞」と呼んで批判した。『スロヴァキア人民新聞』一九一二年度版第一二号の論説記事は、以下のように述べている。

> ルター派の『スロヴァキア週報』やマサリク派〔親チェコ的世俗主義者〕の『スロヴァキア日報』においては、キリストを信じる者は全て「教権主義者（klerikár）」とされてしまう。（ルター派や世俗主義者は）スロヴァキア語の親しげな装いのなかで、カトリック信徒のスロヴァキア人に、精神の内部でキリストを打ちのめすべく忍び寄るのである。カトリック信徒よ、目を擦ろう！　我々は、ルター派的なスロヴァキア語、ましてやマサリク的なスロヴァキア語を望みはしない。我々は、民主主義、ヒューマニズムを、ただしキリスト、神の子、カトリックの信仰とともに望むのである。(24)（傍線は井出による）

ここにおいて、「国民の一体性」という大義の下に抑制されていた宗派的フレームが、前面に押し出されるかたちとなった。

両派の対立状況は、その後一年を経ても解消しなかった。一九一二年一一月、スロヴァキア国民党の指導部は、『スロヴァキア人民新聞』が宗派間の協調関係を破壊し「スロヴァキア国民」の一体性を掘り崩しているとして非難したうえで、カトリック系国民主義者の指導者のひとりである王国議会議員ユリガの除名を宣告した。(25)これにたいしユリガは、『スロヴァキア人民新聞』において、「反カトリック、反教会、反キリスト教方向性」をとるスロヴァキア国民党と決別し、スロヴァキア人民党をあらためて編成することを宣言した。(26)ここに至り、スロヴァキア国民主義運動における宗派間の協調路線は破綻した。翌一九一三年七月末、ジリナで開催されたカトリック系国民主義者の会合において、スロヴァキア人民党を、フリンカを議長に頂き『スロヴァキア人民新聞』を機関紙とする純粋なカトリック政党として再編することが正式に宣言された[27]。以後同党は、カトリック色を前面に出した国民主義政党として、ルター派や世俗主義派の国民主義勢力と一線を画すこととなった。その理念上の特色をなしているのは、「国民意識（národné povedomie）」とカトリック信仰の融合である。一九一三年一〇月三一日付の『スロヴァキア人民新聞』の論説は次のように述べている。

国民性 národnosť は、宗教にとっていかなるものであるか。それはまるで、内容にたいする容器、良心にたいする意識のようなものである。（…）我々はスロヴァキア系のカトリック信徒である。すなわち、我々の意識全体、良心、国民および言語の領域において、我々のうちにスロヴァキア意識が生きている。（…）そしてこの意識は、我々においてはキリスト教信仰に基礎づけられたカトリック的良心の一部なのであり、国民意識は、全体にたいする部分として、それと調和しなければならないのである[28]。（傍線は井出による）

ここに明らかなように、カトリック的国民主義政党として再出発したスロヴァキア人民党においては、カトリック信仰は「国民性」と不可分のものとして、むしろその基本的エッセンスとして前面に出されることとなった。この新たな段階に至り、かれらの言説実践のなかで、カトリックの宗派的フレームと国民的フレームの接合が図られていった。その一方で、かつて追求された、異なる宗派や信条を超越する存在としての「スロヴァキア国民」理念は、後景に退く結果となった。

第六節　まとめと今後の課題

スロヴァキア国民主義運動の内部には、二〇世紀初頭の時点で、ルター派、カトリックおよび世俗主義者という三つの潮流が存在していた。そこで、これら諸潮流間の理念的または感情的な隔たりを克服して、「スロヴァキア国民」の利益という統一の価値基盤の上に互いに提携していくことが、自覚的な取り組みとして目指された。一九〇五年のスロヴァキア人民党結成は、そのひとつの成果であった。そののちに発生したスロヴァキア人民党とカトリック人民党との対立は、当事者たちが主張するような「国民」間の対立でも、また「宗派」間の対立でもなく、「国民」と「宗派」のいずれを中心的な利害主体に据えるか、すなわちどちらのフレームを民衆動員の手段としてより重視するか、という問題における立場の違いに起因するものであったといえる。

しかし、スロヴァキア国民主義運動においても、宗派の違いという問題を完全に克服することはできなかった。スロヴァキア人民党の結成によって解消されたかに見えたカトリックとルター派ないし世俗主義者とのあいだの隔たりは、一九一一年に金銭スキャンダルをきっかけとして再び表面化した。この結果、カトリック系国民主義者は、一九一三年にスロヴァキア人民党を独自のカトリック的国民主義政党として再編することとなった。同党は、カトリック信仰を「国民性」の本質的要素とみなすことで、国民的フレームにカトリックの宗派的フレームを接合させた。しかし同時に、宗派を超えた共通の利害を有する「スロヴァキア人の一体性」を追求するという、以前の方向性は後退する結果となった。

以上本論では、二〇世紀初頭のスロヴァキア国民主義運動において、宗派問題がどのような経過をたどったのか、そのアウトラインを示した。しかしながら、宗派間の提携がなぜ不成功に終わったのか、その根本的な要因にまで踏み込むことはできなかった。この点を解明していくには、両宗派の国民主義者のあいだに存在していたと思われる潜在的な緊張関係、さらにはかれらが支持を訴えかけた一般住民層における宗派的フレームの強固さ、といった問題に目を向けることが不可欠となる。なぜならば、国民主義者が自身の理念や主張を人々に訴えかけていくさいには、対象となる人々のなかで歴史的に蓄積され、定着してきた既存の諸フレームに留意し、さらにはこれを利用していく必要性があったと考えられるからである。この問題は、我々の今後の検証課題となるであろう。

（1）Rogers Brubaker, *Ethnicity without groups* (Harvard University Press, 2004), p. 8.
（2）John Breuilly, *Nationalism and the State*, 2nd ed. (The University of Chicago Press, 1993), p. 2.
（3）Rogers Brubaker, *Nationalism Reframed: Nationhood and the National Question in the New Europe* (Cambridge University Press, 1996), p. 7. なお、同一の認識カテゴリーであっても、その具体的な意味内容は、それが配置される特定の文脈に即した可変性・複合性・多様性を孕むものとなることをとくに指摘しておきたい。
（4）フレームとは、米国の社会学者E・ゴッフマンによって提唱された分析概念で、諸個人が自身の生活空間や世界に生じる出来事を、「定置し、認識し、同一視し、ラベルづけする」ことを可能にする解釈の枠組みを指す。詳細については以下を参照：David Snow, Burke Rochford, Steven Worden, Robert Benford, 'Frame Alignment Processes, Micromobilization, and Movement Participation', *American Sociological Review*, Vol. 51, No. 4(1986), p. 464. また「国民的フレーム」については、拙稿「二〇世紀初頭のスロヴァキア語印刷メディアによる「国民化」の展開――スロヴァキア国民主義系新聞『スロヴァキア週報』の分析から――」井内敏夫編『ロシア・東欧史における国家と国民の相貌』晃洋書房、二〇一七年、一〇一―一二二頁を参照のこと。
（5）桐生裕子『近代ボヘミア農村と市民社会――一九世紀後半ハプスブルク帝国における社会変容と国民化――』刀水書房、二〇一二年、二二頁。
（6）Robert Nemes, 'The Uncivil Origins of Civil marriage: Hungary', in Christopher Clark, Wolfram Kaiser (eds.), *Culture Wars: Secular–Catholic Conflict in Nineteenth-Century Europe* (Cambridge University Press, 2003), p. 316.
（7）スロヴァキア史学の主流をなしてきたいわゆる「国民解放」史観は、こうしたスロヴァキア国民主義の視点を、そのまま歴史記述に反映させてきた。この点については、L'ubomír Lipták, *Storočie dlhšie ako sto rokov: O dejinách a historiografii.*

(Bratislava, 2011〔初版刊行は1999年〕), s. 214, 224 および中澤達哉『近代スロヴァキア国民思想史研究——「歴史なき民」の近代国民法人説——』刀水書房、二〇〇九年、一七—二八頁における指摘を参照のこと。

（8） これ以外に、ギリシャ・カトリック五・〇%、カルヴァン派〇・五%、ユダヤ教〇・五%など。Emir Stodola, *Štatistika Slovenska* (T. S. Martin, 1912), s. 37.

（9） 以上の各グループについては、以下を参照：Milan Podrimavský, *Slovenská národná strana v druhej polovici 19. Storočia* (Bratislava, 1983); Robert Klobucký, *Hlasistické hnutie: národ a sociológia* (Bratislava, 2006); Róbert Letz, Peter Mulík (eds.), *Pohľady na osobnosť Andreja Hlinku* (Martin, 2009); Vladimír Bakoš, *Kapitoly z dejín slovenského myslenia* (Bratislava, 1995); 拙稿「一九世紀末・二〇世紀初頭におけるスロヴァキア・ナショナリズム運動の諸潮流」『史観』第一六六冊、二〇一二年、六三—八二頁。

（10） Július Popély, 'Zichyho strana a nacionálno-klerikálne hnutie na Slovensku v rokoch 1895-1905' *Historický časopis* 26 (1978), 4, s. 591-603. 二〇世紀初頭のハンガリー王国議会選挙における、北部ハンガリー（八四選挙区）でのカトリック人民党の獲得議席数：一九〇一年—一〇、一九〇五年—一一、一九〇六年—一八、一九一〇年—六：Michal Potemra, 'K vývinu slovenskej politiky v rokoch 1901-1914' *Historický časopis* 27 (1975), 1, s. 81. 大衆志向の政党にとっては不利な財産制限選挙（有権者は人口の約六%）のため、同党の選挙での議席獲得は限定的であったと考えられる。

（11） たとえば以下のような主張。「我々は、キリスト教徒民衆をユダヤ人の手から解放するために、ユダヤ資本、すなわちユダヤ人の金の力に立ち向かい、これを弱めなければならない」（『キリスト教徒』一八九六年版第二一号「ユダヤ教とキリスト教」'Židovstvo a kresťanstvo', *Kresťan*, 1896, č. 21, s. 3.）「そこでキリスト教徒の兄弟たち、同胞たちよ！（…）我々と我々の聖なる教会を自由主義の魔の手から解き放つべく努力している勇敢なキリスト教的精神の持ち主、人民党の候補に投票しよう。」（同一九〇一年版第二〇号「人民党と自由党」'Ľudák a liberál', *Kresťan*, 1901, č. 20, s. 2.）

（12） 'Otázka reči: otázka náboženstva' *Katolícke noviny*, roč. 56 (1905), č. 8.

（13） スロヴァキア国民主義運動における反ユダヤ主義については、拙稿「一九世紀末・二〇世紀初頭のスロヴァキア・ナショナリズム運動における反ユダヤ主義——スロヴァキア人の「敵」としてのユダヤ人——」『ユダヤ・イスラエル研究』二五号、二〇一一年、二八—四〇頁を参照のこと。

（14） Dušan Kováč (ed.), *Na začiatku 20. storočia 1900-1914* (Bratislava, 2004), s. 157-159. ハンガリー王国における選挙権は、一八七四年の選挙法により、二〇歳以上の男子のうち、一定額以上の課税対象となる家屋または土地の所有者、中等学校以上の卒業者などに限定されていた。有権者の数は、一九一〇年時点のハンガリー全人口約一八二六万人にたいし、約一〇七万人（五・九%）であった。Michal Potemra, ‘Uhorské volebné právo a vol'by na Slovensku v rokoch 1901–1914’, *Historický časopis* 23 (1975), 2, s. 233.

（15）この経緯については、Vladimír Daniš, ‘Niektoré otázky vzniku Slovenskej l'udovej strany’, *Studia historica Nitriensia*, 11 (2003), s. 123–148.

（16）‘Nech žije slovenská l'udová strana!’, *Katolícke noviny*, roč. 56 (1905), č. 51.

（17）*Ibid.*.

（18）‘Katolícke Noviny’, *Kresťan*, roč. 13 (1906), č. 4.

（19）‘Volebné pohyby’, *Kresťan*, roč. 13, č. 16.

（20）Mihcal Potemra, ‘K vývinu slovenskej politiky v rokoch 1901–1914’, s. 91.

（21）*Na začiatku 20. storočia 1900–1914*, s. 171–177.

（22）Owen Johnson, ‘Losing Faith: The Slovak-Hungarian Constitutional Struggle, 1906–1914’, *Harvard Ukrainian Studies*, 1998, pp. 300–301.

（23）‘Ťažké obžaloby’, *Slovenský denník*, roč. 2 (1911), č. 189.

（24）‘Na piatu nedel' pôstnu, Smrtná rečenú’, *Slovenské l'udové noviny*, roč. 3 (1912), č. 12.

（25）*Slovenský týždenník*, roč. 10 (1912), č. 49.

（26）‘Naša strana’, *Slovenské l'udové noviny*, roč. 3, č. 49.

（27）*Slovenské l'udové noviny*, roč. 4 (1913), č. 31.

（28）‘Slovenskí katolíci a mad'arskí katolíci v Uhorsku’, *Slovenské l'udové noviny*, roč. 4, č. 44.

〔本論は、平成二九年度文部科学省科学研究費補助金（特別研究員奨励費：課題番号16J11131）による研究成果の一部である。〕

第Ⅱ部　ヨーロッパの政治文化　戦争と「統合」

第10章　近世ヨーロッパにおける傭兵制の分割と厚生の変化

河野　淳

はじめに

本章では、非雇用時にヨーロッパを自由に回遊していた近世の傭兵が、各国ごとに囲い込まれ分割されたことによって、一般的な生産者の厚生レベルがどのように変化したかを考える。利用可能な統計的データが少ないので、経済理論を用いて大局的な傾向を推測することが主な作業となる。まずは、傭兵に関して現れていた表面的な事象を確認し、その背後にあった扶養の構造を示す。そして次に、現行の経済理論について検討し、独自の修正を加え、厚生について推測する。最後に理論を検証する可能性について考え、展望について述べる。

第一節　傭兵の回遊と定着

1　傭兵制の概略

ヨーロッパ諸国が戦争を行う時、どのような兵士が用いられたかは、時代によって変遷した。中世においてすでに傭兵は多く用いられていたが、一五世紀に、企業家である傭兵隊長が兵力を必要とするものと契約を結び兵力を提供する仕組みが完成し、ヨーロッパの戦争は主に傭兵によって行われるようになった。封建召集軍から傭兵軍へと戦争の主体が変化した理由としては戦術の変化が強調されることが多い[1]。多くの傭兵企業の参入によりヨーロッパ規模の軍事サービス市場が形成されていったが、その市場の規模は大きく、三十年戦争（一六一八年～一六四八年）の時期に市場にサービスを提供していた企業の数は千五百にものぼった[2]。戦争のための兵力を必要とするものはこの市場から傭兵企業を選んで契約し、戦争が終わると契約を解消して傭兵を立ち去らせた[3]。契約の切れた傭兵は契約を求めてヨーロッパを回遊して過ごし、新しい契約が決まると任地へ向かった。

このような状況が変化したのは三十年戦争の後である。一七世紀後半から、諸国は戦争を行っていない時、すなわち平時にも多くの傭兵を雇い続けるようになっていった。「常備傭兵軍」あるいは「傭兵的常備軍」といわれるものの誕生である。また傭兵隊長という企業家は排除され、傭兵を統率する役割は君主によって任命された将校が担うようになった。この変化は、一つには非雇用時にヨーロッパを自由に回遊していた無数の傭兵たちが各国に分割され定着したということであり、もう一つには傭兵企業という経済主体が消滅し、傭兵が国の統治機構に吸収されたということである[4]。当時一般的に貨幣化、商品化が進行していたことを考えると、傭兵企業の消滅は不思議な印象を与えるが[5]、この変化の理由については、戦術の変化に多くを求める立場と、集権化に注目する立場とがあり活発な議論が進行中である[6]。変化の理由はどうあれ、傭兵のあり方は大きく変わったわけだが、本論考が注目するのが、戦争に参加していない状態の傭兵が回遊しなくなり、各国に定着したという点である。傭兵といえばなによりもまず雇われて戦う存在なので、戦争に参加していない傭兵はあまり重要ではないようにも思われるが、そのような状態の傭兵がどのような点で注目されるのか以下に述べる。

まず、一七世紀中頃までの傭兵がなぜ非雇用時に回遊していたか説明したい。契約が切れた傭兵は、戦うことで収入を得られなくなったのだから、農村や都市に帰って平和的な生業に復帰すればいいようにも思える。しかし傭兵はたいてい家には帰らなかった。皇帝マクシミリアン一世は自らが用い、解雇した兵士たちが帰宅せず神聖ローマ帝国を回遊して狼藉を働いていることに憤慨し、取り締まりを指示し、「兵士たちを必要とするときがきたら、われわれは彼らの家まで行って募兵し、彼らに入隊申請をさせるだろう」と述べている。[7] なぜ傭兵たちは帰宅しなかったのだろうか？　それは、彼らがなぜ傭兵になったかということと関係している。ヨーロッパでは一五世紀後半から一六世紀後半まで、地域によっては一七世紀前半まで急速に人口が増加し、この人口増加によって農村や都市で生業を得られない人々が大量に発生した。これらの人々が農村や都市での生活を諦めて選んだ職が傭兵であった。三十年戦争期を見ると、戦争に参加した諸国の人口を合わせると七、八千万だったが、傭兵は百万人もいた。[8] それほど多くの人がこの産業に流入したのである。貧しさゆえに傭兵になった人たちは帰っても食べていけないので、解雇されても故郷の農村や都市には帰らなかった。では解雇されたら回遊するとして、解雇されないという道はなかったのだろうか？　傭兵は必要な限り雇われ続けたが、当時の戦争は基本的に冬には中断されたので、戦争が数年続く場合でも傭兵は一旦冬に解雇された。このような事情から傭兵は一定期間回遊することを宿命づけられていたといえる。

帰る家はなく、契約も必ず絶える、という事情から傭兵は回遊したが、回遊しながら彼らが生きながらえた方法が当時のヨーロッパ社会にとって大問題であった。彼らには、都市の日雇い労働者として働く、といった選択もまれには可能であった。しかしそもそも、通常の生産活動によって生計をたてる道を絶たれたがゆえに多くのものが傭兵になったのであるから、解雇された傭兵はほぼ確実に、財やサービスの提供によらず収益を得る方法すなわち略奪を選んだ。彼らが職業において効率的に人を攻撃する方法を学んでいることもその道に彼らを導いたと思われる。解雇された傭兵は動きが目立ちにくい少人数のグループを形成し、各地を回遊し、略奪を働いた。街道での追いはぎも行われたが、なにより農村が略奪の対象となった。このような略奪は個別に見ればそれほどの規模ではなかったが、解雇されて回遊する傭兵の数が多かったために、社会に大きなインパクトを与えた。近世ヨーロッパではイタリア政策、宗派、独立といった要因に基づく戦乱が絶えず、戦地に吸い寄せられ、戦後そこから吐き出される大量の傭兵たちが傭兵の回遊に独特のうねりを生み出し、各地の住民を苦しめた。フランスにおいては「除隊後の将兵による狼藉が重大な治安問題になっていた(9)」し、傭兵は「戦争終了により一旦解雇されると、徒党を組んで略奪を働き、各地で多大な被害を及ぼす傾向にあった(10)」ので、神聖ローマ帝国で一五五五年に成立した帝国執行令では種々の対策が講じられているのである。解雇された傭兵が略奪を繰り返しながら諸地方を通過し、そのあとには「ひき臼と燃える鉄しか残らな(11)」かったと聞くと、イナゴの害のようなものが連想されるが、はたしてこのような被害はイナゴの害と同列に考えていいものなのか、という点に関して次に検討してみたい。

2　扶養の構造

当時の公権力が社会の被っている被害に気づかなかったわけではなく、被害を減らす試みもなされた。たとえばバイエルンでは軍に所属していない傭兵を厳しく扱う旨の法令を一五七〇年と一六〇八年に出し、それにより傭兵を領邦から追い出そうと試みた(12)。皇帝マクシミリアン二世も、解雇された傭兵による被害に対処するための職を下オーストリアに創設する命を一五七〇年に出している(13)。しかし一七世紀後半から常備傭兵軍が創設され、傭兵が解雇されなくなるまで、解雇された傭兵による略奪という問題が解消することはなかった。これには一定領域内の人間を管理するようなシステムが未発達であったということも理由としてあるが（たとえば解雇された傭兵と巡礼とを見分ける方法はなかった）、さらには公権力の側に回遊する傭兵を徹底的に根絶やしにできない理由もあった。それは、公権力が軍事的な行動を起こす場合、誰にも雇われていない傭兵が必要なので、回遊している傭兵を根絶してしまうわけにはいかなかったのである。[14] そういった事情もあり、対策は一応試みられたものの、公権力は傭兵の回遊、略奪を黙認していたというのが実情であった。[15]

回遊している傭兵が、公権力にとって、いつでも呼び寄せることのできる大事な兵力であったということ、そして公権力が回遊傭兵を養わず、そのかわりに彼らの略奪を黙認していたということから、イナゴの害のように見える回遊傭兵による被害の背後に、きわめて特殊な扶養の構造が浮かび上がってくる。当時の公権力は一般的に財政難の状態にあったが、戦時には給料を払って傭兵を雇った。問題は平時である。いつ戦争が起きるか分からないので、即座に動員できる兵員は必要だった。しかし平時にまで給料を払って兵員を養うことは、公権力にとって大きな負担だった。そこで平時の兵員の扶養は、略奪の黙認という消極的な形においてではあるが、社会に委ねられたのである。

この扶養の構造を問題視するものもいた。当時広く読まれた兵書の著者であるヴァルハウゼンは、解雇された傭兵が略奪を働いていることに関して、「君主たちは、兵隊たちに一文も支払っていないように思っているが、戦時の給料の二倍も支払っているのだ[16]」と、回遊傭兵が雇用時よりもはるかに多くのリソースを社会から吸い上げていることを指摘して改革を訴えたが、その指摘に応えるような改革は起きなかった。それどころか社会が直接傭兵を養う構造は、ヴァルハウゼンが警告を発した一六一五年から時をおかずして始まった三十年戦争において、さらに極端な形をとることになった。三十年戦争初頭、一六二〇年頃から諸軍は軍税という制度を採用した。[17] これは軍が宿営、通過する地域（敵、味方、中立いずれであっても）から、軍が直接、兵の扶養に必要な物、現金を徴発するという制度である。この制度が一般化したことで、従来解雇された傭兵だけを直接扶養していた地域社会が、従軍傭兵の扶養までも直接行うことになった。

三十年戦争期に頂点に達した社会による傭兵の直接扶養は、その後の常備傭兵軍創設と共に一般的でなくなり[18]、

図１　近世ヨーロッパにおける財貨の流れ

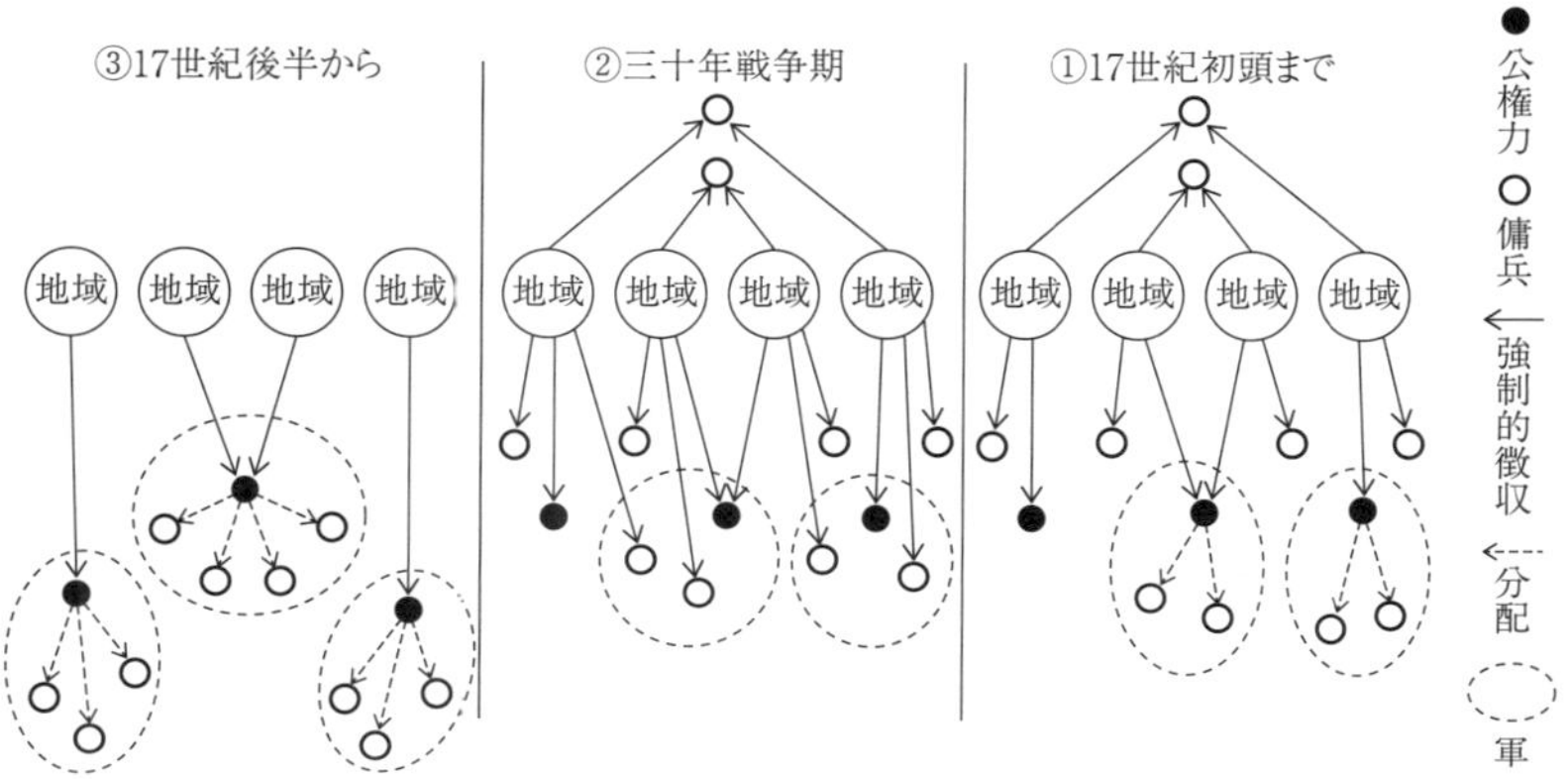

公権力が戦時、平時を問わず傭兵を養うようになっていった。公権力が常備傭兵軍を創設したのは、兵の扶養を引き受けるためではなく、継続的に訓練された兵士を必要とするものへと戦術が変化した、あるいは集権化を目指したためであるが、結果として扶養の構造に大きな変化をもたらすことになった。以上に述べてきたことをふまえて近世ヨーロッパにおける財貨の流れを図式化すると**図１**のようになる。

第二節　理論的考察

図１を見てよく分かるのが、一七世紀後半以降、強制が公権力によって独占されたということである。傭兵による強制がなくなり、公権力のみが地域社会から強制的に徴収を行うようになった。ただ、強制的に徴収を行うものの数は少なくなったが、**図１**の③を見ても分かるように、公権力によって多くの傭兵が養われることになったので、公権力の取る税が重くなったことも予想される。本節では、強制独占・非独占の違いが厚生に与える影響を示す経済理論を用い、近世ヨーロッパの厚生が強制に関わる部分でどのように変化したか推測してみたい。なお三十年戦争期、すなわち**図１**の②に関

しては、非常に興味深い時期ではあるものの、本論考では考察の対象から除外し、**図1**の①と③を扱う。なぜなら、三十年戦争期の軍税は基本的に軍の行軍ルートに沿って発生したがゆえに、自由に回遊した傭兵の略奪とは性質を異にしていて、その軍税も含めて論じると議論が複雑になりすぎ明瞭なモデルを用いた推測が不可能になるからである。

さて、厚生レベルを評価する際にとりわけ重要なのは、人々に必要なものをもたらす生産がどれだけ行われるかという点と、生産物が誰にどれだけ分配されるかという点である。本論考が扱う一般的な生産者の厚生について考えると、分配は生産量のうちのどれだけを消費できるかという意味で直接的に厚生レベルを左右するが、分配は生産のインセンティブに影響するので、生産量に影響して間接的にも厚生に影響する。本論考が注目する強制という要素は分配に大きく関わるが、経済における強制というテーマは独特の複雑さをはらんでいて、たとえば、強制を独占している政府、これは一般的には強い政府だが、その強さは国民の経済活動を守ることに使うことができるが、同様に国民から搾取するためにも使うことができる。ワインガストが経済システムの基本的・政治的ジレンマとして示したこの問題は[19]、イブン・ハルドゥーンが論じ、ジョン・ロックが論じ、いまだに論じられている。強制と経済という複雑な問題領域には近年さかんに行われているゲーム理論も新たな理論を提供している[20]。このようにさまざまな研究が行われているが、ここでは、強制の独占、非独占を比較した代表的な、現在でもよく引用される経済理論を二つとりあげ、妥当性について検討することにしたい。

1　オルソン理論

オルソンが論文「独裁、民主政、発展[21]」で示したのが、「うろつく強盗（roving bandits）」と「居座る強盗（stationary bandits）」に関する理論である。一九二〇年代に中国で各地を支配した軍閥が、過酷な搾取を行ったにもかかわらず、うろつく強盗よりも人々から歓迎されたこと、すなわち人々が、すぐに立ち去る強盗よりも居座って強奪し続ける強盗を好んだことの不思議さに注意を促した後に、オルソンは以下のような議論を展開した。

強盗がうろついている地域では、人々はいつ奪われるか分からない生産物を作り、蓄えるインセンティブをほとんど持たないか、あるいはまったく持たない。そのような地域では強盗の収穫も少なくなってしまう。そこで強盗のリーダーは、特定の地域を支配して生産者の安全を確保し、自らの強盗団だけが、生産者のインセンティブを損なわない一定量の生産物を、時期を決めて「税」として取るようにする。このような強盗団のもとでは、生産者は一者から一定量だけ取られるようになり、生産物のうちの一定の部分を確実に自分のものにできるため、生産に向かうインセンティブが働き、地域レベルでの生産量が増大する。生産量の増大は結果として強盗団の収入を増加させることになるので、強盗団リーダーは合理的である[22]。このようにして「政府」が成立するのであり、「見えざる手」は市場社会に作用する前に、その基盤となる国家の生成を促す。君主となった強盗団リーダーの国では、生産性を損なって君主の収入を減らす寸前まで引き上げられた高い税率のもと国民は生活していくことになるが、アナーキーにおいてよりも厚生レベルは良好になる。

以上がオルソン理論である。オルソンが比較しているのはアナーキーと政府のある社会だが、その理論は本論考の対象である強制非独占政府下の社会と強制独占政府下の社会にも当てはめることができる。オルソンの議論を本論考の目的に沿って整理してみると、まず分配について、強制が自由に行われるか（強制非独占）、制度的に行われるか（強制独占）の違いが示されているが、どちらの状況で生産者がより多く奪われるかは明らかでない。オルソンの場合強制的分配に不確実性が存在することは、生産性を押し下げるという意味で厚生に影響を与えると見ているようである。強制を独占する政府ができて強制が制度化された場合、生産性が非常に高まり、厚生水準が上昇する、というのがオルソンの考えである。

2　モゼレ／ポラク理論

強制が独占されていない状況は、オルソンによると「いつ奪われるか分からない」わけだが、その状況は実はそれほど悪くないという意外なことを主張し、オルソン理論を否定したのがモゼレとポラクである。彼らの共著論文「略奪国家モデル」(23)を見てみよう。モゼレらはまず冒頭で歴史学者を批判する。なぜなら歴史学者は、記録（これはたいてい国家が残す）を信じて、国家を良いものだと決めつけるからである。モゼレらによると、人々は国家のない社会をろくに知りもせずに、国家をほめているのである。歴史学者に対する批判が当たっているかどうかは別として、彼らの理論について見てみよう。

図２　無政府

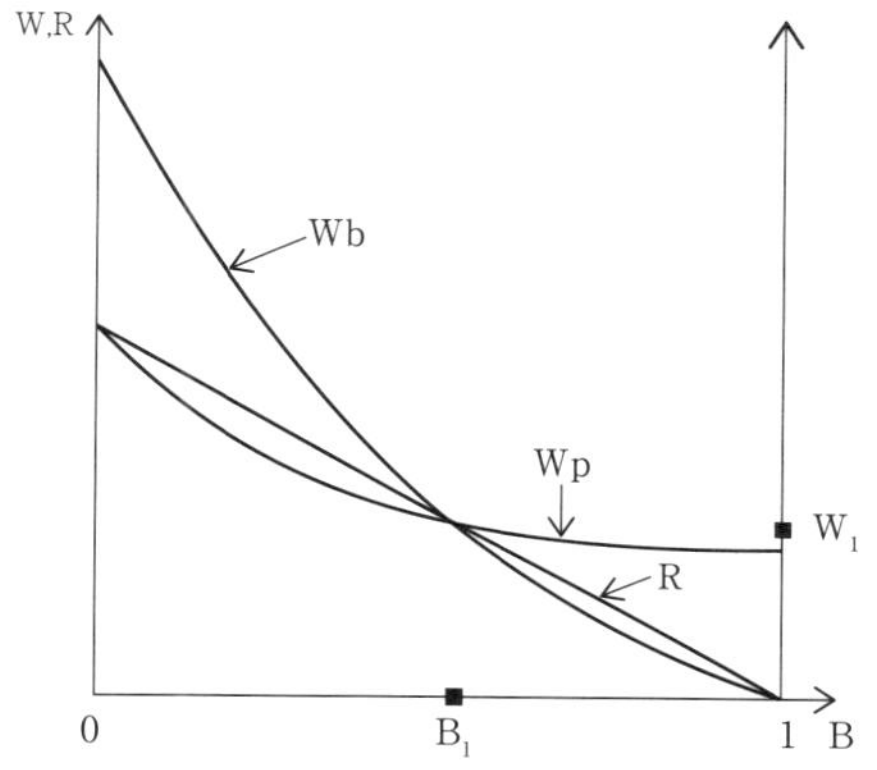

まず一定数の住民からなる社会を仮定し、その住民は強盗になるか農民になるかを選べるとする。全人口を一として全人口における強盗の量をBとする。Rを社会の産出量とし、Bが増えると減少するとする。強盗一人あたりの厚生レベル（消費できる量）をWbとし、農民一人あたりの厚生レベルをWpとする。数式を用いた詳しい説明については論文を参照してもらうことにして要点だけを見ることにすると、無政府、強制非独占政府、強制独占政府の三つのケースにおいて、それぞれ**図2**、**3**、**4**に示すような均衡が得られる（グラフはモゼレ／ポラク論文のグラフを参考に作成した）。

まず**図2**について説明する。無政府状況では住民は単純に強盗と農民の厚生すなわちWb、Wpを比較し、職業を変えることで厚生を改善できるならばそうするので、Wb＞Wpならば農民は強盗にな

図3　強制非独占政府

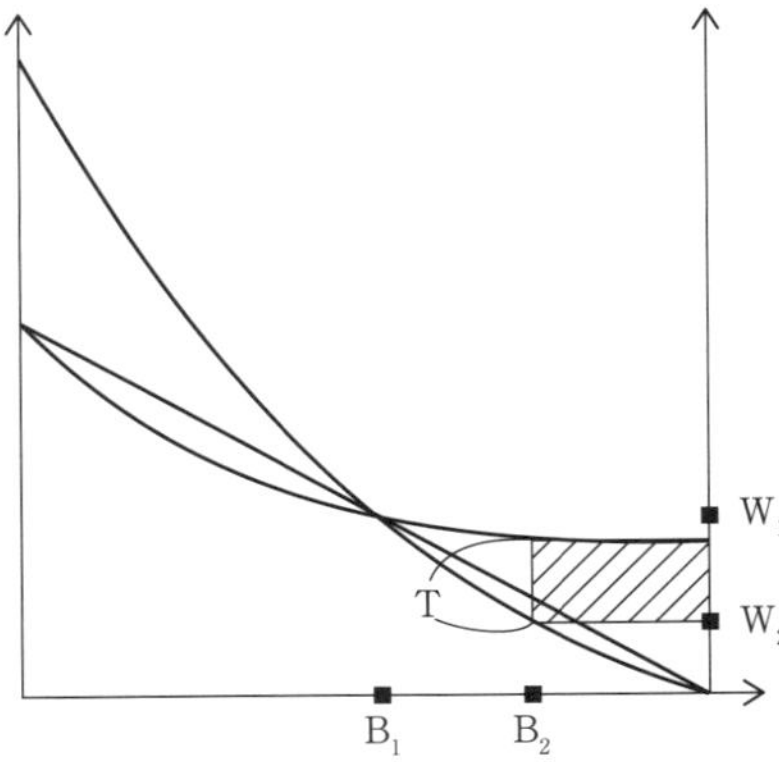

図4　強制独占政府

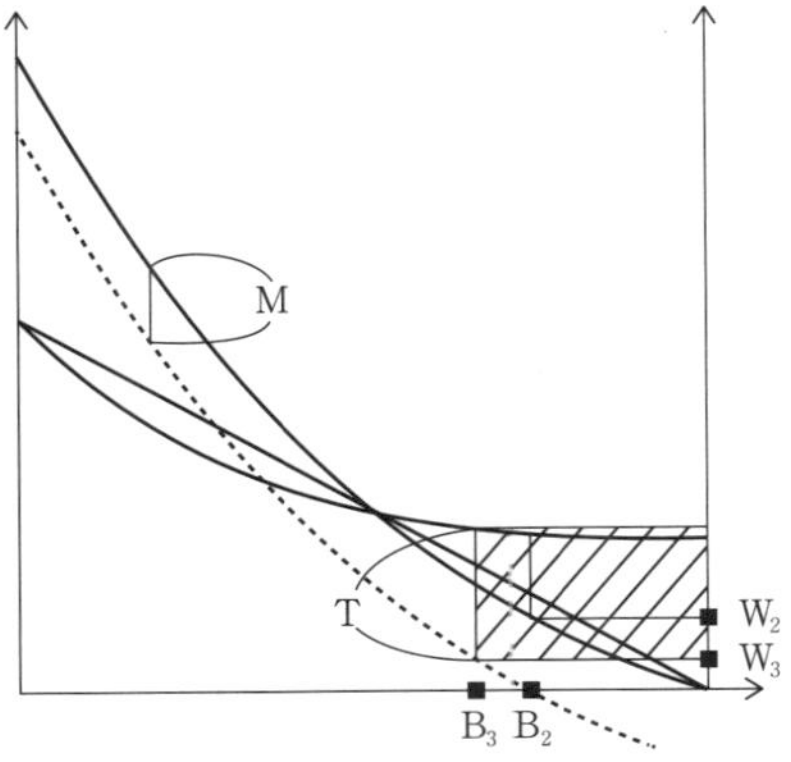

り、逆もまた同様である。すると Wb＝Wp で住民の転職は止まるので、そのBが強盗の数における均衡（B_1）となり、W_1 で住民全般（強盗、農民双方）の厚生レベルが均衡する。

　では次に強制非独占政府に関する**図3**について説明する。この政府はTという一定額の税を農民から徴収する（農民に対する強制力が無制限で農民は従わざるをえないと仮定）。そうするとBに応じたWpからTを引いたものが実際の農民の厚生レベルになるので、住民はそれとWbを比較することになる。無政府状態において均衡であったB_1におけるこの社会の厚生を見てみると、農民の厚生レベルは当然強盗より低いのでBは右に移行し、Wb＝Wp－T 点で均衡する（B_2）。住民全般の厚生レベルはW_2で均衡する。このような社会では、無政府状態よりも強盗が多く、産出量が少なく、住民全般の厚生レベルが低いことになる。ただし政府が合理的であった場合、税収（Tに1－Bをかけたもの、図の斜線部分）が最大になるように税率を調整するので、非常に重い税が課せられて極端に社会状況が悪化することはない。これは言いかえると、あまり重い税を課すと住民が生産を放棄して政府に従わない犯罪者になってしまうので、適度な税率が選択されるということである。

　図4が示すのが、強制独占政府のもとの社会である。ここでは政

府は強盗を取り締まっていて、強盗であることにはMという費用がかかる。これは政府の手から逃れたり、罰を与えられたりすることで発生する費用である。この社会では、特定のBにおける強盗の実際の厚生は、そのBにおけるWbからMを引いたものとなるので（図の破線）、特定のWpに対して強盗の厚生曲線はより左で交わることになり、Mのない場合より強盗は少なく、社会の産出量Rは多い。ところが、この社会では税が重くても生産を放棄するという道が選びづらいので、政府はT値を大きく設定しうる。図から分かるように、このような社会では税率が非常に高くなり、強制非独占政府のもとにある社会と比べると、産出量がより多い（BはB_2より左にあるB_3で均衡する）にも関わらず、分配の極端な偏りにより、住民全般の厚生レベルはより低くなる（W_3で均衡）。

実際のモゼレらの理論においては、以上のような像が得られる細かい条件について示されていて、以上のような比較が常に可能であるとされているわけではないが、大枠では以上のような議論である。強制を独占していなかった政府が強制を独占するようになると、生産性は上がるが、生産者からの収奪がそれを上回って増えるので、厚生水準は低下する、というのがモゼレらの考えである。

3　オープン・アクセス理論の適用

これまで二つの理論を見たが、オルソン理論とモゼレ／ポラク理論は強制独占政府に関しては重い税が取られるとしているのでそれほど違わず、強制非独占状況に関してかなり違う見解を示している。そして強制非独占状況に関してオルソンが悲惨なイメージを持ち、モゼレらが適度な厚生を想定していることが、強制独占政府に対する正反対の評価につながっているのである（オルソンは良く、モゼレらは悪く評価）。本論考では、強制独占状況については、彼らの主張に大きな違いも問題も見られないので、基本的にそのまま受容することにしたい。強制非独占状況については、オルソンはイメージを示しているだけなので、モゼレらの理論を認めるか、あるいは代替となる理論を提出するか、ということになるが、モゼレらの理論には大きな問題がある。それが、住民数一定の閉鎖系を仮定している、という問題である。強制独占状況であればそれはあまり問題とならないが、強制非独占状況においては、強盗はいくらでも出入り自由で、そのことが分配や生産に及ぼす影響を無視しては、あまり有用な理論とはならないのである。非独占状態に関する部分には、独自の理論をたてる必要がある。

　強制者の自由な参入が起きるのが強制非独占状況であるが、その状況で何が起きるか考える際に役に立つのが、環境経済学や自然資源経済学で用いられるオープン・アクセス理論である(24)。分かりやすいように、漁業を例にしてこの理論について説明する。ある一定の広さの漁場で、漁船を一日一隻操業するのに二〇万円かかるとする。漁船の数が少ないうちは魚が多く獲れるが、漁船が多くなり混み合った状態になると、一隻あたりの漁獲量は当然少なくなる。漁船一隻あたりの漁獲量を市場価格に直したもの、漁場で操業する全漁業者の総漁獲量（市場価格）、全漁業者の総費用、全漁業者の総利潤を操業する漁船の数に応じて示すと**表1**のようになる（金額の単位は万円）。

表1　漁船数に対する漁獲、費用、利潤

漁船数	一隻の漁獲	総漁獲	総費用	総利潤
1	30	30	20	10
2	30	60	40	20
3	27	81	60	21
4	24	96	80	16
5	21	105	100	5
6	18	108	120	− 12

　表1からも明らかなように、漁業者の総利潤は漁船の数が増えると増加していくが、三隻をピークに減少していく。それゆえ、もしこの漁場が特定の漁業会社によって独占的に使用されている場合、漁業会社は三隻の漁船を操業して最大の利潤をあげることになる。ところが、この漁場が出入り自由なものであった場合、事情は異なってくる。出入り自由な状態をオープン・アクセスというが、オープン・アクセスな漁場の場合、操業する漁船は三隻に

図5　漁船数に対する総漁獲と総費用

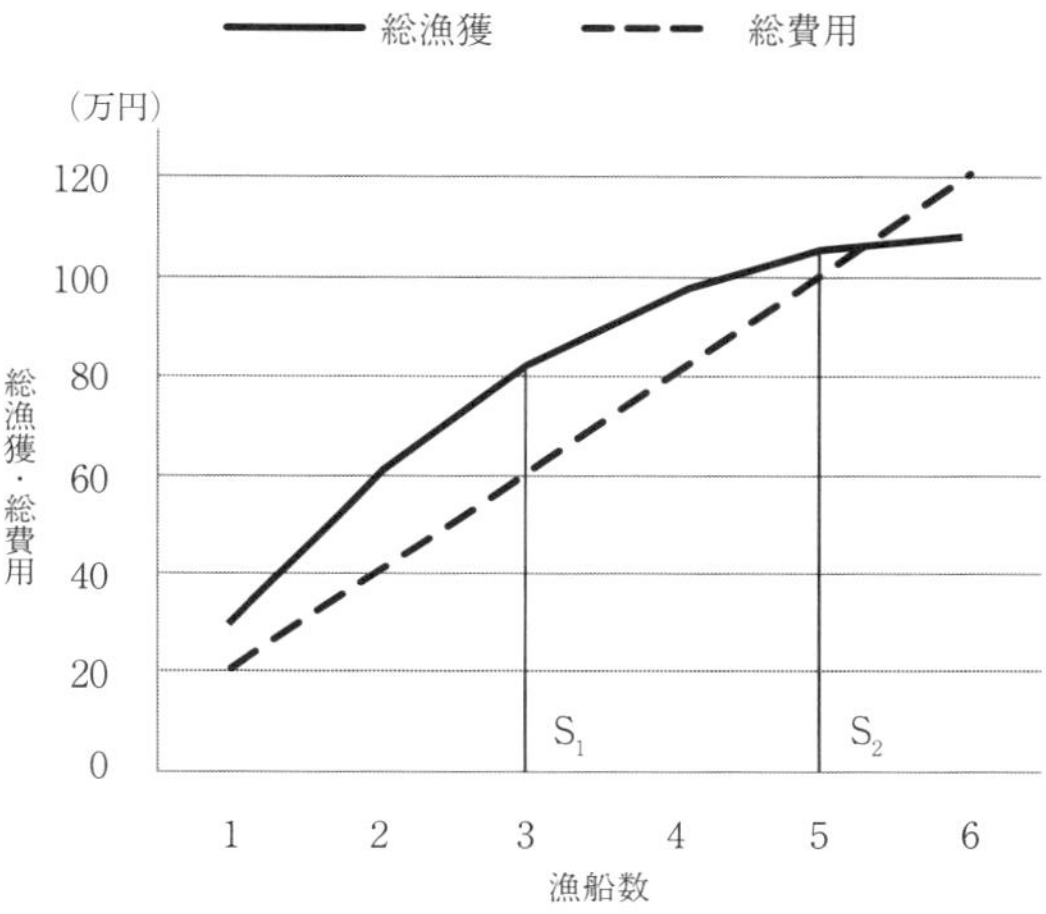

とどまらない。なぜなら、この漁場に漁船を投入すれば五隻に達するまで利潤があがるので、すでに三隻漁船が操業することになっていても、他の漁業会社が漁船を投入してくるからである。**図5**は漁船数、総漁獲、総費用をグラフにしたものだが、S_1で示されているのが独占漁場における漁船数の均衡で、S_2で示されているのが非独占漁場における漁船数の均衡である。非独占漁場においては漁業者全体における利潤（グラフにおける二線の隔たりが示す）が激減するが、より本質的な、環境経済学が重く見る問題は、過剰な収穫がなされることによる資源の枯渇である。

以上に見たのがオープン・アクセス理論であるが、この理論は人間の生産物が収穫の対象である場合にも応用することができる。強制が独占されている状況において、人間からの収奪がどのような均衡を見せるかは、モゼレらの理論を用いておおよその像を描くことができる。[25] 他方、強制が独占されていない状況に関しては、モゼレらの理論を用いることはできない。なぜなら、オープン・アクセスな地域には、すでにそこに存在する強盗に加え、外部からの参入が可能だからである。そして強盗は特定地域において強盗の利潤が農民の利潤を下回っていても、モゼレらが想定したように農民に転職することはなく、強盗を続ける。それは、強盗は農民のように土地に縛り付けられておらず、たとえば一収穫期ごとに多数の地域を巡って収奪を繰り返し、利潤を積み増すことができるからである。端的にいうと、強制非独占地域では、公海での乱獲でサンマが枯渇するのと同じようなことが人間の財貨に関して起きる。モゼレらの**図3**では強盗・農民比は比較的牧歌的に均衡しているが、実際には強盗の絶対数は多く、生産者は強制独占政府下の重税よりも多くを奪われるだろう[26]。そしてその分配における偏りはインセンティブに影響し、モゼレらのモデル以上に生産量を低く抑えるだろうと思われる。オープン・アクセス理論を適用した場合、強制を独占していなかった政府が強制を独占すると、モゼレらの理論とは逆に生産者から収奪される量が減り、モゼレらの理論よりも大幅に生産量が増え、厚生レベルが上昇するという像が描ける。オルソン、モゼレ／ポラク、本論考の評価をおおまかに示すと**表2**のようになる。

表2　強制非独占政府下と比べた場合の強制独占政府下の収奪・生産・厚生

	収奪レベル	生産性	厚生レベル
オルソン		非常に高い	高い
モゼレ／ポラク	非常に高い	高い	低い
河野	低い	非常に高い	高い

第三節　検証の可能性と展望

以上の理論的考察によって、強制独占が厚生を改善することが推測された。これは本論考の対象である近世ヨーロッパにあてはめると、傭兵が各国によって囲い込まれ常備軍に編入されたことが、農村から強制的に徴収される財貨の量を減らし、生産量を増加させ、厚生レベルを押し上げた、ということになるのだが、本当にそのようなことが起きたのだろうか？　本論考で行った推察の妥当性をデータでもって検証するのは困難である。細かい部分で難しいのが、略奪や徴税という形で農村から強制的に取られた財貨の規模を常備軍創設の前後で比較することである。理屈からいえば、**図1**①の特定の時期を選んで傭兵による略奪の価値総計と徴税額を足し、それを**図1**③の特定の時期の徴税額と、インフレや近世後期の軍の巨大化に関する補正を行った上で比べれば、収奪の規模における変化を知ることができる。しかしながら、オープン・アクセス理論を適用して本論考独自の像を示した部分、すなわち回遊傭兵の略奪に関する統計的なデータが、残念ながら現在の時点では利用できないのである。さきに触れたヴァルハウゼンは、ハンガリーで対オスマン軍役に従事した後に解雇された傭兵が社会に与える被害の額と同じ額の資金で、毎年三万の傭兵を雇うことができるとしており[27]、それを当時の傭兵の月給額を用いて計算すると一四四万グルデンになるが、彼の積算にいかなる根拠があるのか不明なので、残念ながら用いることはできない。略奪の規模に関しては、今後統計的なデータが利用可能になることを期待したい。

前近代における余剰が人口に表れると仮定すれば、厚生水準は人口増加率から推し量ることができる。例えばドイツにおける常備軍創設の前と後の人口増加率を、三十年戦争前後の極端な落ち込みと回復の時期を除外して比較してみると、一五二〇年〇・五％、一五五〇年〇・七二％、一六〇〇年〇・三二％、一七五〇年〇・四％、一八〇〇

○年○・四％である[28]。ただしこれらの数値に見られる変化は、当然のことながら気候変動、疫病といった様々な要因を受けての変化であり、強制の様式がどのようにこの変化に関与しているのかを見極めるには相当に緻密な理論と作業が必要になる。近世のムーズ川下流域において宿営、通過する軍による収奪がどれほどの影響を農村社会に与えたかを探るために、気候変動、疫病、婚姻パターンといった要素について詳しく検討した上で統計データを分析したグットマンの研究[29]は、テーマの点で本論考とは異なるが、手法は参考になる。既存の統計データから気候変動、疫病、戦争、軍隊の規模といった要素の影響を除外して、傭兵の囲い込みそのものの影響を明らかにすることは可能かもしれない。いずれにせよ、本格的な理論の検証は今後の課題となる。

本論考では、近世ヨーロッパにおける傭兵の囲い込みが厚生に与えた影響を推測したが、本論考の理論で分析しうる他の対象について最後に述べておきたい。近年、軍事サービスを提供する民間軍事会社（private military company 以下ＰＭＣ）が、冷戦終結以来軍縮を進めている諸国家の軍事力を補完して存在感を増してきている。ＰＭＣが軍事サービス市場を形成していることについて、二〇〇三年の著作で注目を促したのがシンガーである[30]。シンガーを含めてＰＭＣに関する初期の論者は、ＰＭＣという存在そのものを問題視することが多かったが[31]、ＰＭＣの利用が世界的に定着する状況の中、その存在は認めた上で、適切な利用法を論じる流れもでてきている[32]。

では本論考の理論を用いてＰＭＣの動きを見ると、どのようなことが分かるだろうか？　ＰＭＣは、国際政治の一形態として行われる戦争に際し、軍事サービスを提供して利益を得ることがある（湾岸戦争時には米軍事要員五〇人に一人、イラク戦争時には十人に一人がＰＭＣ社員だった[33]）。その一方で、国際政治というよりは経済的な動機から行われる、オープン・アクセスな地域からの天然資源の収奪に関与することもあり、本論考の理論と関わるのはこちらの部分である。ＰＭＣは政府が国内における強制を独占していない国々、すなわち自由に強制による収奪が行える国々に、政府、反政府勢力等に雇われる形で介入し、天然資源を得るか、天然資源から得た利益の配分を受ける。かつて、一九九〇年代のアフリカで見られたのが、ＰＭＣが内紛国の政府に軍事サービスを提供するかわりにダイアモンドといった天然資源の採掘権を得て、そのＰＭＣのグループ企業である資源採掘会社が天然資源を採掘してごっそり国外に持ち出すというケースである[34]。政府から採掘権を得ることで合法を装ってはいたものの、強力な軍事力で内紛国に介入し、しばしば反政府勢力の支配下にある資源埋蔵地帯を実力で確保し、資源を持ち去るという姉妹企業の行動は、あまりにも露骨な収奪であったがために国際的に問題となり、ＰＭＣが天然資源を採掘するグループ企業を引き連れて紛争地帯に介入することは見られなくなった。現在では、資源を求めてオープン・アクセス地域に参入する企業とその企業に軍事サービスを提供するＰＭＣには一般的に資本のつながりはなく、例えばアジア、アフリカ、南米の諸地域で地域住民を軍事力で制圧して木材を外国に持ち出すということが行われているが[35]、そこでＰＭＣが得ているのは軍事サービスの対価である。ただ、ＰＭＣが資源を得る企業とグループ企業であるか否かは地域住民にとってはどうでもいい問題で、ＰＭＣが関与する資源の収奪は、穏当な資源ナショナリズムでさえ容認できないほどの資源の流出、枯渇を引き起こしている。オープン・アクセス理論を用いて考えると、政府、反政府勢力といった国内諸勢力に加えてＰＭＣが参入する状況は、漁業でいえば、まさにオープン・アクセス漁場に過剰な参入が起きている状況であり、ＰＭＣのグループ企業が漁を行うにせよ、ＰＭＣに守られた企業が漁を行うにせよ、過剰な参入のカギとなっているのは強制力によって参入を可能にするＰＭＣの存在である。

ではそもそもなぜ、諸地域の荒廃を後押ししているＰＭＣが国際社会の承認を得ているのだろうか？　その原因の一つとして考えられるのは、シンガーがその著作で指摘しているような、市場原理に絶大な信頼を寄せる近年の世界的な趨勢である。市場原理に従うＰＭＣを用いた方が従来型の正規軍よりも経済的に効率的である場面は多いだろうから、効率を第一に考えればＰＭＣは有益な存在だろう。実際、近世ヨーロッパの傭兵制を分析したパロットは二〇一二年の著書[36]で、傭兵に代表される市場化された軍事力の効率性を指摘しており、その著作はＰＭＣを含めた近年の軍事市場化を積極的に評価する流れと関連付けられている。ただここで注意しなければならないのが、軍事力の効率性は単純に評価できないということである。というのも、軍事力の効率性は非対称でないかぎり相殺されてしまって意味をなさないのである。X国とY国の軍事力をそれぞれx、yとして、それが拮抗している状況（x＝y）に、軍事力の効率性を百倍に向上させる要素が対称的に導入されても100x＝100yなので、どちらの国も優位には立てず便益は増加しない。軍事力の効率性を向上させる要素が、傭兵といった市場から誰でも入手可能な要素である場合には意味がなく、パロットのいう市場の効率性にはあまり意味がないのである。むしろ注目すべきなのは、自由な軍事力を容認して市場を形成させる場合、その軍事力がオープン・アクセス地域に大きな利潤を見出し、過剰な参入を行うことであろう。ＰＭＣの規制についての議論は進んできているが、従来は民間人が戦争に関わることに関する倫理的な問題提起といったものが多かった。オープン・アクセス地域の保全という環境・資源経済学的観点からの検討も、今後は必要なのではないだろうか？　本論考のテーマからは大きく飛躍するが、そのような方面でも本論考で示した理論が活用できるのでは、という展望を示して章を締めくくることにする。

（１）　たとえばＭ・ハワード（奥村房夫、奥村大作訳）『改訂版ヨーロッパ史における戦争』中公文庫、二〇一〇年。

（２）　Fritz Redlich, *The German Military Enterpriser and his Work Force: A Study in European Economic and Social History*, vol.1 (Franz Steiner Verlag GmbH, 1964), pp. 205-210.

（３）　実際には戦争に限らず国境防衛のためなどに傭兵が雇われることはあったが、本論考では戦争のために雇用された傭兵を中心に議論を進めることにする。

（４）　時代を追って変遷していく傭兵を類型化したモデルとしては、京都大学文学部西洋史研究室編『傭兵制度の歴史的研究』比叡書房、一九五五年の序論を参照のこと。

（５）　そのような印象が語られているのはCharles Tilly, *Coercion, Capital, and European State* (Blackwell, 1992), p. 83. およびJan Glete, *War and the State in Early Modern Europe* (Routledge, 2002), p.56.

(6) 鈴木直志『広義の軍事史と近世ドイツ：集権的アリストクラシー・近代転換期』彩流社、二〇一四年、第四章。
(7) R・バウマン（菊池良生訳）『ドイツ傭兵の文化史』新評論、二〇〇二年、一九一頁。
(8) Christian Pfister, *Bevölkerungsgeschichte und historische Demographie 1500–1800*, 2. Auflage (Oldenbourg, 2007), S. 14.
(9) 鈴木・前掲書九七頁。
(10) 山本文彦『近世ドイツ国制史研究―皇帝・帝国クライス・諸侯』北海道大学図書刊行会、一九九五年、一八一頁。
(11) バウマン・前掲書一九一頁。
(12) 同書一九三頁。
(13) Eugen Heischmann, *Die Anfänge des stehenden Heeres in Österreich* (Österreichischer Bundesverlag, 1925), S. 53.
(14) バウマン・前掲書一九三―一九四頁。
(15) Heischmann, *op. cit.*, S. 33.
(16) Johann Jakob von Wallhausen, *Kriegskunst zu Fuß* (Fines Mundi GmbH, 2012 (Original 1615)), S. 16.
(17) Gerhard Benecke, *Germany in the Thirty Years War* (Edward Arnold, 1978), p. 4.
(18) 軍税制度は三十年戦争以降も残存したが、軍税の規模といった点で地域社会に過大な負担がかからないように調整が行われていった。Myron P. Gutmann, *War and Rural Life in the Early Modern Low Countries* (Princeton University Press, 1980) を参照。
(19) Barry Weingast, 'The Economic Role of Political Institutions: Market-Preserving Federalism and Economic Development', *The Journal of Law, Economics, & Organization*, Vol.11, Issue1 (1995), pp. 1-31.
(20) ルービンシュタインの「ジャングル経済」論は強制的分配を考える際には重要だが、効用の飽和を仮定している点で本論考の目的に沿わないので取り上げない。A・ルービンシュタイン（松井彰彦訳）『ルービンシュタイン　ゲーム理論の力』東洋経済新報社、二〇一六年を参照。
(21) Mancur Olson, 'Dictatorship, Democracy and Development', *American Political Science Review*, Vol.87, No.3 (1993), pp. 567-576.
(22) ただしこのような方策を強盗団が選択できるのは将来的にも地域を支配できる期待が大きい場合、すなわちゲーム理論でいうところの未来係数wが大きい場合に限られる。オルソンの当該論文は利己的な政府におけるwの小ささを指摘し、民主政のメリットを示すものである（オルソン自身はゲーム理論を用いていないが）。

(23) Boaz Moselle and Benjamin Polak, 'A Model of Predatory State', *The Journal of Law, Economics, & Organization*, Vol. 17, Issue1 (2001), pp. 1-33.

(24) 細田衛士、横山彰『環境経済学』有斐閣、二〇〇七年やB・C・フィールド（庄子康、柘植隆宏、栗山浩一訳）『入門自然資源経済学』日本評論社、二〇一六年等を参照。

(25) 個体数成長に関するロジスティックモデルを用いた方が、生産者からの収奪の均衡に関しては実態に即したモデルを構築できるように思われるが、それは別稿にて試みることにしたい。

(26) この差についてはロジスティックモデルで説明可能だが、紙数の関係から別の機会に論じることにする。

(27) Wallhausen, *op. cit.*, S. 17.

(28) Pfister, *op. cit.*, S. 10.

(29) Gutmann, *op. cit.*

(30) P・W・シンガー（山崎淳訳）『戦争請負会社』NHK出版、二〇〇四年（原著は二〇〇三年）。

(31) たとえばR・ユッセラー（下村由一訳）『戦争サービス業―民間軍事会社が民主主義を蝕む』日本経済評論社、二〇〇八年（改訂前の原著は二〇〇六年）。

(32) たとえば Simon Chesterman and Chia Lehnardt (ed.), *From Mercenaries to Market* (Oxford University Press, 2007).

(33) Sarah Percy, *Mercenaries: The History of a Norm in International Relations* (Oxford University Press, 2007), p. 206.

(34) シエラレオネでPMCであるエクゼクティブ・アウトカムズ社は軍事サービスの対価としてダイアモンド採掘権を獲得し、同社の企業グループはその採掘権から約十億ドルを得たといわれている。ユッセラー・前掲書一〇二頁。

(35) 同書二一一―二一二頁。

(36) David Parrott, *The Business of War: Military Enterprise and Military Revolution in Early Modern Europe* (Cambridge University Press, 2012).

第11章　三十年戦争と社会
――領邦上プファルツにおける再カトリック化――

出口裕子

第一節　はじめに――問題の所在――

宗教改革の時代は、また同時に、宗派戦争の時代でもあった。この時代、国家による個人の生命や財産および私的権利の保護はきわめて未熟であったため、人々は、自らの政治目的を実現するために中世以来の旗印である「キリスト教」を必要とした。政治と宗教は絡まり合い、政治的対立は、カトリック対プロテスタントという宗派的対立へと容易に転化したのである。この対立は、双方による二宗派体制を規定したアウクスブルクの宗教和議（一五五五年発布。「支配者の宗教、その支配地域に行われる（cuius regio, eius religio）」の法諺で知られる。ただし「アウクスブルク信仰告白派」以外の新教宗派を除く）後も収束せず、とりわけ一五六〇年代以降、対抗宗教改革と呼ばれる運動がカトリック内部から生じたことはよく知られた事実である。

もとより対抗宗教改革とは、宗教改革に触発されたカトリック教会内部の自己刷新運動、いわば精神的な革新運動である。これに対して、本稿で扱う再カトリック化（Rekatholisierung）とは、為政者によるパワー・ポリティクスのためのひとつの手段であったといえよう。その目指すところが、宗教和議後の「一領邦一宗派」体制のもと、プロテスタント領域におけるカトリック宗派への（強制的な）回帰であったからである。つまり再カトリック化とは、政争の具として権力政治的な性質をみずからが内包していたわけである。

ところで、この時代を、「宗派化」あるいは「信仰告白体制化」という独自の概念を用いて特徴づけようと試みる近世ヨーロッパ史研究は、国制史家G・エストライヒによる「社会的規律化」論（Sozialdisziplinierung）の発展的継承として、一九八〇年代、H・シリンクらにより提唱された。[1] その後W・ラインハルトやA・シントリンクらによって受け継がれた宗派化論は、現在もなお活発に議論され、数々の優れた研究が蓄積されている。[2] しかし、宗派化の概念そのものが多義的なため扱いが難しく、いまだ総括的な結論には至っていない。一定の全体像を掴むためには、宗教史や教会史のみならず、国制史、社会史など、より幅広い視座から多元的な考察が求められる。

したがって、以上を踏まえたうえで本稿では、三十年戦争時、バイエルン公マクシミリアン一世（一五七三～一六五一年）が、占領国である上プファルツ選帝侯領に対して行った再カトリック化政策について論じる。平時では困難とされる宗派化─宗教の領域で行われた、ある種の「統合」─が、戦時ではどのように実行されたのだろうか。上プファルツを例にとり、戦争が宗派化に与えた影響について考えてみたい。

第二節　プファルツ選帝侯領とバイエルン公マクシミリアン一世

当節では、はじめにプファルツ選帝侯領について、次に三十年戦争勃発時における同選帝侯領とバイエルン公マクシミリアン一世との関係について、それぞれ本稿に関連する範囲で確認しておく。[3]

1　プファルツ選帝侯領

プファルツ選帝侯は、古くはライン宮中伯として、フランケン、シュヴァーベン、ラインラント、北部バイエルンの各地方における国王代理の任を授かっていた。一二世紀末、ヴェルフェン家のハインリヒ獅子公が失脚した後、ヴィッテルスバッハ家のルートヴィヒがライン宮中伯の位を得た。その後、同家内部で再三生じた分割相続の末、一四世紀にはプファルツ系のヴィッテルスバッハ家が、バイエルン系のヴィッテルスバッハ家から分枝したうえでプファルツ選帝侯領を継承することとなった。

こうして成立したプファルツ選帝侯領は、ネッカー川沿いの都市ハイデルベルクを中心とする下プファルツ地方と、ドナウ川北部の都市アンベルクを中心とする上プファルツ地方という、ふたつの領域から成る有力領邦であった。行政の中枢は、ハイデルベルク城に居住した選帝侯のもと下プファルツに置かれ、上プファルツでは、選帝侯より派遣された直属の代官（Statthalter）がアンベルク城で政務を司った。以下に、プファルツにおける宗教改革について、歴代選帝侯の順に記しておく。

ルートヴィヒ五世（位一五〇八～一五四四年）　—当時広まりつつあったプロテスタントの改革運動に対しては無関心。

フリードリヒ二世（位一五四四～一五五六年）　—プファルツにはじめて宗教改革をもたらすが、皇帝より帝国追放刑を宣告される。ゆえに改革を撤回し、領土と選帝侯位を保持。

オットハインリヒ（位一五五六～一五五九年）　—先君が断念した宗教改革を組織的に導入。ルター派。

フリードリヒ三世（位一五五九～一五七六年）　—ルター派からカルヴァン派へと転向（第二次宗教改革 Zwite Reformation）[4]。一五六三年『ハイデルベルク教理問答』を出ルートヴィヒ六世（位一五七六～一五八三年）―先君の遺言を破棄し、ルター派へ回帰。このためザカリアス・ウルシヌスなど高名な神学者がハイデルベルク大学を辞した。

版。ハイデルベルク大学はカルヴァン派の牙城となる。

ヨハン・カジミール（＊摂政一五八三～一五九二年）―フリードリヒ四世が未成年時、摂政として統治。プファルツにカルヴァン派を戻す。

フリードリヒ四世（位一五八三・九二～一六一〇年）―カルヴァン派。一六〇八年プロテスタント同盟ウニオンを結成。

フリードリヒ五世（位一六一〇～一六二三年）―先君同様、カルヴァン派。三十年戦争時にベーメン王（冬王）となるが、帝国追放刑を受けてオランダへ亡命。

このように数度にわたって宗派転向を行ったプファルツの歴代君主であるが、なかでもフリードリヒ三世は熱心なカルヴァン派信徒であり、一五六〇年代、領内における修道院と教会の全財産を没収し、それらすべての管理と運営をカルヴァン派の教会参事会（Kirchenrat）に委任している。以来、教会参事会は、君主に直属しつつも宗派事項においては排他的な管轄権を掌握し、領内カルヴァン派の頂点に立つ宗務機関となった(5)。

2　バイエルン公マクシミリアン一世とプファルツ選帝侯領

マクシミリアンは、バイエルン・ヴィッテルスバッハ家の当主ヴィルヘルム五世の三男として、一五七三年に公領の首都ミュンヘンで誕生した。少年期よりイエズス会士のもとで厳格なカトリック教育を受け、一五九七年、バイエルン公に即位後は領内の法整備に尽力し、領邦等族の力を殺いで、のちのバイエルン絶対王政へと道を拓いた。さらに、巧みな領地経営により築いた潤沢な資金をもとに強豪な軍隊を組織し、その軍事力を持って断行した帝国都市ドナウヴェルトの騒擾をめぐる一件[6]では巷間から強く批判を浴びたものの、プロテスタント同盟ウニオンに対抗する組織として結成されたカトリック連盟リーガの指導者でもあった。他方で、彼はバロック芸術の愛護者であり、ヴィッテルスバッハ家の絵画コレクションは広く世に知られ、まさしく当代ヨーロッパにおける英君のひとりであった。

さて、いうまでもなく三十年戦争とは、神聖ローマ帝国を舞台に西欧諸国が参戦した最初の国際紛争である。一六一八年、ベーメン王フェルディナント（ハプスブルク家出自。翌年より神聖ローマ皇帝フェルディナント二世）の宗派的圧制に対して、ベーメンのプロテスタント貴族らは反乱を起こしてフェルディナンドからベーメン王位を奪い、かわって、同盟ウニオンの領袖であるプファルツ選帝侯フリードリヒ五世を新王として担ぎ上げた。しかし、皇帝に即位したフェルディナントは、連盟リーガとスペイン・ハプスブルク家の両軍による支援を受け、白山の戦い（一六二〇年一一月八日）でプロテスタント貴族らを制して大勝を収めた。翌年、反乱は鎮圧され、帝国追放刑に処されたフリードリヒはオランダに亡命した。

ところで、前年一六一九年十月八日のミュンヘン協定において、フェルディナントとマクシミリアンは次のような密約を結んでいたのである。いわく—フェルディナントは、自領の上オーストリアで起こった反乱を鎮圧するため、マクシミリアンに三万名に及ぶ兵力の投入を要請する。その反対給付として、上オーストリア、上プファルツならびに下プファルツのライン川右岸部分（なお下プファルツのライン川左岸部分はスペイン・ハプスブルク家の管轄下）を担保領土（Pfandbesitz）としてマクシミリアンに託し、プファルツ選帝侯の位をフリードリヒ五世から剥奪したうでマクシミリアンに与える—と。

こうした背景のもと、一六二一年九月マクシミリアンは、歴戦の名将ティリー伯とともに自領の国境都市シュトラウビングを越えて上プファルツ領内に進攻した。君主不在のプファルツは瞬時に制圧され、その領土は、皇帝より総督（Kommissar）を任命されたマクシミリアンのもとに服することになる。同月三十日、皇帝は勅令を発布、選帝侯に対する領内等族の全義務を解除し、かわってマクシミリアンに臣従宣誓するよう命じた。

そして、一六二三年一月、レーゲンスブルクの選帝侯会議および翌月に開催された君侯会議において、皇帝は、諸侯らの抗議をなかば押し切る形で、プファルツ選帝侯の称号をマクシミリアンに授けた。同年四月六日、会議の議決を受け、上プファルツはバイエルンの担保領土となる。しかし、下プファルツについては引き続き現状維持のままに留まり、その処遇は未定とされた。さらに五年後の一六二八年二月二日、ミュールハウゼンの選帝侯会議を経て、上プファルツは帝国レーエンとしてマクシミリアンに授与され、正式にバイエルン領に併合されたのである(7)。

第三節　上プファルツ選帝侯領における再カトリック化政策

それでは、バイエルン公マクシミリアン一世は、上プファルツ領邦に対してどのような再カトリック化政策を施行したのだろうか。まずは、一六二一年九月、マクシミリアンによる上プファルツ占領直後の領内の様子について触れておきたい。興味深いのは、このときマクシミリアンが、敵地に侵入する征服者としてではなく、皇帝によって赴任された総督としての態度で臨んだことである。彼は次のように述べている。「陛下より任を受けた総督は、現時点ではまだ何事も把握していない(8)」。宗派についても、領民に対して寛容を保証する言明は避けたものの、カトリックを強要する意思は示さなかった。とすれば、その折の領民らの心中はいかばかりであったろうか。おそらく、一方では先君への忠誠心や今後に対する不安や諦観、他方では宗派的自由への解放感と期待感、これらの様々な感情が相克していたに違いない。というのも、上プファルツでは第二次宗教改革が成功しなかったためカルヴァン派の浸透が徹底しておらず、貴族、都市の住民、農民の大半はルター派信望者として留まっていたからである。

1　官吏組織

「一領邦一宗派」体制の原則のもと、一六二一年の時点では官吏は当然カルヴァン派で占められている。こうした状況下、マクシミリアンの腹心フォン・プライジング[9]を長とする代官統治府（Statthalterregierung）がアンベルク城で執政を始めた。このとき定められたのは、バイエルンから着任した官吏（カトリック派）と、プファルツの官吏（カルヴァン派）との、双方による「共同統治体制（Kondominat）」であり、カルヴァン派官吏の粛清について言及されることはなかった[10]。

したがって、既述したレーゲンスブルクの君侯会議の決議内容は、マクシミリアンによる再カトリック化政策の開始を意味している。彼がはじめに標的としたのは、カルヴァン派の宗務機関である教会参事会であった。なぜなら、教会参事会に対する領民の感情を知っていたからである。参事会の活動のひとつに、教理問答書の講和を中心とする領民への啓蒙教育があった。そこでマクシミリアンは、これを快からず思っていた領民の心情を味方にし、参事会員の権能を徐々に取り上げていったのである。しかも、参事会の聖職禄は都市民からの納税によるものであったため、彼ら全員が解雇されたときも領民から意義は起こらなかった[11]。

さらに二年後、一六二五年二月二日「非カトリック教徒の官吏追放令」が発布された。もとよりカルヴァン派は、「アウクスブルク信仰告白派」以外の宗派である。そこでマクシミリアンは「帝国内で、神聖なる規則によって固く禁じられ、そしてかつて一度たりとも認められたことのない宗派であるゆえに、余は、これらの者を追放する[12]」と述べ、カルヴァン派官吏を更迭した。代官統治府内をはじめ多くの都市や管区においてあらゆるカルヴァン派官吏が追放され、かわって、カトリック教徒が優遇されることにおいては森番や墓堀人に至るまで拡大した。このようにしてカルヴァン派の官吏は次々と放逐されていったのである。

2　イエズス会と上プファルツの住民

次に、上プファルツの住民に目を転じてみよう。ここではイエズス会士の果たした役割が看過できない。バイエルン軍による上プファルツ制圧の後、二人のイエズス会士が従軍神父としてアンベルク城に入った。そして早くも数週間後には、たとえ興味本位であったにせよ、都市アンベルクの住民たちがミサに訪れるようになったのである。占領から三か月後、イエズス会主催によるイエスの降誕劇が開催され、都市の若者もこぞって出演した。既は、兵士と住民がともに制作し、その設置場所は、好奇心旺盛な住民に弄られることのないように相談のうえで決められた。それほど多くの観客が見込まれたからである(13)。

このようにイエズス会士は活動の場を拡大させ、翌々年には、聖ゲオルク教会や聖カタリナ教会を筆頭に、ほとんどすべての教会がイエズス会のために開かれた。結果、領内では、例えば、午前中はカルヴァン派が、そして正午にはルター派が聖餐式を挙げ、さらに夕方はカトリック派がミサを司式する、というように宗派ごとに時間帯を区分して共同使用される「宗派混合教会（Simultankirche）」が存在するようになった。むろん摩擦が皆無であったわけではなく、たとえば、ミサの時刻前になるとルター派住民は、教会の時計の針を狂わせる、ミサで使用する道具を隠す、などの妨害行動に及ぶことがあった(14)。しかし、イエズス会の布教活動は粛々と進み、若者の教育の場へもその手は伸びた。一六二三年にラテン語学校を、一六二五年にはギムナジウムを、翌一六二六年には教員養成学校をアンベルクに開校させ、ルター派のマルティン学校は一六二七年に廃校とされた(15)。

さらにマクシミリアンは、一六二五年六月十六日、とくにカルヴァン派で禁忌とされていた「緊急洗礼」の司式を強要する勅令「緊急洗礼受容令」（Jachtaufemandat）を発布した。勅令の内容は、死産に接する機会の多い産婆だけでなく一般信徒に対しても、緊急時（臨終）における洗礼の方法を教授するものである。この勅令に対しては、とりわけ聖職者からの反発が強かったため、マクシミリアンは、さらに、「教会の祭壇において勅令文を〝正確に〟朗読することにより、居合わせた人々に〝完全に〟知らしめなければならない」と厳命している。[16]にもかかわらず、たとえば、アスト管区の牧師は勅令文の一部を故意に省略し、また、エスラン管区の牧師は数単語を付け加えて朗読した。[17]当然、彼らは解雇された。この勅令により、領内のプロテスタント聖職者のおよそ四分の一以上が追放されることになった。[18]

では、こうして聖職者を奪われた共同体の人々は、一体どのように対処したのだろうか。たとえばニッテナウ管区では、一六二六年、ボーデンシュタイン城にてユリウス暦による降誕祭が祝されたが、その折は貴族が説教師となった。荘園ブラントナーでもある貴族が説教を行っていたが、その流麗な口舌は評判を呼び、説教日には近隣住民が押しかけるように集った。また、都市ノイハウスでは仕立て屋が、農村プリッティングでは農民が説教師となった。このように、領内至る所でさまざまな階層の人が「全信徒祭司主義」を拠り所に、いわば、にわか祭司となって融通していたようである。[19]

3　一六二八年―領邦君主としての再カトリック化政策

一六二八年二月二日、前述したミュールハウゼンの選帝侯会議においてマクシミリアンは、上プファルツ（プファルツ・ノイブルク家所有のパルクシュタイン・ヴァイデンとプライシュタインを除く）とカム辺境伯領を帝国レーエンとして皇帝から受封した。翌月四日、アンベルクでの臣従宣誓（Erbhuldigung）の後、彼は、ここに正式に上プファルツの領邦君主となったのである。

いまや彼はルター派に対しても容赦せず、すでに二月二四日、カトリックへの帰依を求める催告状を布告していた。これに呼応して宗派尋問の波が領内を襲ったが、信仰に忠実な当時の人々の様子が今も残されている。以下に彼らの発言のいくつかを紹介しておこう。アンベルク市長のマイヤー「私は、心の中と同様、発言においてもプロテスタントに奉ずることを宣言する。もし何者かが私の良心と知を侵そうとするならば、その者は重罪を負うことになろう」。都市参事会の書記官フィヒトナー「信仰において、私はマクシミリアン閣下以外の主君を持っている。それは全知全能の神である」。商人バウアー「命の尽きるときまで汚れなき魂のままでいたい。なぜなら、天上界の書物に私の心の無垢たることを記されたいからだ。そもそもこの信仰は、この世においては皇帝カールも認めたものではなかったか」[20]。

また、臣従宣誓が行なわれた同日、プロテスタント書籍の供出も命じられた。翌一六二九年には一万冊以上に至るプロテスタントの書籍やパンフレット、ビラ等がアンベルクのナプブルク門の前で焼却され、さらに、翌々年には農村に至るまで大規模な巡察が実施された。結果、数万点におよぶ書籍、印刷物、写本、歌集、絵画などが没収されるに及んだが、査察を受ける前に、家屋の部屋の壁に書籍を埋め込んだ人々も少なからずいたらしい[21]。

マクシミリアンの上プファルツに対する再カトリック化政策の極点ともいうべき勅令は、一六二八年四月二七日発布の「宗教勅令（Religionspatent）」である。この勅令は、宗教和議の法諺に基づき、君主と臣民の宗派的合一を要求する、まさしく上からの改宗厳命にほかならなかった。その内容は、今後上プファルツはカトリック領土となる旨を宣言し、したがって全領民はこれに従うこと、受容できない者は半年以内に領外退去すべし、というものである。しかし、今までの催告状と同様この勅令も即座に効力を得ず、たとえばアンベルクではおよそ五百人の住民が非カトリック教徒のまま留まり続けた[22]。彼らはつねに代官統治政府によって監視の対象とされ、家屋内で聖書を読むことや往来で説教することなどを禁じられた。またグレゴリウス暦による四旬節では、ランツクネヒトが各住民の台所の鍋の中まで覗き、肉を食した者を殴りつけ、当局に通報した。これらすべての「違反者」は即刻投獄され、おかげで「きつね塔」という綽名のあったアンベルクの監獄塔の内部は、当時、プロテスタント住民で足の踏み場もなかったという[23]。

半年の期限終了からさらに五か月後、一六二九年三月二八日、ドラゴナード（Dragonad）が発令された。ドラゴナードとは、艱難辛苦を与えることを目的として、反乱の嫌疑のある人物の家に、数名の兵士が強制的に逗留するという、当時しばしば用いられた強硬手段である。マクシミリアン発令による最初のドラゴナードは、上プファルツでは一六二七年八月二五日、都市ケムナートで行われた[24]。改宗拒否を表明する住民の家に「ならず者」の兵士たちが逗留し、家人は、彼らに一日あたり二・五ポンドのパンと〇・五ポンドの肉を、飲料については無制限に差し出さなければならなかった。領内至る所でドラゴナードは行われ、兵士らが去った後は、野菜や果実などは言うに及ばず、雑草に至るまで、一切合切根絶えるほどであった。この、兵士らによる暴虐行為こそが、三十年戦争が十九世紀にシラーやフライタークらによってロマン化され、英雄らが繰り広げるパワー・ポリティクスのもと、苦しみにあえぐ「庶民の受難物語」に脚色されて語り継がれたゆえんであろう。結果、すべての都市は改宗した[25]。

一方、ラント繁栄の礎となるべき未成年者については慎重に扱われた。彼らは、日曜日と祝日毎にイエズス会士によって教会へと導かれ、また、人口減少を避けるため、領外移住を禁じられた。領外通学する児童についてはリストが作成され、彼らには、即刻、帰郷命令が通達された。帰郷後ただちに管区司祭に届出をしなければならず、以降、彼らには領外通学は許されなかった。禁を破った未成年者は、出生証明書を無効とされ、遺産相続も認められなくなる。にもかかわらず両親らは子供の帰郷を急かさなかったため、ティルシェンロイト管区では、領外通学児童九二名に鞭打ちの刑が執行され、また、ノイマルクト市長シュリッカーの娘は、母親とともに宗派転向を頑強に拒否したため、少女時代を監禁状態で過ごすこととなった[26]。

4　マクシミリアンと上プファルツの貴族

ここまでは、再カトリック化政策に直面した際の上プファルツの官吏、都市の住民、農民らの姿について確認した。それでは、貴族を取り巻く状況はどうであったろうか。

上プファルツの貴族は、十五世紀には領邦等族として議会で優勢な立場を獲得し、三十一の管区と十二の教区に分かたれた領内において、各管区の住民を庇護・支配していた。第二次宗教改革が上プファルツで成功しなかった理由のひとつに、管区における在地のルター派貴族らによる抵抗があったのである。都市アンベルクと宮廷所在都市ハイデルベルクとの間にはおよそ二五〇km の隔たりがある。この地理的状況から推せば、彼らとって君主とは身近な存在ではなく、肝要なのは自身の特権と自由の保全であったことは理解できよう。貴族らは独自に等族金庫を所有し、また、それらを管理・運営することを通じて、領内における実権を掌握していた。貴族の代表として彼らを統括していたのは、租税案件のみならず軍事分野における指揮権をも掌握していたラントマルシャル(Landmarschall) である。彼はまた、領邦議会における議長─兼─審議指導者として絶対的な力を揮っていた。

ところで、慣習では領邦議会の招集権は君主が持っている。これは換言すれば、君主でない者が議会の開催を要求するのは困難であることを示唆している。実際、一六二一年における臣従宣誓の際、マクシミリアンは議会の開催を等族に打診したが、拒否された[27]。しかし一六二三年、マクシミリアンが選帝侯位を得て、さらに上プファルツがバイエルンの担保領土となったのち、状況は変容した。一六二六年七月、先の選帝侯が帝国追放刑に処せられて以来、凍結状態にあった領邦議会が開催された。当時の議会の異名が「金銭議会」であったように、当議会の議題もまた「金銭」であり、マクシミリアンは、戦争による領内の荒廃を復興するための資金ならびに占領地への賦課金として、一八万グルデンの租税徴収を等族に承認させた[28]。ちなみに、戦争前夜の一六一五年、領内三万三千人の住民から徴収された租税額は七万六千グルデンである[29]。今回の租税額がいかに重税であったかが解る。

さらにマクシミリアンにとって有利に働いたのは、ラントマルシャルであるハンス・フリードリヒ・フックスが、かつての主君、亡命したフリードリヒ五世だけでなく、一六二六年上オーストリア領で勃発した農民反乱の首謀者とも内通したと嫌疑をかけられ、皇帝により逮捕された事件である[30]。ラントマルシャルを欠いた貴族らは、結集力と抵抗力を失った。マクシミリアンはこの好機を逸することなく、同年、領内すべての貴族の諸特権を皇帝の名において剥奪すると宣言し、領邦議会の招集も無期限で凍結させた[31]。議会が招集されないことは等族としての崩壊を意味し、彼らの紐帯は次第に脆弱化していかざるを得ない。このようにして、上プファルツの等族は骨抜きとなり、「社団（自律的な団体）」であることを停止され、個別に諸特権を付与される「分断された存在」となったのである。

さて、一六二八年一二月二三日、未改宗の貴族に対して、領外への移住期限を年末までとし、さらに、彼らの所領の売却期限を翌年の復活祭までと命じる最後通達が下された。ただし、領外移住者は、播種期や収穫期には所領の世話をするため入領が許可されており、改宗した分家や親族に自らの所領を託したうえで、領外に移住する貴族も少なからずいた。改宗貴族および領外移住した者たちの氏名と人数について、文書は現存しない。しかし、ヘーゲルによると、上プファルツのおよそ一八〇の貴族家系のうち、一六二九年五月一五日時点でカトリックに改宗したのは全体の三割に満たず、一六三〇年までには九三の貴族家系が領外移住を果たし、一方、同じ程度の人数が改宗したという[32]。移住先の多くは近隣のプロテスタント領邦、またはレーゲンスブルク、ニュルンベルク、バイロイトなどの都市であり、とりわけニュルンベルクには、時節を待ちつつ、「兄弟」である亡命プロテスタント貴族の扶養を行う共同体が多数存在していた。

だが指摘しておきたいのは、上プファルツでは、ほぼ同時期にベーメンで見られたような、きわめて大量の臣民による領外脱出は生じなかったことである。なぜなら、貴族らは必ずしも一徹にプロテスタントを信仰していたわけでなく、とくに立身を望む宮廷エリート層は、宗派転向に柔軟であったからだ。[33] とするならば、宗派化とは、そもそも表層的、形式的なものにすぎなかったという側面についてもじゅうぶん勘案したうえで検討されるべきであろう。

第四節　おわりに――マクシミリアンにみる再カトリック化政策の意義――

以上、バイエルン公マクシミリアン一世が、上プファルツ領邦に対して行った再カトリック化政策について論じた。ここで注目したいのは、マクシミリアンが上プファルツの人々に対して「早急に」カトリックを強要しなかった点である。つまり彼の政策は、三つの段階を経てはじめて完結されたと言い得る。以下で確認したい。

第一段階は、マクシミリアンによる上プファルツ入場で始まる（一六二一年）。この段階では、彼はたんに「総督として」上プファルツに赴任したことを強調した。宗派については、転向を仄めかす言動は無く、また領内治政については、カルヴァン派との「共同統治体制」を採るという、中立的な態度で臨んでいる。

第二段階は、マクシミリアンが選帝侯位を手にし、さらに上プファルツがバイエルンの担保領土となってより始まる（一六二三年）。以降、代官統治政府は上プファルツの聖職者や官吏の放逐に着手し、住民の宗教生活にも介入するようになった。だが留意すべきは、この段階ではマクシミリアンは、あくまでも「担保権者として」上プファルツに関与したことである。いわば彼の姿は、帝国の法と秩序を遵守する者として、宗教和議で認可されなかった宗派を禁ずる君侯としてのそれでしかなかった。したがって攻撃の矛先はカルヴァン派であり、ルター派住民の感情を盾として、自らの政策を推進した。

第三の最終段階は、上プファルツが正式にバイエルンに併合されてより始まる（一六二八年）。いまやマクシミリアンは「領邦君主として」、ルター派を含む上プファルツの全臣民にカトリックへの転向を要求した。

このように、マクシミリアンによる再カトリック化政策は、自身の法的立場と政治情勢に対応して進められていたことがいえる。一領邦の宗派問題が導火線となり、周辺諸国を紛争に巻き込みかねない当時の情勢下では、プロテスタント諸侯の干渉を避けるために慎重な態度こそが望ましかった。換言すれば、「総督、あるいは担保権者でしかない諸侯」による宗派強制は、帝国法によれば宗教和議に対する違反と解釈されかねなかったからである。くわえてマクシミリアンは、急速な宗派強制によって生じる人々の暴動を懸念したに違いない。当時の人々にとって宗派転向とは、相当な熟考や勇気、それなりの契機なくして踏み切れるものではなかったであろう。時を持たせて自発的な改宗を促す彼の政策は、センセーショナルなまでにプロテスタントを弾圧した同時代のハプスブルク家君侯たちの手法とは異なっている。

では、こうして進められた政策が、はたして当時の人々の精神の深淵にまで影響したのであろうか。明言はできない。だがここで重要なことは、たとえ帝国法上の資格と宗教和議の権威を借りたとしても、平時ではおよそ困難を極める宗派化が、勝者こそが至上となる戦時であるからこそ、かくも速やかに遂行されたという事実である。ゆえにマクシミリアンの再カトリック化政策は、かりに上プファルツ領内の多数の人が心底では宗派転向していなかったにせよ、けっして失敗であったとは言えまい。なぜなら、少なくとも、領内における貴族の政治力とプロテスタント教会の意義が失われたからである。宗派化を一応の「成功」に導くには、武威を背景にした等族制の解体という特殊な政治的環境と、それを活かす高度なテクニックの両方が必要だったのである。

それを示唆するのは、同じくマクシミリアンが軍事占領を行いながらも、宗派化の努力が水泡に帰した下プファルツである。上プファルツが貴族共和制に似た「身分制的」社会構造であったことは述べた。これは換言すれば、地域社会に君臨する貴族さえ骨抜きにすれば、個人的にはともかく組織的には抵抗できない庶民はこれに流されてしまい、瓦解せざるを得なかったことを意味している。対して下プファルツは、「絶対主義的」な領邦であった。そこでは大半が領邦君主の直轄領であり、議会も存在せず、臣民は君主と同じカルヴァン派の官吏を通じて君主に直接統治されていた。つまり、臣民は君主の「直臣」的な存在だったのである。ライン川右岸を占領したマクシミリアンは、都市ハイデルベルクを起点に下プファルツの再カトリック化を図ったが、その政策を庶民に届かせる手段に欠け、失敗に終わった。

本稿では、上プファルツの近代化については言及できなかった。規律や社会規範をもたらす宗派化は、近代国家が形成される上でひとつの鍵となる。したがって、まったく異なる運命を辿った、上・下両プファルツ領邦の近代化までの過程を比較・検討することは、今後の課題となろう。これらの考察は別の稿に譲ることにしたい。

（1）　Heinz Schilling, Die Konfessionalisierung im Reich. Religiöser und gesellschaftlicher Wandel in Deutschland zwischen 1555 und 1620, in: *Historische Zeitschrift* 246（*1988*）, S. 1-45.

（2）　Vgl. Wolfgang Reinhard, Gegenreformation als Modernisierung? Prolegomena einer Theorie des konfessionellen Zeitalters, in: *Archiv für Reformationsgeschichte* 68（1977）, S. 226-251., Ders., Sozialdisziplinierung-Konfessionalisierung. Ein historiographischer Diskurs., in: *Die Frühe Neuzeit in der Geschichtswissenschaft. Forschungstendenzen und Forschungserträge*, Nada Boskovka Leimgruber（Hg.）, Paderborn/München/Wien/Zürich 1997, S. 39-55, Anton Schindling und Walter Ziegler, Kurpfalz, Rheinische Pfalz und Oberpfalz, in: Anton Schindling und Walter Ziegler（Hg.）, *Die Territorien des Reichs im Zeitalter der Reformation und Konfessionalisierung, Bd. 5*, Münster 1993, S. 9-49. 踊　共二「宗派化論―ヨーロッパ近世史のキーコンセプト―」『武蔵大学人文学会雑誌』第四二巻第三、四号一〇九頁～一四八頁。渋谷聡「学界展望・近世ヨーロッパにおける戦争と国家形成―ヨーロッパ諸国家体系・宗派化・戦争」『西洋史学』二三八号、二〇一〇年、五一～六一頁。

（3）　バイエルン公マクシミリアン一世の伝記的研究として、Dieter Albrecht , *Maximilian I. von Bayern 1573-1651*, München 1998., Robert Bireley, *Maximilian I. von Bayern, Adam Contzen SJ und die Gegenreformation in Deutschland 1624-1635*, Göttingen 1975., Ders, *Religion and Politics in the Age of the Counterreformation. Emperor Ferdonand II., Willliam Lamormaini*

SJ and the formation of Imperial Policy, Chapel Hill 1981. また、三十年戦争期、マクシミリアンが行った宗派化政策を「理性」概念から分析した邦文研究として、皆川卓「三十年戦争期神聖ローマ帝国の政治的「理性」―戦争をめぐる帝国等族間の議事から―」甚野尚志・踊共二編著『中近世ヨーロッパの宗教と政治』ミネルヴァ書房二〇一四年、二五三頁～二七四頁。プファルツ選帝侯領との関係については、Meinrad Schaab, *Geschichte der Kurpfalz, Band 2: Neuzeit*, Stuttgart/Berlin/Köln 1985. , Volker Press, Die wittelsbachischen Territorien: Die pfälzischen Lande und Bayern, in: K. G. A. Jeserich u. a.（Hg.）, *Deutsche Verwaltungsgeschichte*, Band 1, Stuttgart 1983, 552-599. ,Ders., Soziale Folgen des Dreissigjährigen Kriegs in: W. Schulze（Hg.）, *Ständische Gesellschaft und soziale Mobilität*, München 1988, 239-268. 以上を参照。

（4）プファルツにおける第二次宗教改革については、前掲書の他に蝶野立彦「《隠れカルヴァン主義》紛争と反カルヴァン主義パンフレット―一六世紀後半のドイツにおける宗派的共生、対立、大衆的情報伝達」森原隆編『ヨーロッパ・「共生」の政治文化史』成文堂　二〇一三年、三七四頁～三九六頁に詳しい。

（5）Meinrad Schaab, Die Wiederherstellung des Katholizismus in der Kurpfalz im 17. und 18. Jahrhundert, in: *Zeitschrift für die Geschichte des Oberrheins* 1966, S. 148.

（6）一六〇六年、当時パリテート体制にあったドナウヴェルトにおいて宗教行事である「行列」を巡り、カトリックとプロテスタント両派の市民間で対立が激化し、市中騒擾へと発展した事件。結果、ドナウヴェルトは宗教和議の違反のかどで帝国追放令を受けるが、帝国法上の執行に先んじて、マクシミリアンはバイエルン軍を率いてドナウヴェルトを武力制圧し、その自治権を奪って強引に自領の領邦都市とした。

（7）ちなみにヴェストファーレン講和条約（一六四八年）ではプファルツ問題について、バイエルン公による選帝侯位と上プファルツ併合の保持については承認したが、下プファルツについては裁許せず、かわりにフリードリヒ五世の息子カール・ルードヴィヒに下プファルツを授けたうえで「八番目」の選帝侯とする、という形で決着した。

（8）Robert Dollinger, *Das Evangelium in der Oberpfalz*, Neuendetteslau 1952, S. 92.

（9）ヨハン・クリストフ・フォン・プライジング（Johann Christoph von Preysing 一五七六～一六三二年）は、バイエルンの宮廷官僚。枢密顧問官としてマクシミリアンに仕え、バイエルンが近代国家への道を拓くことに大きく貢献した。

（10）Friedrich Lippert, *Geschichte der Gegenreformation in Staat, Kirche und Sitte der Oberpfalz-Kurpfalz z. Zt. des dreissigjährigen Kriegs. Nach den Akten der kgl.Archiv*, Freiburug i. Br. 1901, S. 88f.

（11）Walter Ziegler, Die Rekatholisierung der Oberpfalz, in: H. Glaser（Hg.）, *Um Glauben und Reich*, Broschiert 1980, S. 440.

(12) Achim Fuchs, *Die Durchführung der Gegenreformation in der Oberpfalz*, Amberg 1978, S. 52.
(13) Philipp Schertl, *Die Amberger Jesuiten in ersten Dezennium ihres Wirkens (1621-1632)*, S. 115.
(14) Robert Dollinger, a. a. O., S. 96.
(15) Philipp Schertl, a. a. O., S. 157f.
(16) Friedrich Lippert, , a. a. O., S. 54.
(17) Robert Dollinger, a. a. O., S. 95.
(18) Ebd., S. 95.
(19) Matthias Simon, *Evangelische Kirchengeschichte Bayerns. 2 Bde.*, München 1942, S. 416.
(20) Robert Dollinger, a. a. O., S. 100f.
(21) Johannes Dollacker, *Das Ende der kurpfälzischen Herrschaft in der oberen Pfalz 1618-1621*, Amberg 1918, S.63f.
(22) Robert Dollinger, a. a. O., S. 102.
(23) Ebd., S. 101.
(24) Matthias Simon, a. a. O., S. 417.
(25) Ebd., S. 418.
(26) Philipp Schertl, a. a. O., S. 282.
(27) Karl Ambronn, *Die Landstände der Oberpfalz*, Amberg, S. 35.
(28) Robert Dollinger, a. a. O., S. 95.
(29) Ebd., S. 96.
(30) Felix Stieve, *Der Oberösterreichische Bauernaufstand Des Jahres 1626*, München 1891, Bd. 1,S. 230f.
(31) Walter Ziegler, a. a. O., S. 440.
(32) Matthias Hoegel, *Die Bekehrung der Oberpfalz durch Kurfuerst Maximilian I.* ,Nach Archiv-Akten bearbeitet, 2 Bände, Regensburg 1903, S. 150f.
(33) 当時の宮廷エリート層の内実については、皆川卓「新ストア主義はエリートの『規律化』に成功したか―バイエルン公マクシミリアン１世の枢密評議員を例に」森原隆編『ヨーロッパ・エリート支配と政治文化』成文堂　二〇一〇年、二四二頁～二五九頁に詳しい。

第12章　シュヴァーベン・クライスの「常備軍」
――近世後期独仏国境の領邦連合と共同防衛体制――

皆川　卓

第一節　集団安全保障モデルとしてのクライス軍制

スペイン継承戦争（一七〇一～一四）の最晩期の一七一二年、シャルトル近くのイエズス会ティロン修道院長サン・ピエールは、国王ルイ一四世の命によりユトレヒトの講和会議に交渉者として赴く直前、数年来書きためた草稿を一冊の本として出版した。列強に限らず、全ての国の同盟によってヨーロッパの平和を維持する仕組みを説き、ルソーやカントの国際連合論にインスピレーションを与えたとされる『ヨーロッパの永久平和のための計画』がそれである。この著書の冒頭に、彼は以下のように記す。「ドイツの主権者たちによる統治を検討してみて、私は次のことを見てとった。それはすなわち、かつて領邦国家団体を形成するのに見られた困難に比べて、今日ヨーロッパの国家団体を形成するのに、つまり前者の形成によってすでに比較的小さい規模で実現されていたことをもっと大きな規模で実現するのに、より大きな困難があるわけではない、ということである。[1]」

彼がそのように考えたのは、組織を構成する政治的共同体、つまり「邦（州）」が均質的なスイスなどに比べ、当時のドイツ、つまり神聖ローマ帝国では、大小の聖俗諸侯領邦や帝国貴族領、帝国自由都市など、「帝国等族」États impériaux と呼ばれる帝国構成員の雑多な領邦が連合し得たからである。[2] サン・ピエールはその連合を「ドイツ連合」Union Germanique と呼び、その仕組みについて、次のように言う。「加盟領邦は、票を投じたり連合の利益に役立つ提案をしたりする完全な権利を保持するために、まず複数の州を形成しなければならなかった。また各州の代表が順番に交替で、帝国最高法院や議会あるいは国の代表者会議の議長となることを申し合わせなければならなかった。この代表者会議とは、マクシミリアンとカール五世の治世のある時期における統治の名目で、議会の会期の間の期間をつなぐために設置されたものである（中略）彼らは皇帝を選出する際に、彼に次のような権能も、決して与えないことにしていたらしい。それはすなわち、皇帝自ら、もしくはその司令官によって、帝国の軍隊を指揮する権能、軍隊の全ての従事者を任命する権能、領邦国家団体の必要に応じて加盟領邦に対し、割当兵員の徴収を行う権能である（中略）また彼らは部隊を徴募する委任官を任命する権利や、主要将校の任命権も、自分のものとして残しておくことにしていた」。[3] つまり彼は「ドイツ連合」の基礎となる共同体は帝国等族の「州」であり、帝国の軍権は彼らに属していると理解したのである。

ここでいう「州」Cercle とは、帝国の各地域を一〇区分し、そこで領邦を領有する帝国等族を統合した一種の領域社団「帝国クライス」Reichskreis のことである。[4] 中でもフランスと接する西南ドイツのシュヴァーベン・クライスには、群小の諸侯や高級貴族、帝国自由都市がひしめき合い、一七世紀半ばまでその各々が自身の信仰によって皇帝やカトリック連盟、スウェーデンやフランスなどに宿営地を提供して安全を求め、四分五裂の状況になっていた。[5] しかし一六八〇年代以降、それらの領邦が共同軍を組織し、近隣のクライスとも同盟して自衛するようになる。サン・ピエールが関わったスペイン継承戦争では、フランスとその同盟国バイエルンに挟撃されながらも力戦し、フランス軍が撤退する一七〇四年まで彼らの侵攻に対抗した。[6]

しかしこうした共同軍は、最初から存在したわけでも、全てのクライスに備わっていたわけでもない。地域の武力抗争の取り締まりをクライスに命じた一五五五年の「帝国執行令」から17世紀前半までの大半の領邦は、常備軍を持たず、傭兵か選抜民兵による臨機的な軍事力を有するのみだった。したがってそうした軍事力を持たない帝国等族は、軍隊を自ら組織する傭兵隊長や、その時々にそうした傭兵隊長を雇用した皇帝や領邦君主、外国に対価を払って領邦の安全を委ねるしかなかった。そのため統帥権は常に外部者の手にあり、その所在も極めて流動的だった。[7]

クライスに属し、それぞれ領邦を領有する帝国等族「クライス等族」が、その合議体に統帥部の機能を持たせ、将校を任用して兵員の雇用を義務付け、組織された軍隊の維持を管理したのは、一七世紀末以降のシュヴァーベン、フランケンの両クライスのみである。一六八一年には神聖ローマ帝国全体でも、全土のクライスに帝国防衛を委ねる帝国軍制が制定されたが[8]、他のクライスがそれを放置する中、シュヴァーベン、フランケン両クライスは、共同の統制部を設立し、作戦に当たる司令官や将校を任用し、兵を補充し、兵站を準備し、将校や兵士にクライスへの忠誠を誓わせ、兵員数の大増減はあるものの解散することはなく、将校やベテラン兵士を中心に、数連隊からなる固有の軍隊を一八世紀末まで維持し続けた。つまりそれぞれほぼ自立した統治権を行使している複数の領邦が一世紀以上単一の軍隊を共有した、近世では例を見ない連合組織だったのである（ちなみにスイスは州＝カントンの軍隊の連合軍、オランダ陸軍は司令官オラニエ家への委任）。

北大西洋条約機構に安全保障を委ねる現在のヨーロッパ諸国がそうであるように、軍隊の超国家的組織による統合と共同管理が、防衛力の向上はもとより、組織内における個別的な軍事力の行使を阻むことは自明の理である。そして各国の関係がその軍事力の行使によって毀損されないことは、それ以上の両者の統合や融合の前提となり、独立戦争における「大陸軍」の設立によって州軍を一本化した後のアメリカ合衆国や第二次大戦後のヨーロッパ連合のように、上位の政治的共同体設立の条件にもなり得る。それは近世のシュヴァーベンでも同様で、クライス常備軍が設立される以前の諸領邦は、三十年戦争のように、信仰のためとあれば自前で調達できない軍事力を外部から呼び寄せてでも敵対したが、クライス軍設立後はそうしたことはなくなり、平和の下で共同の行政（ポリツァイ）や通商政策が発展していった。(9) しかしクライス常備軍については一九七四年のシュトルムによるシュヴァーベン・クライス軍の研究(10)が唯一のものであり、それ以外にはシュヴァーベン(11)及びフランケン(12)両クライスの制度史の中で部分的に論じられるに過ぎず、日本では一六八一年の帝国軍制設立計画を論じた求馬久美子の研究が触れているだけである。(13) そこで本稿では、シュヴァーベン・クライス軍に関するシュトルムの研究を中心として、我が国では未知のクライス常備軍の成立までの経緯とその制度を駆け足で紹介し、どのような条件のもとで領邦共同の軍隊が必要とされ、それが組織され、維持されたかを概観したい。

第二節　クライス「常備軍」の形成過程

ウェストファリア条約による三十年戦争（一六一八〜四八）の終結以後も、神聖ローマ帝国の領邦間には、宗派対立に起因する潜在的な対立が残っていた。分けても強引な再カトリック化を図って戦争の長期化をもたらしたオーストリア＝ハプスブルク家の皇帝に対する不信は強く、ウェストファリア条約自体もフランスとスウェーデンの保証を得て、初めて合意されたものであった。皇帝に対抗するためにマインツ大司教が主唱し、一六五八年に締結された「第一次ライン同盟」は、領邦君主の皇帝に対する強い不信感の現れであった。(14) また異なる宗派の領邦間の不信も強く、カトリック・プロテスタントが拮抗するシュヴァーベン・クライスでも、ウェストファリア条約の同数原理（パリテート）に倣って両宗派が別個に会議を持ち、宗派を超えた防衛のための連携を構想する場が存在しなかった。この状況を十二分に利用したのが、ウェストファリア条約の保証国フランスである。対スペイン戦に国力を傾注するフランスのマザラン政権は「第一次ライン同盟」に加入し、庇護者として振る舞うことで、同盟諸邦と友好関係を結び、ハプスブルク家の脅威を抑制していた[15]。

もっとも当時のシュヴァーベン・クライスに、共同軍を組織する経験が全くなかったわけではなかった。クライス等族、すなわちクライス所属の領邦から選ばれた代表者会議である「クライス会議」Kreiskonvent は、一五九三年から一六〇七年にかけて、帝国議会の決議を受け、当時軍隊管理の単位として広がりつつあった「連隊」Regiment を単体で編成し、対オスマン帝国戦に送り出している[16]。ただしこれらの連隊は目的限定の臨時の組織で、いずれも一年以内に解散された。その後の宗派対立によって、クライスによる連隊の編成は途絶え、先述のように両宗派陣営が自分の領邦を外部者の宿営地に提供して保護を仰ぎ、あるいは意思に反してその占領地となる時期が三十年戦争まで続く。当時の傭兵軍の構造に従って、クライス等族の領邦は軍税徴収の対象となり、非正規の略奪も加わり、重い負担が彼らの臣民にのしかかった。特に三十年戦争後期の皇帝軍によるそれは凄まじく、一六三七年のペストと相まって、シュヴァーベンは人口が半減する悲惨な状況を経験した[17]。等族にとってもその臣民にとっても、宿営地として搾取される恐怖は大きかったのである。

しかし一六六三年、オスマン軍による帝国侵攻の風聞をきっかけに、クライスは帝国議会からの要請を受け、再度連隊の編成を検討しはじめる。この計画は、一六六四年にオスマン軍がオーストリアに侵入した時に初めてクライス会議のカトリック・プロテスタント両部会で承認され、クライス等族は帝国軍役に従った分担金を支出し、中隊長を任命して傭兵を徴募させ、騎兵一個連隊三八六人、歩兵二個連隊三一四五人を組織し、対オスマン戦に送り出した。ただしここでも宗派対立は尾を引き、歩兵連隊はそれぞれカトリック等族とプロテスタント等族に分かれた上で、領邦混成の連隊・中隊編成が行われた。また一つしかない騎兵連隊についてはカトリックのフュルステンベルク伯が司令官となったが、同じく騎兵連隊の編成を希望したルター派のヴュルテンベルク公は、この騎兵連隊に自軍の騎兵を入隊させることを拒否し、「第一次ライン同盟」の分担分として別個に騎兵連隊を編成している。[18] これは軍隊編成に当たって、当時なお領邦の壁よりも宗派の壁の方が大きかったことを示している。これらの連隊は同年八月にオスマン軍が撤退すると解散された。

一六六四年のクライス軍は、帝国の伝統的な対オスマン防衛に従って編成・解散されたが、シュヴァーベン・クライスは一六七三年、これとは全く異なる理由でクライス軍を編成する必要に迫られることになる。その契機はルイ一四世のオランダ侵攻に始まる「仏蘭戦争」（一六七二〜七八年）であった。この戦争で外交的に孤立したオランダに皇帝レオポルト一世が手をさしのべ、同年五月にフランスに宣戦して皇帝軍を差し向けたため、フランス軍の矛先は帝国に向けられることになる。翌月帝国自由都市シュトラスブルク（ストラスブール）が、皇帝軍に防衛を依頼したことをきっかけに、皇帝軍が侵入してその補給地とされ、皇帝陣営に立たされることを恐れたシュヴァーベン・クライスはやむなくクライス軍を編成し、武装中立の名のもと、両陣営の軍隊進駐を拒否することを決定する。この決定はフランスにも事前に伝え、了解を得ていた。こうしてカトリック・プロテスタントの両クライス等族が、おのおの騎兵・歩兵各一個連隊、合計四連隊二五五四人を編成し、それぞれ宗派ごとに分かれてクライス内の要塞の守備についた。しかし翌一六七四年五月に帝国議会がフランスに宣戦したため、帝国軍としての参戦を拒否してフランス側と見なされることを恐れたクライスは、やむなく皇帝軍に合流する。皇帝軍の一部とされたクライス軍は皇帝の統帥権に従属させられ、クライスは皇帝軍や他の諸侯軍によって宿営地とされ、軍税を徴収される結果に終わった。[19]

仏蘭戦争は一六七八年の「ナイメーヘンの和」で終結し、皇帝軍に組み込まれたクライス軍も解散されたが、この結果帝国等族とフランス宮廷の間には、強い不信が生まれることになった。ルイ一四世はこれ以降マザラン以来の帝国等族庇護政策を放棄し、ライン川左岸領邦のフランス領への完全併合を目指すことになる。その標的となったのが、シュヴァーベン・クライスの西に隣接するエルザス（アルザス）であった。ルイ一四世は、ウェストファリア条約でフランスに譲渡されたエルザスの「ラントフォークタイ」（守護権）を根拠に、エルザスの群小領邦の領邦高権を否定し、主権的統治に切り替える「レユニオン政策」を展開する。(20) 一六八一年シュトラスブルクがフランスに併合されると、皇帝に促された帝国議会は、帝国と各クライスに軍事金庫を設置し、「武装等族」と呼ばれる帝国等族から軍の貸与を受けるなどして常備軍を保有し、帝国軍として拠出すべしとの見解を提示した。これが一六八一年八月の帝国軍制である。シュヴァーベン・クライスはクライス会議を開いてこれを受け入れたが、フランスの不興を恐れてなお軍隊の編成を躊躇していた。(21)

その彼らに軍隊の再編を余儀なくさせたのは、一六八三年の「第二次ウィーン包囲」である。シュヴァーベン・クライスはオスマン軍の進撃に対する皇帝の救援要請に従い、同年七月一六日に騎兵・歩兵各二連隊（騎兵各六中隊・計一〇〇七人、歩兵各一〇中隊・計四〇一四人）の編成を決定し、翌月には徴募を完了してウィーン救援に送った。この手続きは一六六四年のクライス軍編成に倣っていたが、異なる点が二つあった。一つはクライス等族の一人であるルター派のバーデン＝ドゥアラハ辺境伯カール＝グスタフを、初めて全連隊の上に立つクライス全軍の総監督に任命したこと、そして連隊の構成を見ると宗派毎の棲み分けが残っているにも拘わらず、連隊名から宗派区分を除いたことである。(22) この軍隊はウィーン解放の「カーレンベルクの戦い」には間に合わなかったが、一六八八年までハンガリー戦役に従軍し、ペシュトやモハーチの占領に加わった。この期間にクライス会議は隣接クライスと連携し、最終的には帝国の動向に関わらない共同の安全保障を模索している。また皇帝や武装等族、諸外国が対フランスで結んだ「アウクスブルク同盟」には加盟を拒むなど、極力フランスを刺激しないように努めてもいた。(23)

しかし一六八八年九月、ルイ一四世がプファルツ選帝侯領の継承権を主張して、同領内にある帝国の橋頭堡「フィリップスブルク要塞」を陥落させ、「大同盟戦争」（一六八八～一六九七）が勃発した時、対オスマン戦に軍隊を出しているシュヴァーベン・クライスには備えがなかった。フランス軍はプファルツから南下し、クライス最大の武装等族であるヴュルテンベルクの宮廷都市シュトゥットガルトを易々と占領してしまう。翌年一月、ハンガリー戦線を辞して急行したクライス軍によりシュトゥットガルトは奪回されたが、四連隊のクライス軍でフランス軍に抵抗できないのは等族も認識しており、クライス会議で対処策が打ち出された。すなわち隣接クライスとの連携を強化すること、皇帝と同盟を結んで現有のクライス軍を皇帝軍と合流させること、クライスを皇帝軍の冬営地として提供することなどである。だが一六九一年に皇帝軍は作戦上の理由でシュヴァーベンを去った。幸いフランス軍主力がネーデルラントに集中していたこと、「黒い森」が天然の障壁であることが幸いして、シュヴァーベン・クライスは、歩兵一連隊（一九四五人）、竜騎兵一連隊（四九一人）を増強するとともに、フランケン・バイエルン両クライスと「クライス同盟」Kreisassossiation を結び、辛うじてフランス軍の越境を免れた㉔。

しかし皇帝軍やクライス外部の武装等族に依存して防衛を図ることの限界は、クライス等族の間に共有されつつあった。この問題を解決するには、クライス自体の防衛を目的とし、固有の統帥権を備えた軍隊を常備しなければならない。経験を積んだ将校や兵士なしには、必要な軍隊の練度が維持できないからである。そうした機運を捉えてクライス固有の常備軍を保有する提案したのが、ヴュルテンベルクのクライス議官であった公法学者のヨハン・ゲオルク・クルピスである。その提案の背景には、自国が武装等族として保有する軍隊だけでは対フランス防衛は不可能であるという判断、そしてこの程度の軍隊でもヴュルテンベルクには過大負担のため、他のクライス等族にその一部を貸与することで、自らの負担を軽減する意図があった。一六九四年五月一一日、クライス等族全員が出席するクライス総会が招集され、全会一致で六連隊約七五〇〇人の現有兵力を「戦時・平時に拘わらず」クライス常備軍 miles perpetuus circuli として保有することを決議した。兵力不足は、クライス等族の臣民を領邦毎に動員して編成する六千人の選抜民兵で補うこととした。この常備軍の総司令官には、自クライスの等族の中で他に適任者がいないことから、皇帝軍司令官を務めるバーデン＝バーデン辺境伯ルートヴィヒ＝ヴィルヘルムが任命されたが、彼の権限は戦術上の指令に限定され、軍隊の維持管理と戦略の決定はクライスに留保された。[25] クルピスはクライス同盟を他のクライスにも広げるべく活動すると共に、一六九五年以降開始されたハーグやライスワイクでの和平交渉にも出席したが、シュトラスブルクの返還要求を掲げたため相手にされず、一六九七年のライスワイクの和平調印自体からも締め出された。クライスの大連合や独自の外交の道は閉ざされ、クライスには自衛組織としての役割だけが残ることになった。[26]

ライスワイクの和は、クライス常備軍が定着するかどうかの試金石であったが、結局将校の全てとベテラン兵士の大半は維持された。これは突然フランス軍に攻め込まれた大同盟戦争の経験から、クライス会議が新国境バーデンのケール要塞守備を自らに課したためであった。[27] 一七〇〇年にはスペイン王位継承問題が表面化し、戦争の危険を察したシュヴァーベン・クライスは、翌年五月にフランケン・クライスと武装中立協定を結び、歩兵連隊五、騎兵連隊三、計約一万一千の常備軍と六千の選抜民兵の動員を定め、翌月には徴募を完了してライン川沿いの守備に就く。この軍隊には、カトリックとプロテスタントの棲み分けは解消され、やや偏りはあるものの、両宗派が混在して連隊を構成した。その直後スペイン継承戦争が勃発する。クライス会議がクライス軍総司令官のバーデン＝バーデン辺境伯に対し、ライン川の防衛に当たることを命じると、皇帝軍司令官でもある彼はそれを理由として、フランスが築いたランダウ要塞を包囲し、クライスは再び戦争に巻き込まれた。[28] 一七〇二年九月にはバイエルン選帝侯がフランス側に立ち、東からシュヴァーベンに侵攻してクライス東部を占領する。これに対しクライス軍はランダウ要塞を陥落させたものの、一〇月には名将ヴィラールが率いる一万七千のフランス軍とバーゼル近くのフリートリンゲンで戦い、その進撃を阻みながらも大損害を受け、撤退せざるを得なくなる。翌一七〇三年にはフランス軍はバイエルン軍と合流し、シュヴァーベンの過半は両軍の占領下に置かれ、その宿営・軍税補給地とされた。しかしクライス軍は選抜民兵の動員とイギリスからの財政支援によって辛うじて崩壊を免れ、一七〇四年に南下した英蘭軍・皇帝軍と合流して同年八月の「第二次ヘヒシュテットの戦い」に加わり、その勝利によってシュヴァーベンは占領から解放された。[29] クライス軍はその後も二度のフランス軍の侵入を退けるが、戦線が他に移動した戦争後半は武装中立状態に戻り、ラシュタットの和にも不参加を通した。[30]

以後シュヴァーベン・クライス軍はクライス等族共有の常備軍として存続し、「外交革命」でフランスの脅威が消滅した七年戦争（一七五六〜六三）の終結後は、歩騎各一連隊にまで縮小されたものの、フランス革命戦争と共に以前の規模に増強され、フランス軍との休戦によって一七九六年に事実上解散されるまでクライスを防衛し続けた。[31]

第三節　クライス軍の統帥・組織形態・維持管理

一七世紀後半以降のクライス軍がそれまでの領邦連合の軍隊と大きく違う点は、中世の都市同盟のようにそれぞれの都市の周辺を自身の市民軍で守るのでも、近世の宗派同盟のように傭兵隊長を雇用して、彼自身か彼の雇用にあたった外部者にその統帥を委ねてしまうのでもなく、クライス自体が軍隊を保有し、将校を任命して兵士を徴募させ、欠員ができた時には補充し、兵站を補給し、戦略を立てて指示する点にある。クライス等族も戦術には職業的経験や能力が必要なことは分かっていたから、総司令官 Generalfeldmarschall 以下の幕僚 Generalstab（騎兵司令官General von der Kavallerie、砲兵司令官 Generalfeldzeugmeister、連隊長 Generalfeldmarschalleutnant、連隊検察官Generalauditor、少佐 Generalwachtmeister、幹部付大尉 Generalmajor など）を任命して委任したが、クライスが人事権と兵站を掌握し、司令官が勝手に軍税を賦課するのを禁止することで、その軍閥化を防止し、統帥権を留保したのである。皇帝や大領邦も、三十年戦争以降こうした形での自軍の統帥権の掌握を進め、常備軍化を図っていた。シュヴァーベンではクライス軍の発展と平行する一七世紀末、クライス内最大のヴュルテンベルク公領が常備軍の創設を進めており、クライス軍もまたその傾向に従っていた。[32]

帝国各地のクライス等族は、おおむね構成する等族（の代表）によるクライス総会 Kreisplenum ないしそれに委任された代表者会議のクライス会議を開催し、各等族一票（クライス会議の場合は出席者が委任票を行使）で決議を行うことが多かったが、シュヴァーベン・クライスも同様であった。クライス総会は聖界諸侯・世俗諸侯・修道院長・高級貴族・帝国自由都市の五部会から成っていたが、部会は意見を集約して総会や会議に委ねる調整の場で、最終決定権は総会にあり、事実上はその代表者会議であるクライス会議が作戦を除く全ての権限（開戦、動員、編成、補給、講和など）を掌握していた。公示事項担当（クライス総会・会議の招集役及び議長）であるヴュルテンベルク公とコンスタンツ司教は、各一票しか持たなかったから、全体の利益を無視して自領邦の防衛を優先することは不可能だった。[33]

対オスマン戦争や英蘭戦争、大同盟戦争初期のように、まだクライス軍が皇帝軍に組み込まれていた時期を除けば、クライス軍に開戦や作戦を指示できないのは、神聖ローマ皇帝も同じであった。クライス会議開催の際には、一般に皇帝代理が派遣されていたが、その形式的な任務は皇帝の要請を伝えることだけで、表決はもちろん提議にも加わることができず、真の任務は皇帝の伝統的権威を背景に、等族に対して行われるロビー活動であった。[34] 皇帝軍司令官の一人であるバーデン＝バーデン辺境伯の初代クライス軍総司令官への任命は、そうしたロビー活動の結果である。しかし大同盟戦争の勃発まで中立を志向し、皇帝軍の宿営を避けるために自前の軍事力保有に踏み切ったシュヴァーベン・クライスの等族が、あえて彼を選出したのは、フランスに攻め込まれて皇帝と結ぶしか選択肢がなかったことや、十分な戦歴を持つクライス等族が、大トルコ戦争の経験豊富な彼しかいなかったという事情もあった。もう一人の候補はクライス内で最大兵力を持つヴュルテンベルク公摂政フリードリヒ＝カールであったが、彼は一六九二年に武装等族として単独でフランス軍と戦い、大敗して捕虜になるという失態を演じていた。スペイン継承戦争ではその作戦行動によってクライスが皇帝側に引き込まれてしまうなど、バーデン＝バーデン辺境伯の任命はクライスの統帥権を脅かしたが、クライス会議は軍の人事権、監督権、補給権を留保し、会議内にそれを執行する軍事執行局 Kriegsdirektorium を設置した上、各連隊に監督官 Kriegskommissariat を置いて総司令官を補佐させ、対オスマン防衛と同盟した隣接クライスの防衛以外に、クライス外で活動することを認めないことで統帥権を守った[35]。

組織については、クライス軍もこの頃の武装等族や諸外国の軍隊と同様、連隊─中隊─兵士の入れ子構造をとっていた。「クライス軍」Kreismiliz という名のとおり、クライス等族の各領邦から動員した選抜民兵 Miliz で構成することを理想としたが、現実には傭兵で構成され、一六八〇年代には（事実上傭兵の）クライス軍が不足する場合に「領邦選抜民兵」（Landmiliz）で補うと規定されるようになった。スペイン継承戦争勃発時（一七〇一年）の定数では、歩兵連隊五（中隊数は各連隊一三）、騎兵連隊二（中隊数は各連隊八）、竜騎兵連隊一（中隊数は八）で、総兵力一〇七二二人であり（ただし実数は変動しており、翌年五月の査閲では八九六一人だった）、ほぼ全てが傭兵であった[36]。兵力的には同時代のヘッセン＝カッセル、ハノーファー、プファルツといった中規模の武装等族と同等で、フランスはもとより皇帝にも遠く及ばないが、多方面作戦や機動作戦を行う列強の軍隊とは異なり、シュヴァーベンはライン川、ドナウ川、アルプスや「黒い森」といった天然の障害に守られ、その切れ目を集中的に防衛すれば十分だったので、これで事足りたのである。戦時の中隊の定員は歩兵一四〇人程度、騎兵七〇人程度であるが、平時には未熟練兵を中心に各半数が削減され、全体も戦時の一万強から五千程度（実数はその八割程度）となった[37]。したがってスペイン継承戦争の経緯が示す通り、単独で列強と野戦を連戦するのは兵力的に困難で、「後詰め」として働いてくれる列強や他の武装等族との連携は不可欠だった。

なおクライス軍は常備軍を保有する武装等族の軍隊を組織ごと寄せ集めたもの、という理解があるが、シュヴァーベンについては誤りである。もちろんクライス内の武装等族はクライスに自軍の一部を提供しており、その割合は全軍の三分の一程度に達した。砲兵（Artillerie）も武装等族が担当し、大同盟戦争ではヴュルテンベルク、ウルム市、アウクスブルク市が各々一二門、六門、五門（計二三門）の野砲とその砲兵を送っている。[38] しかし彼らは連隊を丸ごと提供していたわけでも、自己分担分に独自の命令権を持っていたわけでもない。統帥権はクライス会議、指揮権はクライス総司令官に存した上、提供元領邦の単位で出向しているのは中隊までであり、どの連隊も各領邦から提供された中隊が混成され一つの連隊を編成していた。例外はヴュルテンベルクが一三中隊中一一中隊を出している「ライシャッハ歩兵連隊」だけである。[39] 一つの中隊を満たすほどの兵数も提供できない非武装等族については、共同で一人の中隊長を任命し、兵員を徴募させた。したがって特定の領邦がクライス軍の中で自国軍を勝手に動かすことは、組織上不可能であった。

組織の維持に重要だったのは中隊長を初めとする将校、下士官の任命と、彼らによる兵士の補充である。これらは基本的に全てクライス等族が自分の負担分について責任を持ち、クライスがそれを監督した。中隊を丸ごと負担する武装等族は、その中隊の将校や下士官を独断で任命したが、一つの中隊すら満たし得ない非武装等族は、その中隊の負担兵員数に応じて将校や下士官の任命権を分け持った。一六八三年の第二歩兵連隊第一〇中隊二〇〇人の例で見ると、メミンゲン市（七七人）が大尉（中隊長）一、曹長一、旗手一、事務官一、軍医一、伍長二、軍楽員二、事務官従卒四、上等兵一〇、ラーフェンスブルク市（四〇人）が旗手一、兵曹一、伝令官一、伍長一、上等兵五、ケンプテン市（二八人）が中尉一、伍長一、鼓手一、上等兵三、カウフボイレン市（二八人）が曹長一、伍長

一、鼓手一、上等兵三、イズニ市（二一人）が伍長一、上等兵一、ロイトキルヒ市（六人）が上等兵一といった具合である。この基準は一七三二年にはクライス全体で規格化された。貴族身分の将校は、貴族化が進んだ一七三二年の例では少佐以上の幕僚が騎兵連隊で一〇〇％、歩兵連隊で八五％であったが、大尉 Hauptmann になるとそれぞれ七七％、六一％、中尉 Leutenant になると五五％、三三％に低下した(40)。兵士の徴募は中隊長（主に大尉・中尉）に委任され、一六八六年～一七一一年の場合、手付金として歩兵一人当たり二四グルデン、給与として月四グルデンをクライス金庫から支給された。彼らの訓練は連隊の責任で行われた。こうして創設当初は武装等族の軍隊の貸与を受けていた非武装等族についても、クライス軍が常備軍化される中で自分の負担する中隊が固定化され、その中で将校や下士官、兵士が訓練や戦歴を積むことにより、次第にクライス軍将校・兵士としての自己認識を高めることとなった(41)。

クライスが統帥権を保持するには固有の管理制度がいる。具体的には軍隊を監督する査閲や軍事法廷である。総司令官以下の幹部を監査するのは、クライス軍事執行局から軍に派遣された軍事諮問委員 Militär-inquisitionskommission で、必要に応じて諮問を行う権利を有していた。また軍隊の査閲については、同じく査閲官 Generalkriegsinspektor が任命され、総司令官から独立して業務に当たった(42)。体刑は他の軍隊並に行われたが、厳しく脱走を監視することはなく、欠ければクライス等族が自分の中隊長に命じて代わりを探した。プロイセン軍人として革命フランスに潜入し、感化されたのち、一七九五年にシュヴァーベン・クライス軍の伍長となったラウクハルトによれば「シュヴァーベン軍では兵士の誠実さに多大の信頼をよせているのが、私にも分かった。とっとと逃げ出すようなことは前提になっていないわけで、だから閉じ込めたり、特別に監視されることはなかった」(43)。一方司法については、戦時の場合に限り連隊の検察官 Regimentauditor において犯罪の糾明が行われ、それに基づいて連隊長が主催する連隊法廷 Regimentsgericht がそれを裁いた。この判決に不満な場合にはクライス会議が上訴機関となった。一方平時においては、連隊にもクライスにも裁判権はなく、その罪が犯された領邦の正規の法廷で裁かれ、判決の執行のみがクライスの手で行われた。平時の軍事法廷優位はなかったわけである[44]。

兵站についても、兵員が宿営する領邦がそれぞれの責任で補給したのではなく、クライス会議が兵站委員（上級兵站委員 Oberproviantkommissar と兵站役 Proviantamt）の任命を行い、その費用はこの会議が管理する「クライス金庫」に収められた軍税から支出されていた。ただし等族の支出サボタージュや兵站委員の中抜きが横行し、フランスなどに比べると病院などのインフラも不備が目立ったようで、先述のラウクハルトはこれを厳しく糾弾している[45]。またクライス軍はクライスの防衛に限定された軍隊だったから、軍費は原則としてクライス内の人頭税（一般税と臨時税の二種類のクライス税）を納めたクライス金庫より支出され、武装等族が行った列強への傭兵の有償貸与（いわゆる「兵士貿易」）はもとより、クライスの外に占領地や宿営地を作ってそこに軍税を課すこともせず、それによって生じる「戦争が戦争を養う」状態が生まれなかった。そのためクライスは慢性的な財政難で、これが兵員の増強を阻む要因になっていた[46]。

最後に軍隊の統合に不可欠な帰属意識を一瞥してみよう。契約という傭兵共通の帰属意識を除けば、もっとも重要な要素は組織に対する構成員の貢献意識、すなわち忠誠である。忠誠は普通「誠実宣誓」Treueid によって表明されるが、シュヴァーベン・クライス軍に属する将校や兵士が、入隊や査閲の時に義務付けられた宣誓の相手は、場合によって異なっていた。自分の連隊や中隊がクライス軍として召集されておらず、あるいはクライス軍として活動していても、自分の出身領邦において勤務に就いている場合、将校や兵士は自分の出身領邦の統治者に宣誓を行った。これは彼らの帰属意識が領邦からクライスに移行してしまうことを防ぐ最低限の措置だったと考えられる。それに対しクライス軍として出身領邦以外で勤務中の場合は、クライス等族全体あるいはクライス自体に忠誠の宣誓を行った。帝国や皇帝に対する宣誓は、クライスが帝国軍の一部として従軍している場合でも、原則的に行われなかった。七年戦争では皇帝側に立った帝国軍の一部として、シュヴァーベン・クライスも軍を組織しているが、マリア＝テレジアがクライス軍に「皇帝と帝国」に対する忠誠宣誓を求めたのに対し、クライス軍の司令部は、帝国執行令において「クライス軍は『皇帝と帝国』に対してではなく、クライス等族の命令にのみ従う」こと、「『皇帝と帝国』ではなくクライスが軍費を負担していること」を理由に宣誓を拒絶した。クライス軍はクライス等族の共同体あるいは領邦連合の原則に基づき、皇帝を頂点とする帝国の忠誠の体系から自立していたのである[47]。七年戦争では帝国軍はプロイセン軍の前に敗北を重ね、「逃亡軍」Reißausarmee と嘲笑されることになるが、これはもともと彼らの忠誠が帝国ではなくクライスに向けられ、将校にも兵士にもホームを離れて戦う理由が理解されていなかった事情を考慮する必要があろう。

第四節　まとめ

連合した諸領邦が保持し、統制したシュヴァーベン・クライスの常備軍は、その成立過程から明らかなように、国連平和創設軍のような新しい理念的な試みでは全くない。①敵対するハプスブルク・ブルボン両勢力の間に位置し、安全保障政策が不可欠であったこと、②傭兵軍団や外国軍など、自らが統制できない軍隊を宿営させて自衛するというそれまでの方法が、一方的な軍税の搾取や意図しない戦争の危機をもたらすという認識、③周辺諸国では常備軍が創設され、国家的な軍制が確立しつつあったのに対し、群小領邦にはそれに対抗する軍隊を保有できない現実、④領邦間の軋轢を生んでいた宗派対立が沈静化しつつあった環境、そして⑤クライス制度自体が諸領邦の共同意思決定のフォーラムであり、相互の意思疎通が日常化し、共同政策が容易であったこと、などの条件の下で、現実的な制度として選択されたのである。クライス軍の常備軍化については、同時に並行していた帝国軍制設立の機運の影響も重要であるが、それを帝国国制としてのみ捉えるのは[48]、法的根拠を盾に全てを国家の一部と見なす「帝国＝ドイツ国家」的な結果論で、この地域の地政学的条件による必要の方が主要因であったと見るべきである。

周辺諸国との軍事的な情報交換が絶えないこの地域のクライス軍制は、編成や徴募、管理制度において、周辺諸国のそれと同様に編成されており、兵力相応の戦力を有していた。異なるのは超国家的組織であるクライスが統帥権を保有していたこと、帝国国制や主権国家体制を前提とした外の支援を計算に入れ、安全保障に必要な最小限の軍事力に留まっていたことである。だから軍事的必要が財政の発展を促し、そこから強引に集権化がおし進められるという、当時の西欧を覆う「財政軍事国家」のサイクルも、その重圧がもたらす兵士へのパノプティシズムも、ここではほとんど起きなかった。むしろ内外の緩やかな協力の下に構成員の自立を温存し、コストを最小化する方向で安全保障を実現した例として、方向性の重なる国家連合理論に実証性を与えたといえる。その帝国分析の正誤はともかく、ユトレヒト条約後のヨーロッパの新秩序を思い巡らしていたサン・ピエールは、観察者としてそのように解釈したのである。

（1）Charles-Irénée Castel abbé de Saint-Pierre, *Projet pour rendre la Paix Perpétuelle en Europe*, Marchand, 1712 (reprint Fayard 1986), p. 12: "*En examinant le Gouvernement des Souverains d'Allemagne, je ne trouvai pas plus de difficultez à former de nos jours le Corps Européen, qu'on en trouva autrefois à former le Corps Germanique, à executer en plus grand ce qui étoit déja executé en moins grand.*"（本文引用は基本的に本田裕志訳『サン－ピエール　永久平和論1』京都大学学術出版会、二〇一三、八頁に従ったが、テクニカルタームや独仏国家思想史の現況に鑑みて行き過ぎた意訳は改変した。）

（2）Saint-Pierre, *Projet pour la Paix*, p. 63. サン・ピエールの構想における神聖ローマ帝国の影響についてはRobert J. Weston Evans/Peter H.Wilson (eds.), Peter Schröder, The Holy Roman Empire as model for Saint-Pierre's Projet pour rendre la Paix Perpétuelle en Europe, in: *The Holy Roman Empire 1495-1806. A European Perspective*, Brill, 2012, pp. 35-50に詳しい。

（3）Sant-Pierre, Projet pour la Paix, pp. 59-60: "*Le premier, c'est que les membres, pour se conserver une entiére liberte de donner leurs suffrages, et de faire des propositions utiles au bien de l'Union, devoient former dès-lors les Cercles, et convener que le Dèputé de chaque Cercle seroit tour Président de la Chambre Imperiale de la Diette ou de ce Conseil representatif de la Nation, qui dura quelque tems du Regne de Maximilien et de Charles-Quint, sous le nom de Regence dans le intervalles qui se rencontroient entre-les differentes Diettes...c'est qu'ils ne devroient jamais, en élisant l'Empereur, lui donner, ni le pouvoir de nommer à tous les emplois de l'Armée, ni le pouvoir de lever sur les membres les contingens pour les necessitez du Corps... ils devoient se reserver le droit de nommer des Commissaires pour lever les contingens; ils devoient se reserver la nomination des principaux Officiers."*（本文引用は本田訳、七二～七三頁に従ったが、注（1）と同様に改変)。なお文意とサン・ピエールの同時代の帝国国制から見ると、Conseil representatif（represéntative）de la Nation は帝国代表者会議 Reichsdeputationstag のように見えるが、「マクシミリアンとカール五世の治世のある時期に」とあることと Regence という言葉から、この時期に帝国等族と帝国クライス代表が構成した帝国統治院 Reichsregiment（一五〇〇～一五〇二、一五二一～一五三〇）の可能性が高い。サン・ピエールは両者を連続関係にあるものと見ているのだろう。彼はこの箇所で、これらの制度の運用に際し皇帝が権威を及ぼしていることを、帝国国制のヨーロッパ的拡大を妨げる「欠陥」と見なし、帝国国制が抱えているパターナリズムとフェデラリズムの矛盾を鋭く突いている。

（4）一七世紀以降のクライス一般を扱った研究として、Winfried Dotzauer, *Die deutschen Reichskreise in der Verfassung des alten Reiches und ihr Eigenleben (1500–1806)*, Darmstadt 1989, pp.28–46, Helmut Neuhaus, *Reichsständische Repräsentationsformen im 16. Jahrhundert. Reichstag-Reichskreistag-Reichsdeputationstag*, Berlin, 1989, pp.493–525及び渋谷聡『近世ドイツ帝国国制史研究』ミネルヴァ書房二〇〇〇、一四七～一五七頁。

（5）シュヴァーベン・クライスの概要についてはDotzaucr, *Reichskreise*, pp.205–236, 一七世紀前半の状況はAndreas Neuburger, *Konfessionskonflikt und Kriegsbeendigung im Schwäbischen Reichskreis. Württemberg und die katholischen Reichsstände im Südwesten vom Prager Frieden bis zum Westfälischen Frieden (1635–1651)*, Stuttgart, 2011, pp.193–218.

（6）一七世紀後半の同クライスの発展については、James A. Vann, *The Swabian Kreis, Institutional growth in the Holy Roman Empire, 1648–1715*, Bruxelles, 1975.

（7）Johannes Burckhardt, *Der Dreißigjährige Krieg*, Frankfurt a.M., 1992, pp. 20–28.

（8）Karl O. Aretin, *Das Alte Reich 1648–1806, vol.1, Föderatistische oder hierarchische Ordnung 1648–1684*, Stuttgart, 1993, pp. 289–294, 求馬久美子「一六八一／八二年『帝国軍制について―』一七世紀後半のドイツにおける帝国防衛体制」『西洋史論集』

一（一九九八）三四～五九頁。

(9) Bernd Wunder, Der Schwäbische Kreis, in; Peter Claus Hartmann (ed.), *Regionen in der frühen Neuzeit* (Zeitschrift für historische Forschung, Beiheft 17[1994]), pp.22-39.

(10) Peter-Christoph Storm, *Der Schwäbische Kreis als Feldherr*, Berlin, 1974

(11) Heinz-Günther Borck, *Der Schwäbische Reichskreis im Zeitalter der französischen Revolutionskriege*, Stuttgart, 1970, Bernd Wunder, *Frankreich, Württemberg und der Schwäbische Kreis während der Auseinandersetzungen über die Reunionen (1679-97)*, Stuttgart, 1977, Reinhard Graf von Neipperg, *Kaiser und Schwäbischer Kreis (1714-1733)*, Stuttgart, 1991.

(12) Hans Hubert Hofmann, Reichskreis und Kreisassoziation. Prolegomena zu einer Geschichte des fränkischen Kreises, in; *Zeitschrift für bayerische Landesgeschichte*, 25 (1962), pp.377-413, Bernhard Sicken, *Der Fränkische Reichskreis. Seine Ämter und Einrichtungen im 18. Jahrhundert*, Würzburg, 1970, Rudolf Endres, *Der Fränkische Reichskreis*, Augsburg, 2004.

(13) 脚注（8）参照。

(14) Anton Schindling, Der erste Rheinbund und das Reich, in; Volker Press, Dieter Stievermann (eds.), *Alternativen zur Reichsverfassung in der Frühen Neuzeit*, München, 1995, pp.123-129.

(15) Storm, *Kreis als Feldherr*, pp. 72-76, Aretin, *Das Alte Reich, vol.1*, pp. 209-235.

(16) Ernst Langwerth von Simmern, *Die Kreisverfassung Maxiilians I. und der schwäbische Reichskreis in ihrer rechtsgeschichtlichen Entwicklung bis zum Jahre 1648*, Heidelberg, 1896, pp.144-152, 渋谷、前掲書一〇九～一二五頁。

(17) Wolfgang von Hippel, *Bevölkerung und Wirtschaft im Zeitalter des Dreißigjährigen Krieges. Das Beispiel Württemberg*, in; Zeitschrift für historische Forschung 5 (1978), pp. 413-418.

(18) Storm, *Kreis als Feldherr*, pp. 76-79.

(19) Ibid., pp. 80-84.

(20) Heinz Schilling, *Höfe und Allianzen. Deutschland 1648-1763*, Berlin, 1989, pp. 235-240, Aretin, *Das Alte Reich*, vol.1, pp. 280-286, pp. 408-409.

(21) Storm, *Kreis als Feldherr*, pp. 86-87.

(22) Ibid., pp. 88-89, pp. 317-319.

(23) Ibid., pp. 89-91, Aretin, *Das Alte Reich, vol.2, Kaisertradition und österreichische Großmachtpolitik (1684-1745)*, Stuttgart,

1997, pp. 22–23, p. 25, p. 29.

(24) Storm, *Kreis als Feldherr, pp. 91–92*, Aretin, *Das alte Reich, vol.2*, pp. 73–74.

(25) Storm, *Kreis als Feldherr*, pp. 92–96.

(26) Ibid., pp. 96–97, Aretin, *Das Alte Reich, vol.2*, pp. 76–85.

(27) Storm, *Kreis als Feldherr*, pp. 97–98.

(28) Ibid., pp. 98–100.

(29) Ibid., pp. 100–104.

(30) Ibid., pp. 104–107.

(31) Borck, *Der Schwäbische Reichskreis im Zeitalter der französischen Revolutionskriege*, pp. 68–127, Peter H.Wilson, *War, State and Society in Württemberg (1677–1793)*, Cambridge University Press, 1995, pp. 21–22.

(32) Wilson, *War, State and Society*, pp. 109–119.

(33) Storm, *Kreis als Feldherr*, pp. 127–136, pp. 146–150.

(34) Ibid., pp. 129–130. クライスにおける皇帝のロビー活動は、皇帝に防衛を依存する志向の強い聖界等族と、クライス等族による自衛を志向するプロテスタント等族の内部対立を引き起こし、しばしばクライスの防衛機能を混乱させた。Neipperg, *Kaiser und Schwäbischer Kreis*, pp.79–121.

(35) Storm, *Kreis als Feldherr*, pp. 158–181, pp. 209–214, pp. 227–234, Wilson, *War, State and Society*, pp. 121.

(36) Storm, *Kreis als Feldherr*, pp. 236–238.

(37) Ibid., pp. 48 50, pp. 260 263.

(38) Ibid., pp. 324–329, pp. 439–446.

(39) Ibid., p. 327.

(40) Ibid., pp. 352–360, pp. 406–407.

(41) Ibid., pp. 275–288.

(42) Ibid., pp. 232–234.

(43) クリスティアン・ラウクハルト（上西川原章訳）『ドイツ人の見たフランス革命――従軍兵士の手記』白水社　一九九二、三八六～三八七頁。

(44) Storm, *Kreis als Feldherr*, pp. 535-544.

(45) Ibid., pp. 455-466, ラウクハルト、前掲書、三八七～三八八頁。

(46) クライス税制についてはStorm, *Kreis als Feldherr*, pp. 467-491. 兵士貿易についてはWilson, *War, State and Society*, pp.74-96. 「戦争が戦争を養う」状態については鈴木直志『広義の軍事史と近世ドイツ』彩流社　二〇一四、一三九～一五三頁。

(47) Storm, *Kreis als Feldherr*, pp.114-122.

(48) Wunder, *Die Kreisassoziationen 1672-1748*, in, Zeitschrift für die Geschichte des Oberrheins 128 (1980), pp. 167-266.

第13章　ロシアにおける世論政策の試み

――ナポレオン戦争を背景として――

池本今日子

第一節　世論政策としての宗教政策

ロシア皇帝アレクサンドル一世（在位一八〇一―二五）の宗教政策を、ナポレオン戦争を背景とした世論政策の一環として読み解くことが本章の課題である。それにより、帝国の統合とヨーロッパの統合に関する彼の姿勢を考察することもできるであろう。

彼は一八二〇年ごろまで、外交でヨーロッパ諸国の統合を目指す一方、ロシアを含むヨーロッパ諸国に立憲君主制を確立することを理想とした。ロシア帝国の憲法案を三度作成し、ポーランド会議王国の憲法を制定し、フランス王政復古に際して国民主権の導入を提唱し、西南ドイツ諸国の憲法制定を助けた。一八一五年九月に彼が提案した神聖同盟条約案は、政治的には、彼のヨーロッパ構想と憲法計画の一つであった(1)。

この神聖同盟条約には、普遍的キリスト教を統治の原則とするという精神的宗教的側面もあった。このような側面は立憲君主制への志向とどのように関連するのだろうか。

神聖同盟条約は、一八一二年に設置された超教派的な聖書協会や、宗教＝国民教育省（一八一七―二四）とともに、戦後の宗教政策の要となった。その政策の展開は、立憲君主主義を尊重するアレクサンドルの姿勢と相容れない。神聖同盟条約と関連して、ドイツの学生運動を非難したロシア側の文書が流出し、西欧の新聞紙上でロシアへの批判を招いた。国内では、カザン学区総監ミハイル・マグニツキーにより、信仰と結びつかない大学教育への弾圧が生じた。アレクサンドルが個人的に神秘主義に傾倒したこともあり、従来、戦後の宗教政策は、非理性的、反啓蒙的、また反動的と断じられがちであった。(2)しかし、政策の意図に関する研究に目を転じると、聖書協会や神聖同盟条約を社会の改善策と見なす成果が存在している。

すでに一九世紀後半に、アレクサンドル・プイピンは聖書協会を、自由主義的な社会形成につながる試みと評した。ソ連期に、神聖同盟条約と聖書協会の目標は革命を予防することにあると考え、憲法制定を促す外交方針と結びつけたのは、ヴラドレン・シロトキンである。(3)

ソ連崩壊後には、アメリカのアレクサンダー・マーティンが、神聖同盟条約と宗教＝国民教育省に関与したアレクサンドル・ストゥルザを取り上げて、その思想の根幹には、道徳の再生により平和と平穏を目指すという壮大で野心的な社会改革構想がある、と論じた。(4)ロシアのエレナ・ヴィシレンコヴァは、二〇年代までのアレクサンドル一世の宗教政策の根本を「普遍キリスト教国家」主義と呼んだ。それは本質的には、「自由と法に基づいた」「国家の諸関係」の改革を、フランスにおけるような「社会的紛争や動揺なしに」「道徳的啓蒙」によって成し遂げることを目指すものであったと指摘した。また、彼の農奴解放への指向をこの理論の一環として捉えた。さらに、彼女は、一八一二年の戦闘その他の活動によって攻撃的になった人心を収めるための社会への働きかけ、という観点からも戦後の宗教政策を論じた。(5)

外交や内政と戦後の宗教政策とは深い関係にあると見る点で、シロトキンとマーティン、ヴィシレンコヴァの三者は共通する。一方、シロトキンが憲法を外交と内政の結節点と見なしたのに対して、後者二人は普遍キリスト教的な思想が外交に影響を与えたという、より伝統的な見解に従った。[6] 聖書協会と神聖同盟条約の基本理念として宗教による社会対策の側面を強調するのも後者二人である。そもそも、シロトキンの関心は外交における憲法政策に、ヴィシレンコヴァとマーティンは宗教政策ないし精神面にある。マーティンのアレクサンドル一世への言及は間接的でもある。したがって、アレクサンドルの宗教政策を非理性的と決めつける見解は修正されてきているとはいえ、外交、憲法、宗教にわたる彼の意図が総合的に解明されたとはいえない。

彼の治世に世論が重要になってきていることも指摘されている。シロトキンは、後述のアダム・チャルトリスキが主導した定期刊行物の発行を、ヴィシレンコヴァは、ミハイル・スペランスキーによるフリーメーソン・ロッジの設立を世論形成策として取り上げた。[7]

本章はこれらの先行研究に触発され、憲法政策や外交と社会政策としての宗教政策の関連を探る。アレクサンドルの世論政策を治世初期からたどることにより、この関連性はより明確になる。宗教政策では、聖書協会と神聖同盟条約に焦点を当てる。[8] それにより、戦後の宗教政策に関するアレクサンドル一世の、少なくとも当初の意図に接近できる。この二つの政策は戦後初期に実施され、なおかつ、彼が熱心に細部まで関与したからである。[9]

一八世紀から一九世紀への転換は、大きく言えば、普遍主義から個の尊重へ、啓蒙主義からロマン主義へ、理性から情緒へ、国家から民族へ、コスモポリタンからナショナリズムへの変化の時期であった。アレクサンドルはコスモポリタンと言われる。[10] ナショナリズム発生期にあたるナポレオン戦争の時代に、彼が帝国の統合やヨーロッパの統合に対してどのような姿勢をとったかについても明らかにする。

第二節　世論政策の始動

「世論（l'opinion（public））」が重要性を得たのは、一八世紀後半のフランスにおける王権と高等法院の対立においてであった。大革命の時代に、世論は諸権力を超越する権威としてますます政治的重要性を増した。そのような重要性の源泉はその観念の曖昧さにあった。一八世紀の啓蒙主義者は世論をエリートの理性的な意見と見なしたが、七〇年代になると民衆の情緒的意見が情勢を大きく動かした。革命政権は、「公共の精神」の名のもとに、自分たちが「真の意見」と呼ぶもの以外を排除した。[11]

フランス革命とナポレオンに対抗する側でも、世論は存在感を増していた。アレクサンドル一世の側近、チャルトリスキはこう分析した。ナポレオンの「最大の武器」は、フランスの大義は諸国民の自由と繁栄にあるという世論である。諸政府が「（人民の）意見」を尊重せざるを得なくなったのは、フランスが広めた世論に対抗する為であった、と。スペランスキーは、「世論」общее мнение あるいは「国民の精神」дух народный[12] には、時に「国家を転覆、あるいは、承認する」力がある、と書いた。[13]

アレクサンドルは治世前期に二つの憲法案を検討し、省の設置と合理化や諸大学の創設など教育改革を行ったが、その際に改革の提案や実行を担ったのがこの二人である。チャルトリスキはポーランド人貴族で、治世初期に事実上の外相も務めた。スペランスキーはフランスとのティルジット同盟期（一八〇七—一二）に側近となり、憲法案も作成した。

ポーランドで上質の啓蒙主義教育を受けたチャルトリスキにとって、世論は、武力で弾圧できないものである。その一方、「情念」ではなく「理性」に導かれれば、「漸進的に善へ向かう」はずのものでもあった。諸政府は武力を用いるのではなく、このような「真の歩み」から世論が逸れることのないように導かなければならない。また、導くことが出来る。[14] 政府の教導により、いわば「理想の世論」を形成し得るというのである。

彼は、従来の対仏大同盟が革命を理由に武力を用いたことを強く戒め、革命を元へ戻すことは出来ないという理解のもとに、フランスやその影響下の国々に旧体制を復活させようとすべきではないと主張した。これを対仏大同盟の原則とし、フランスなど諸国民の世論に訴えることが、軍事戦略上も肝要であると考えた。彼は世論の尊重を提唱する一方で、フランスの国制は国民の主導により立憲君主主義とすべきである、と論じた。世論の「真の歩み」の最終的到達点として、イギリスの議会主義的君主制を思わせるような、国民主権に立脚した立憲君主制を想定していた。[15]

ここで、ロシアは立憲君主制へ向かうべきヨーロッパ諸国の一つである。普遍主義的な政治文化を培ってきた西欧にロシアを統合することが目指されているだけでなく、ロシアが先頭に立って西欧に理想の国制を実現することが期待されていた。この提案はアレクサンドルの心を掴んだ。彼はまさにそれを目指すこととなる。

一八〇五年にチャルトリスキの主導により、外務省のもとに世論対策の特別局が設置され、フランス語での定期刊行物の発行が始まった。ロシアで本格的な世論対策が緒に就いたのはこの時といわれる。[16]

さて、スペランスキーは、「東方の専制国家」ではなく、「啓蒙へ向かう国家」、「理性と勇気、自由により成立する統治」へ転換する国家であるならば、世論を重視しなければならないと述べた。ロシアは後者であるゆえに、世論を尊重すべきであると彼は主張する。その世論には、フランス革命時のような過激で一時的なものと、政府が形成を目指すべき恒久的なものの二つがあるという。[17] 彼はチャルトリスキと同様に、政府が導くべき「理想の世論」が存在すると認識していた。

「理想の世論」が成立した社会では、彼によれば、「国民の意見」が「政治的存在の主たる要素」であり、「人の社会の運命を決め」、悪法を正す。[18] これが「理性と勇気、自由により成立する統治」である。このような国家は憲法と議会を持つであろう。チャルトリスキと同様に、彼がイギリス型の議会主義的君主制を理想と見なしていたことが、ここに反映されている。[19]

スペランスキーによれば、このような「理想の世論」の形成を実現するものは、政府による「漸進的な不断の活動」による国民の啓蒙である。具体的に彼が挙げたのは、「特定の思想傾向の助長」、政府による世論指導、情報提供のほか、政府と法の恒常的な活動、政治、教育、科学、書物、社交、会話、そして、各種の集会である。[20] 世論を多方面で上から育てることにより、将来、革命なしに、穏やかに、かつ漸進的に立憲君主制へ移行させる環境を整えうると考えたのである。

このスペランスキーが、国家評議会官房の長である国務長官に就任した一八一〇年に、おそらくアレクサンドル一世の強力な支持のもとで、[21] スペランスキーをグランド・マスターとするフリーメーソンの「グランド・ロッジ」が設立された。スペランスキーは聖職者の教育に高い配慮を示していたが、[22] このロッジもそれに関わる。当時、法典編纂委員会における彼の部下としてその設立を補佐したフリードリヒ・ハウエンシルトの回想[23]によれば、スペランスキーは、帝国中にこのロッジの支部を置き、それをあらゆる階層の優秀な聖職者の教育機関、官吏としての登用機関とする構想を持っていた。彼が教育や集会を、長期的視野に立った世論形成の重要な手段と認識していたことと考え合わせると、このロッジはそのための方策でもあった。

ロシアの上流社会ではフリーメーソンが大流行していたが、ニコライ・トゥルゲーネフは、フリーメーソンへの加入によりロシア貴族は「ヨーロッパ文明の一員となった」と述べた。[24] まして、スペランスキーの計画は、フリーメーソンを正教会の教育機関とするというものである。西欧へのロシアの文化的統合が強く目指されていた。

第三節　一八一二年の戦争の影響

一八一二年にアレクサンドル一世は、以上の世論政策における立憲君主制への志向、西欧の普遍的政治文化へのロシアの統合や、西欧文化の下での帝国の統合を目指す方向から一見離れたようにみえた。

一八一一年末にはすでに、ナポレオンが率いるヨーロッパ諸国の大軍とロシア領内で戦わざるを得ないことが明白になっていた。ナポレオンに対する国土での戦争には成功例があった。一八〇八年からナポレオンに対する解放戦争を戦っていたスペインである。アレクサンドルは自ら「スペイン」に直接言及した。ロシアの「教養ある社会」では、「フランスを悩ませているスペイン」のイメージが広がっていた。ナポレオン勢力下のヨーロッパ大陸諸国がほとんど全て押し寄せようとする状況の中で、スペインとの共闘は、ロシアと西欧の間に強い絆が存在していることの証であった。しかし、スペインは伝統的で保守的なカトリック教会の力を借り、「宗教・国王・祖国」をスローガンに戦っていた。[25] ロシアと西欧の絆を強調しつつ、スペインの例をロシアへ適用することは難しかった。

一八一二年一月、陸相ミハイル・バルクライ＝ド＝トーリはアレクサンドルに、政府の特別な指導により、ロシア人貴族の抑えられてきた「民族性」を再生し、「ロシア人としての」「尊厳」を生み出し、戦争への関心を呼び起こす必要があると進言した。[26] 彼がここで念頭に置いたのは、多民族から成る帝国の貴族ではなく、ロシア人貴族であり、彼らが一八世紀初めにピョートル大帝の西欧化によって棄てた伝統的民族性を問題にしていた。

アレクサンドルもまた、ロシア帝国の中核地域を守るためには、民族的ロシア人の伝統に訴え、彼らの愛国心を鼓舞する必要があると考えた。愛国的保守派と正教会の力が求められた。一八一二年三月にラディカルなカディス憲法を制定したスペイン独立政府と協力することは、むしろ憚られた。戦争開始直後の危機的状況の中で七月八日に締結されたスペインとの同盟条約への彼の署名が、ナポレオン軍敗走開始後の一〇月一七日にずれ込んだことが、それを端的に示している。

一八一二年春にアレクサンドルはスペランスキーを国務長官から解任し、愛国的保守派アレクサンドル・シシコフを後任に据えた。シシコフが作成しアレクサンドル一世が七月六日に全国へ発した声明は、ロシアの伝統的民族的なイメージとして、一七世紀初頭のロシア動乱期における義勇軍の活躍を取り上げた(27)。同日のモスクワ宛の声明は、「信仰と玉座と帝国」を救うように訴え、「神と我々の正教会が祝福する正当な戦いの精神」を讃えた(28)。この呼びかけは、すでに高まっていたロシアの愛国的世論をさらに刺激した(29)。

正教信仰や民族的ロシア人の伝統の強調は、合理化や立憲君主主義など西欧の普遍的政治文化との決裂を意味していた。同時に、多民族、多宗教から構成される帝国の実態にも反していた。ロシア国家は非ロシア的地域だけでなく、非ロシア的エリートも抱えていた(30)。一方、アレクサンドルは、七月初めの危機的状況の中でもヨーロッパの平和の為の構想をイギリスに持ちかけていた。シシコフのような愛国的保守派や正教会に頼りつつも、西欧との繋がりを重視する彼の姿勢は続いていた。

第四節　新たな「世論」形成策——戦後——

一八一二年九月二日から三日に、打ち棄てられたモスクワへ入ったナポレオン軍は、一〇月一〇日に退却し始めた。アレクサンドルは自らの政策を一八〇度、徐々にしかし確実に修正していく。一一月七日にはスペインとの同盟を宣言し、その四日後、「ロシアは自らを害して、その平穏と、ヨーロッパの救世主となる栄光を勝ち取った」

と言い切った[31]。ロシアは一二月二日にコヴノを奪還したが、同月六日、アレクサンドルは、ペテルブルクにおける聖書協会の設立を認可した。一八一二年の戦争開始と同時に英国＝外国聖書協会のジョン・パターソン牧師により、請願されていたものである[32]。

この際の協会側の設立趣意書[33]によれば、協会の唯一にして有益な目的は、「聖書を注釈と解釈なしで」、全ての人類にその「自身の自然な言語」で普及することにある。協会には、趣旨に賛同するあらゆる教派の人々が参加できる。キリスト教諸教派の違いを超越しようとする傾向は明らかであった[34]。

趣意書は、聖書協会の設立と母国語での聖書普及の利点をいくつか挙げた。第一に、「神の率直な言葉」により「神を知る」。すなわち、聖書による宗教的な救済である。

第二に、道徳の形成による社会の調和と国の発展。聖書を読まなければ、神を知らず、道徳を育むことは出来ない。聖書は「道徳心の形成」の土台である。臣民が、「神と君主と隣人に対する自分の義務」を聖書から認識すれば、「平和と愛が上層と下層の間を支配する」、すなわち、聖書は社会的調和を実現するという。「各人の幸福」と「全ての諸国民の福利は、聖書の言葉が理解され、守られるかどうかにかかっている」。こうも言う。「聖書を読むことは、不品行の減少、奢侈の抑制、産業の奨励に効果がある」。すなわち、社会の調和だけでなく、節制や規律による国の発展に貢献する。

第三に、聖書は戦乱によって傷ついた者たちを癒す。「全ての諸国民がいま見舞われている」「全体的災い」の中で、聖書だけが「全ての人に真の根本的な慰めを与え」うる。

趣意書は、「ロシアでの自然な言語による聖書の出版」は宗務院の管轄であるゆえに、協会はこれを行わない、と書いた。現代ロシア語訳聖書の印刷は控えるというのである。しかし、現代語訳はもとより、聖書の普及自体に反対する正教会の立場に反して、アレクサンドルは一八一六年に聖書の現代ロシア語訳とその普及を命じた[35]。母語による聖書が宗教的救済と道徳の形成、社会的調和を実現し、人心を癒すのであれば、戦いに明け暮れ、ナポレオン軍由来の武器とともに焦土に残されたロシア中核地域の民にこそ、それは必要であった。[36]なお、この聖書協会の役員には、正教会を含めキリスト教諸教派のほか、他宗教の代表も参加した。宗教的寛容の精神は明らかである。

こうして、聖書協会は、宗教的救済、人心の安定、道徳の改善による社会の調和と規律の実現という目標をもった。アレクサンドルの政策の特徴は、伝統的教会ではなく、この超教派的で西欧由来の聖書協会にそれを任せた点である。それにより、正教会を特別視せず、帝国内でのキリスト教諸教派、さらには諸宗教の信者の統合を目指す姿勢が鮮明に打ち出された。この協会の理念は、一八一二年における愛国的保守派やロシア正教会との協力と相容れない。協会の設立の許可は、一八一二年に強化された彼らの立場を牽制し、愛国的で保守的な世論を修正する意味があった。同時に、この政策は、一八一二年に分裂したロシアと西欧との精神的文化的な統合を実現しようとするものでもあった。

この聖書協会はアレクサンドルの支持と財政的支援を全面的に受けた。[37]一方、一八一四年八月に、彼はシシコフを国務長官職から解任した。後任はアレクセイ・オレーニンである。彼は、スペランスキーが国務長官時代に国務官（国家評議会官房部門長）を務め、その側近であった。

ヨーロッパへ目を転じる。アレクサンドルは、旧体制を復活させないという治世初期以来の姿勢を保持していた。一八一四年のフランスの王政復古に際してはルイ一八世に国民主権を導入するように求め、一八一五年一一月にはポーランド王国に憲法を与えた。

一方、ヨーロッパ諸国全体で、革命や改革からの揺り戻しが生じていた。革命とナポレオンによる変動に最終的に勝利したためである。戦争を戦い抜いたスペインでは、一八一四年に王が帰国後、カディス憲法を廃止した。この事態は、解放戦争で威勢を強めた教会と結びついていた[38]。シチリアでは、一五年に王が議会を解散し、翌年、一八一二年制定の憲法を廃止した。フランスでは、ルイ一八世が一八一四年に君主主権の憲章を欽定した。社会の不安定さが改革を妨げてもいた。一八一五年八月のフランス下院選挙では、立憲君主制そのものに反対するユルトラ王党派が大勝利を収めた。フランス南部では白色テロが荒れ狂っていた[39]。ヨーロッパ諸国の戦後の混乱、人心の乱れや疲労の中で、君主の改革への意欲が減退し、伝統的な教会が影響力を高めていた。

アレクサンドルは、一八一五年九月にパリで神聖同盟条約草案を自ら作成し提案し、その成立に努力したが、それはこのような状況下においてであった。草案は、政治外交的には、平和と秩序のために諸国家の連合を結成し、その下で諸君主に立憲君主主義的改革を促すという彼の考えを示していた[40]。

宗教的には、「本質的に一つのキリスト教国家」が存在し、それは「愛、科学、無限の知恵」の唯一の源泉である神のみを君主とする（第二条）、という普遍キリスト教的な宗教観を示した[41]。

同時に、彼の提案は道徳的訴えでもある。キリスト教の「正義と慈愛、平和」の教えは、従来「私生活にのみ適用され」てきたが、今後は、外交と国内統治の両面で、諸君主の決定に影響を与え、諸君主の全ての方策を導かねばならない。キリスト教の教えは、「人類の諸制度を強固にし、その欠点を改める唯一の手段」である（前文）。ここにも諸君主に改革を促す意志を見ることが出来る。草案は臣民にも、恒久的な「この平和を享受する唯一の手段」として、キリスト教の「原則と義務の履行」に一層強く従うように勧めた（第二条）。キリスト教の信仰と道徳により君主に改革を促すだけでなく、社会の革命的思想や運動が自然に抑制されることを目指したのである。平和と平穏を確立することもまた、君主の改革を可能とする[42]。

これは、ヨーロッパの統合の下で、伝統的教会ではなく、普遍的なキリスト教信仰と道徳により戦後の人心を安定させ、過激な意見を穏健にし、平和的友好的な環境の中で君主の反革命的態度を克服し、立憲改革を促すという計画である。ここでは、ロシアを含むヨーロッパの西欧文化の下での政治的精神的統合が志向されている。フランス革命とナポレオン戦争で分裂した「ヨーロッパ」の国と人の再統合である。

神聖同盟条約草案はオーストリア外相クレメンス・メッテルニヒによって修正された後に調印された。調印文書からは立憲君主制的側面が後退した。「本質的に一つの」という表現も削られ、普遍キリスト教的宗教観も弱められた。しかし、アレクサンドルは自分の考えで行動した。一八一五年秋から二〇年にかけてロシア外交を事実上指揮した、ギリシア人貴族の外相補佐官ヨアニス・カポディストリアスとともにヨーロッパ体制の構築を試み、西南ドイツ諸国などで君主による立憲君主主義改革を支持した。内政では、帝国の憲法案が再び練られた(43)。一八一七年には、正教会を治める宗務院と国民教育省が一つになり、外国宗教庁も編入されて、宗教国民教育省が設立された。アレクサンドルは、神聖同盟条約案で展開した考えに従い、「真の啓蒙」の土台にキリスト教の信仰心を据えるという原則を示した。また、この宗教部門において正教会は特別な地位を失い、キリスト教の他の教派、他の宗教と制度上同等となった(44)。

スペランスキーはかつて、立憲君主制へ向かう世論の形成の為には、国民を多方面で啓蒙する必要があると論じた。聖書協会により人心を穏やかにし、社会の調和と規律を目指し、一八一二年に巻き起こった愛国的で保守的な世論を修正する方策も、神聖同盟という国際体制によって立憲君主的改革を促す方策も、スペランスキーが考えた世論形成策に当たる。

第五節　帝国の統合とヨーロッパの統合

アレクサンドル一世は特に外交において、立憲君主主義的な諸政策を採用した。その政策を担ったチャルトリスキもスペランスキーも、世論政策の最終目標は立憲君主制にあるべきであると考えていた。アレクサンドルは一八一二年には、ロシア正教会の信仰やロシアの民族的伝統などによって国民を鼓舞し、西欧由来の普遍的文化の下での帝国の統合とも、西欧とロシアの統合とも本来相反する気分を形成せざるを得なかった。しかし、戦後は、ヨーロッパ諸国の統合と、憲法と改革という元来の外交路線に戻る一方、教派を超越した普遍キリスト教の信仰と道徳により世論を一新し、改革の環境を整えようとした。それは、多宗教、多民族のロシア帝国の統合、ロシアを含むヨーロッパの政治的文化的統合を志向するものであった。

こうして、信仰や道徳は、改革と矛盾した非理性的意図の表れなのではなく、政治改革を実現するための世論形成策であった。また、戦後の外交は、普遍キリスト教のイデオロギーに導かれていたというよりも、むしろ、ヨーロッパの平和と立憲君主制の促進を実現するための土台づくりに、キリスト教道徳や信仰を利用した、という方が近い。なお、アレクサンドルの方針は、政策の実行を担った者たちにより様々に理解され、大学への弾圧さえ招く中で二〇年代に破綻した。正教会や保守派の力が復活した。一八二四年には宗教＝国民教育省が解体され、シシコフが国民教育大臣となる。聖書協会は二六年に廃止された。アレクサンドルは世論という国家ではない社会の力の存在を理解しながらも、その一方、たとえば、ポーランド議会での政府批判の沸騰を彼は許容出来ず、外交と憲法政策が二〇年代に転換する一因となった。彼の憲法観や議会観、それと関わる世論政策の土台には、世論は理性によって中庸に至るはずなのであるから、その真の道筋へ導くことが出来るという楽観的な展望があった[45]。この楽観さが戦後の宗教＝世論政策の破綻の主因でもあろう。

一八世紀から一九世紀への、理性から情緒へ、国家から個へ、コスモポリタンからナショナリズムへの転換の中で、アレクサンドルは、特に戦後に神秘主義的信仰に惹かれる一方で、立憲君主主義的な諸政策や、ロシアの西欧への政治文化的統合、多民族、多宗教から成る帝国を前提とした普遍的諸価値の下での帝国の統合を目指した。

一九世紀は帝国とナショナリズムが結びついて狭義の「帝国主義」へ向かっていく時代だが、彼の帝国観は、そのような「帝国主義」が席巻する前の、コスモポリタンな、いわば本来の「帝国派」のものであったといえる。彼は、ロシア帝国はロシア人だけのものであると考えていなかった。彼が重用した改革派のチャルトリスキもカポディストリアスも来露間もない非ロシア人であった。さらに、アレクサンドルの視線はヨーロッパへ向けて、国境を越えていた。ゲーテがプロイセンよりもパリのことを気に掛けていたような、特定の国の市民というよりも「世界の市民」と言うべき一八世紀的なコスモポリタンの要素を彼は多く持っていたといえる。[46]

（1）　拙著『ロシア皇帝アレクサンドル一世の外交政策――ヨーロッパ構想と憲法』、風行社、二〇〇六年。

（2）　たとえば、エレナ・ヴィシレンコヴァによる研究状況への言及。Вишленкова Е.А. *Заботясь о душах подданных: Религиозная политика в России первой четверти XIX века* (Саратов, 2002). С. 37-39. ヴィシレンコヴァと後出のユーリー・コンダコフの著作は兎内勇津流氏にご紹介戴いた。宗教面を取り上げるきっかけとなった。この場を借りて感謝したい。

（3）　Пыпин А.Н. *Религиозные движения при Александре I* (Петроград, 1916). С. 83（初出は一八六〇―七〇年代）; Сироткин. 'Русская пресса первой четверти XIX в. на иностранных языках как исторический источник'. *История СССР*. No. 4 (1976). С. 77-97; Он же. 'Великая французская буржуазная революция: Наполеон и самодержавная Россия'. *Там же*. No. 5 (1981). С. 39-56.

（4）　Martin, A. M., *Romantics, Reformers, Reactionaries: Russian Conservative Thought and Politics in the Reign of Alexander I* (DeKalb (Illinois), 1997), Ch. 5-7.

（5）　Вишленкова Е. А. *Заботясь*. С. 135, 141-42 и т.д.; Она же. 'Война и мир и русское общество в правление Александра I' в :Е.Л. Рудницкая (ред). *Миротворчество в России: Церковь, политики, мыслители* (М., 2003). С. 160-94.

（6）　Вишленкова. *Заботясь*. С. 144-45 и т.д.; Martin, *op. cit.*, Ch. 7.

（7）　Вишленкова. *Заботясь*. С. 120.

（8）　外交政策や宗教政策について、前掲拙書や後出の拙稿で論じた内容を世論という視点で整理し直し、また、世論や統合について新たな考察を加えた。

（9）　山本俊朗『アレクサンドル一世時代史の研究』早稲田大学出版部、一九八七年、一三八―四〇頁。前掲拙書、七三―八〇頁。

宗教＝国民教育省の詳細については取り上げない。コンダコフによれば、宗教＝国民教育省の設立については、アレクサンドルは後述の基本原則を示したものの、実行は大臣等に任せてしまった。Кондаков Ю.Е. *Духовно–религиозная политика Александра I и русская православная оппозиция 1801–1825* (СПб., 1998). С.75. ヴィシレンコヴァは、マグニツキーの行為は皇帝の政策の適用でも、自身の確固たる考えによるものでもなく、政治的に利用されたものと見なす。Вишленкова. *Заботясь.* С. 239-40.

（10）Grimsted, P.K., *The Foreign Ministers of Alexander I: Political Attitudes and the Conduct of Russian Diplomacy 1801-1825* (Berkeley & L.A., 1969), p. 45; Пресняков А.Е. 'Идеология Священного союза'. *Анналы*. No. 3 (1923). С.81.

（11）阪上孝『近代的統治の誕生――人口・世論・家族』岩波書店、一九九九年、第三章。ジョン＝イヴ・グルニエ（山崎耕一訳）「18世紀の政治社会史――世論の誕生（講演会要旨）」『一橋大学社会科学古典資料センター年報』第二一号、二〇〇一年、二二―三二頁。パトリック・シャンパーニュ（宮島喬訳）『世論をつくる――象徴闘争と民主主義』、藤原書店、二〇〇四年、五三―七〇頁。

（12）「国民の精神」esprit national は一八三五年のフランス・アカデミー辞典で、ある国民に支配的な意見、意向。*Dictionnaire de l'Académie Française*, 6th (1835). 〈http://artfl-project.uchicago.edu/〉

（13）'Instruction donnée par S. M. Impériale à M. de Novossiltzoff, 23 septembre 1804'. *Внешняя политика России XIX и начала XX века* (*ВПР*). Т. 2. (М., 1961). С. 138-46（チャルトリスキが作成、皇帝が裁可した文書）; Grimsted (ed.), 'Czartoryski's System for Russian Foreign Policy–1803: A Memorandum', *California Slavic Studies*, 1970, Vol. 5, p.74; Валк С.Н. (ред). *М.М. Сперанский: Проекты и записки* (М.-Л., 1961). С. 77.

（14）'Czartoryski's System', pp. 39-43, 72-82.

（15）Ibid. 前掲拙書、四〇―四二頁。*ВПР*. Т.2. С.138-46.

（16）Вишленкова. 'Война'. С. 166; Сироткин. 'Русская пресса'. С.81-82; Он же. 'Великая'. С. 41.

（17）Валк. *Указ. соч.* С. 77-83.

（18）*Там же.*

（19）拙稿「ロシア皇帝アレクサンドル一世の時代の憲法政策――スペランスキーによる憲法案」『史観』（早稲田大学）、第一五七冊、二〇〇七年、五五―七三頁。

（20）Валк. *Указ. соч.* С. 77-83.

（21）Вишленкова. *Заботяць.* С. 121.

(22) 橋本伸也『帝国・身分・学校――帝政期ロシアにおける教育の社会文化史』、名古屋大学出版会、二〇一〇年、二五三―五六頁。下里俊行「あるロシア正教神学生の自己形成史――ニコライ・ナデージュヂンの出会いと読書」、『スラヴ研究』、二〇一一年、第五八号、九六―九八頁。

(23) Гауеншильд. 'М.М.Сперанский'. *Русская старина*. Т. 110 (1902). С. 251-62. ロッジはしばらくして閉鎖された。Там же. С.255.

(24) 山本、前掲書、一四五頁。

(25) 一八一二年の戦争の経緯、声明などについては次で論じた。拙稿「一八一二年の退却とアレクサンドル一世の声明――「ナロードの戦争」考」、『ロシア史研究』、第九三号、二〇一三年、三―二四頁。聖書協会についてもここで一部論じた。

(26) *ВПР*. Т.6 (1962). С.267-69. 拙稿「一八一二年戦争」、九頁。

(27) 拙稿「ロシア皇帝アレクサンドル一世と『市民ミーニンとポジャルスキー公の像』」、井内敏夫編『ロシア・東欧史における国家と国民の相貌』、晃光書房、二〇一七年、一四五―六四頁。

(28) *Записки мнения и переписка Адмирала Шишкова*. Берлин. Т. 1 (1870). С. 425-26.

(29) たとえば、前掲拙稿「ミーニンとポジャルスキー」、一四七―五三、一六〇頁。

(30) 高田和夫『ロシア帝国論――一九世紀ロシアの国家・民族・歴史』平凡社、二〇一二年、四八頁。

(31) *Полное собрание законов Российской империи* (*ПСЗРИ*). Т. 32 (1830). С. 453-54; Шишков. *Указ. соч*. С. 446-47.

(32) *ПСЗРИ*. Т. 32. С. 471-72; Кондаков. *Указ соч*. С. 46.

(33) *ПСЗРИ*. Т. 32. С. 472-76.

(34) 聖書協会のエキュメニカルな性質について Пресняков. Указ соч. С.80; Martin, *op.cit.*, p.185; Вишленкова. *Заботясь*. С.135-36 и т.д.

(35) Кондаков. *Указ соч*. С. 69.

(36) Каверин. 'Донесения сенатора Каверина о Смоленской'. *Русский архив*. No.10 (1871). С. 1620-22.

(37) 聖書協会について、山本、前掲書、一三二―四八頁。兎内勇津流「ロシア聖書協会と聖書ロシア語訳事業――歴史的位置付けについての覚え書き」、『スラヴ研究』第五〇号、二〇〇三年、三〇一―一五頁。

(38) 解放戦争に於けるカトリック教会の貢献は、一八一二年三月にカディス議会で制定された憲法に明確に表れた。この憲法は立憲君主制としてはラディカルでありながら、カトリック信仰を「国民の宗教」と定め、「他のいかなる宗教の活動をも禁じた」(第一二条)。立石博高「スペインの自由主義とカディス議会――「出版の自由」をめぐって」、遅塚忠躬・松本彰・立石博高編著『フランス革命とヨーロッパ近代』同文館、一九九六年、一五八―五九、一七七―七八頁他。前掲拙書、五三頁。

(39)　前掲拙書、第一部第一章、第三章。

(40)　*ВПР*. Т. 8 (1972). С. 502-04.　前掲拙書、第一部第二章。

(41)　神聖同盟条約の神秘主義的、普遍キリスト教的性格について、Пресняков. Указ. соч. С. 78-80; Martin, *op. cit.*, 158; Вишленкова. *Заботясь*. С. 143-47.

(42)　前掲拙稿「ミーニンとポジャルスキー」、一五四―五六頁による。

(43)　前掲拙書。

(44)　本章、注九。Кондаков.*Указ соч.* С. 74; Вишленкова. *Заботясь*. С. 232.　神学校規則（一八一四）もまた、「キリスト教信仰に導かれた啓蒙理念」の実現を目指した。下里、前掲論文、九八頁。山本、前掲書、一四五頁。

(45)　前掲拙書、二四二―四四頁。

(46)　一九世紀後半より前の「帝国主義」について、Hobson, J. A., *Imperialism: A Study*, (NY., 1902), pp. 6-10; Kumer, K., "Nation-states as empires, empires as nation-states: two principles, one practice?", *Theory and Society*, Vol. 39, No.2 (2010), pp. 119-43. 木畑洋一「帝国と帝国主義」、木畑洋一、南塚信吾、加納格『帝国と帝国主義』、有志舎、二〇一二年、一三―二六頁。

第14章　第一次世界大戦と第二インタナショナル

大森北文

はじめに

一九世紀前半のヨーロッパに登場した社会主義思想は、世紀半ばに本格的な社会運動となる。一八六〇年代にはロンドンで国際労働者協会（第一インタナショナル）が創設され、ドイツでは二つの社会主義政党が生まれた。以来、半世紀の間に、ヨーロッパ各国で社会主義政党が組織され、それらによって一八八九年に第二インタナショナルが結成される。

第二インタナショナルが存在した時期、ヨーロッパ各国で労働者が労働組合に組織され、社会主義政党は議会に一定数の議席を確保した。第一インタナショナルの時代とは異なり、社会主義政党は現実的な政治勢力として、国家の政策に影響を及ぼし得る存在となっていた。だが当時は、ヨーロッパ列強が植民地の争奪と再分割をめぐって覇権を競う帝国主義の時代でもあった。それゆえ、第二インタナショナルとそれに加盟する社会主義諸党は、その存在期間を通して、常に戦争の問題に直面することになった。

この時期の社会主義に最も深刻な影響を与えた戦争は第一次世界大戦である。それは社会主義の内部に混乱と対立を招来し、最終的には、運動と組織の分裂に帰着することになる。それゆえ社会主義史の領域では、第一次世界大戦期を扱った先行研究が比較的豊富にある。(1)この小論もまた、同時期の社会主義の動向を主な対象にしているが、その際に、一九世紀のマルクス・エンゲルスの戦争理解にまで遡って、社会主義と戦争の関係を考察するものである。

第一節　マルクス・エンゲルスの戦争観

マルクスとエンゲルスは、戦争一般について体系的な記述を残してはいないが、ときどきの戦争については論評を明らかにしている。(2)二人は戦争を、階級社会に不可避的な経済的利害の衝突と見なしていたが、あらゆる戦争に反対したわけではない。戦争が階級闘争と歴史の進歩に役立つと判断した場合には、たとえそれがブルジョア的利害に基づくものであっても戦争を支持した。(3)彼らはそうした観点から、一八七〇年に勃発した普仏戦争がドイツにおける階級闘争に対して持つ意義を次のように述べた。

もしドイツがバダンゲ［＝ナポレオン三世のあだ名］に対して敗北するならば、ボナパルティズムは多年にわたって強固にされ、そしてドイツは多年にわたって、もしかしたら数世代にわたって、駄目になる。そうなれば、自立的なドイツの労働運動などはもはや全然問題にならず、国家的存在の回復のための闘争がそのときにはいっさいを吸収して、ドイツの労働者はせいぜいフランスの労働者に引きずられるだけだ。もしドイツが勝てば、フランスのボナパルティズムはいずれにせよ衰滅し、ドイツ統一の確立のための永久の争いもようやく除去され、ドイツの労働者は従来とはまったく違った国家的な規模で組織されるようになり、そしてフランスの労働者は、そこでどんな政府が後にできようとも、たしかにボナパルティズムのもとでよりは自由に活動することができるようになろう。[4]

このようにマルクスとエンゲルスは、ナポレオン三世に対するプロイセンの勝利がドイツ国民国家の建設を促進し、それによってドイツにおける階級闘争が発展することを展望していた。また、それがフランスにおける階級闘争にも利益をもたらすと確信していた。その限りで二人は普仏戦争の意義を認めたのである。だが同時に彼らは、戦争を演出したビスマルクの挑発行為とその背後にある侵略的な意図についても指摘し、それを批判している。マルクスが起草した第一インタナショナルの声明（一八七〇年七月二三日）は次のように述べている。

ドイツの側についてみれば、この戦争は防衛戦争である。だが、ドイツが自分を防衛しなければならないようにしたのは誰なのか？　……プロイセンである！……もし現在の戦争がその厳密に防衛的な性格をなくしてフランス人民に対する戦争に堕落するようなことを、ドイツの労働者階級が許すなら、勝っても負けても結果は同じように不幸なものとなろう。[5]

この声明は、社会主義者が「防衛戦争」を支持する可能性について、初めてそれを示唆するものであり、[6]後に第二インタナショナルの戦争観にも影響を与えることになる。

同時に、普仏戦争の侵略戦争への転化に対するマルクスの批判の根底には、ロシアへの警戒もあった。第一次世界大戦以前のヨーロッパでは、社会主義者の多くが「ロシア嫌い」であり、マルクス・エンゲルスも同様であった。二人はロシアを、「過去一五〇年の間、戦争を始めれば必ず領土を獲得し、一度も領土を失ったことのない帝国」、「全ヨーロッパをスラヴ人種、ことにこの人種の唯一の精力的な部分であるロシア人の領土と見なそうという野心の表明である帝国」と呼び、ロシアをヨーロッパの発展を脅かす最も危険な存在と見なしていた。(7) 一八七〇年八月にマルクスは、「一八六六年の［普墺］戦争が一八七〇年の戦争を胎内にはらんでいたのと全く同様に、一八七〇年の戦争は必然的にドイツとロシアとの戦争を胎内にはらんでいる」と指摘している。また、「ドイツがアルザスとロレーヌを奪うならば、フランスはロシアと手を握ってドイツと戦う」ことを予測し、それがヨーロッパの階級闘争に「破滅的な結末」をもたらすことを懸念したのである。(8)

第二節　第一次世界大戦前の第二インタナショナル

1　第二インタナショナルの反戦思想

既述のように、普仏戦争の際にマルクス・エンゲルスは、ドイツによるアルザス・ロレーヌの併合は露仏の接近をもたらし、新たな戦争を誘発すると警告したが、一八九〇年代にはそれが現実味を帯びる状況となった。一八九〇年に独露再保障条約が失効し、翌年にはロシアとフランスの政治協定が成立するなど、ヨーロッパでは新しい国際秩序が形成されつつあった。そうした状況下で生まれた第二インタナショナルは、創設の当初から戦争に反対する意志を表明した。(9)

一八八九年のパリ創設大会の反戦決議は、戦争が「現在の経済的諸関係の悲劇的産物」であると指摘し、戦争が消滅するのは、「資本主義的生産様式が労働の解放と社会主義の国際的勝利に席を譲った場合のみ」であると強調した。一八九一年のブリュッセル大会もまた、戦争を「経済的根拠から」とらえる必要性を訴え、「社会主義体制の導入」のみが平和を確保しうると述べている。そして、「戦争を企図する同盟に対して絶えず抗議すること、国際的な労働者組織の力を強化して社会主義の勝利を促進すること」が戦争を防ぐ唯一で十分な手段であるとした。一八九三年のチューリヒ大会は、加えて、労働者政党が議会で「軍事公債に反対投票」することを義務づけていた。

一八九〇年代の半ばになると、列強各国の経済は海外依存性を強め、植民地争奪が激化するようになる。そうした中で一八九六年に開かれたロンドン大会の反戦決議は、「資本主義社会における戦争の主要な原因」を「宗教的あるいは民族的な対立ではなく、様々な諸国の有産階級の経済的対立」に見いだし、きたるべき戦争は、有産階級が「新しい販売市場を征服して、新しい利潤をつくり出すために」引き起こされると述べている。列強による販路獲得競争という具体的な現実の中に戦争の原因を求めるようになった第二インタナショナルは、一九〇〇年のパリ大会で初めて、列強の世界政策に対抗するための「実践的な手段」を提起するに至る。それは、青年層を反軍国主義的・社会主義的に教育し、獲得するという方針であった。国際的な規模で紛争が勃発した際にインタナショナル加盟諸党が共同行動をとれるように、「国際社会主義常任委員会」（国際社会主義ビューロー＝ＩＳＢ）の設置（ブリュッセル）を決定したのも、このパリ大会であった。

日露戦争の最中に開かれたアムステルダム大会（一九〇四年）では、交戦国であるロシアのプレハノフと日本の片山潜がともに、「支配階級による帝国主義戦争反対」と「両国労働者階級の連帯」を表明し、壇上で握手を交わした。それは、列強の戦争政策に反対するプロレタリアートの国際連帯を象徴する大会となった。

2　シュトゥットガルト決議

アムステルダム大会の後、ヨーロッパの情勢は急速に緊迫化する。一九〇五年のモロッコ危機は、独仏間にそれまでにない緊張をもたらした。一九〇四年の英仏協商に続いて、一九〇七年には英露協商が締結される。このように国際的緊張が高まる中で開催されたシュトゥットガルト大会（一九〇七年）は、反戦決議の末尾で以下のように述べている。

戦争の勃発が差し迫った場合、関係各国の労働者階級とその議会代表者の義務は、国際社会主義ビューローの諸活動によって援助されながら、有効と思われる手段を利用して、戦争阻止のためにあらゆる努力をすることである。その手段は、階級闘争の尖鋭化と一般的政治情勢にしたがって、当然、変化発展するものとなる。それにもかかわらず戦争が勃発した場合には、労働者階級は、その即時中止のために介入する義務がある。そして、戦争によって生じた経済的・政治的危機を利用して、人民を根底から揺り動かし、資本主義的階級支配の廃棄を促進しなければならない。[10]」

この決議の最終節（傍線部分）は、R・ルクセンブルクがレーニンの協力を得て挿入したものである。[11] ルクセンブルクはすでに一九〇〇年のパリ大会で、「資本主義的秩序の崩壊は経済的危機を通してではなく、世界政策によって招来された政治的危機を通じて達成される」[12] との展望を述べていたが、シュトゥットガルト決議はその戦略化の試みでもあった。それ以前の反戦決議は、戦争に対して平和を対置する平和主義的戦争論であったが、一九〇七年の決議は、戦争に対して革命を対置する革命主義的戦争論の可能性を内包していたといえよう。[13]

3　大戦前最後の社会主義ビューロー（ＩＳＢ）会議

一九一四年六月二八日にサラエヴォ事件が起きると、ドイツ社会民主党（ＳＰＤ）は、翌二九日に幹部会議を開き、ＩＳＢ会議の開催を要請する旨を決定した。[14] だが、当時の第二インタナショナル内には状況を楽観する傾向があったため、⒂会議の招請状が各党に送付されたのは、ＳＰＤの要請からおよそ一ヶ月後の七月二六日であり、会議が実際に開かれたのは二九日であった。それは、オーストリアがセルビアに宣戦布告をした翌日のことであった。ドイツやフランスなど主要な列強が参戦する直前に開かれたこの会議には、一四ヶ国から三二名が出席した。その席上、すでに交戦状態にあったオーストリアのＶ・アードラーは次のように述べた。

我々は全く戦争を予想できなかった。セルビアがオーストリアの最後通牒を、若干の相違を残して重要な点はすべて受け入れたにもかかわらず、我々は戦争状態に入った。わが党は抵抗できない。これ以外のことを言えばビューローを欺くことになる。……街頭では戦争に賛成するデモがおこなわれている。民族的な問題と対立を多くかかえた我が国では、新しい状況が生まれている。……我が国では、セルビアに対する敵意はほとんど自然なことだ。……示威行動は不可能になっている。生命が危険になっており、投獄される恐れがある。……組織と出版物の全体が危機にさらされている。……我々は組織を守らなければならない。ストライキその他の考えは幻想でしかない。……我が国の産業はおそらく軍事化され、労働拒否はすべて戦時法で裁かれるであろう。それでも我々は世界大戦が回避されることを望んでいる。そう信じることは、おそらく奇跡を信じることだろうが、そう望みたい。⒃

アードラーのこの発言を「消極的・絶望的で……正しくない」と非難したのは、ドイツの代表Ｈ・ハーゼであった。この会議の前日、七月二八日には、ベルリンの各地で大規模な反戦デモがあり、ハーゼはまだこの時点で、労働者の運動が戦争の拡大を防ぎ得ると確信していたのである。だがそのハーゼもまた、「もしロシアが介入してきたら、ドイツも介入するであろう」と述べ、その場合、ＳＰＤがどのような態度をとるかについては語ることができなかった。ドイツが参戦し、ＳＰＤがその態度を明らかにするのは、ＩＳＢ会議の六日後のことであった。

第三節　第一次世界大戦と社会主義の分裂

１　世界大戦の勃発と第二インタナショナルの機能停止

オーストリアがセルビアに宣戦すると、数日の内にロシア、ドイツ、フランス、イギリスなどが矢継ぎ早に参戦し、第一次世界大戦が始まった。そしてドイツでは、ＳＰＤの帝国議会議員団が、八月四日、帝国政府が提案した戦時公債案に賛成投票を行う。同日、議員団声明を発表したのは、先のＩＳＢ会議でアードラーを非難したハーゼであった。

今や我々は戦争という厳然たる事実に直面している。敵の侵入の恐れが我々を脅かしている。今日、我々が決定しなければならないのは、戦争に賛成するのか反対するのかではない。国家の防衛に必要な手段の問題について決しなければいけないのである。……（中略）……

ロシアの最良の人々が流した血で汚れたロシア専制主義が勝利するなら、わが民族とその自由な未来にとって、すべてではないにせよ多くのことが危険にさらされるようになる。重要なのは、この危険を防ぎ、我々の祖国の文化と独立を確保することである。……我々は危機の瞬間にあって祖国を見捨てることはない。我々がインタナショナルと一致してあらゆる征服戦争に反対しているのと同様に、この場合も、すべての民族に国家的独立と自衛の権利をいかなる時でも認めてきたインタナショナルと我々は一致していると思われる。

我々は、安全確保の目的が達成されて、敵が平和に傾いたら、即座に戦争を終わらせ、平和を回復し、近隣諸民族との友好を可能にするよう要求する。……（中略）……

こうした基本原則にしたがって、我々はこの公債に賛成する。[17]

当時のＳＰＤは、世界有数の社会主義政党であり、一〇〇万人の党員と一〇〇人以上の帝国議会議員団を擁していた。そのＳＰＤの議員団が戦時公債に賛成したことによって、ドイツでは、すべての政党が政府に協力する「城内平和」が成立した。[18] 第二インタナショナルの最有力政党であったＳＰＤが「祖国防衛」の立場を鮮明にした以上、その他のインタナショナル加盟諸党も同様の行動をとることになる。[19] ＳＰＤが戦時公債に賛成した翌日、オーストリア社会民主労働党の機関紙『労働者新聞』は次のような声明を発表した。

八月四日、この日を我々は決して忘れない。……今日、ドイツ帝国議会で見られた光景は、全ドイツ人の意識の中に、永遠に刻み込まれるであろう。それは、ドイツ精神が最も誇り高く、最も力強く高揚した日として、歴史に記録されるであろう。……国家の独立と民族の名誉を賭けた戦いの中で、ドイツはひとつであり、最後の血が流れつきるまでひとつであり続ける。……今やドイツ人の生命は危険にさらされており、「我々には」何の動揺も躊躇もない。ドイツ民族はみな断固とした不屈の決意に満ちている。決して征服されない！　この偉大で優秀な民族、ドイツ民族を決して敗北させない！　狡猾な手段で国家の安全を掘り崩そうとした敵は、勇気と力に満ちた「ドイツ」帝国議会の今日の審議によって、溢れんばかりの力と忍耐力を備えた民族の存在を思い知ったことであろう！[20]

民族の安全と独立がすべてに優先し、民族主義的熱狂が社会主義政党をも支配した。七月二九日のＩＳＢ会議は、国際大会を八月九日にパリで開催すると決定していたが、それはついに開かれることはなかった。反戦の意志を高らかに謳い続けた第二インタナショナルは、こうしてその機能を停止した。

2　ツィンメルヴァルト運動

社会主義者のインタナショナルが組織的に分裂するのは大戦後のことである。だが、その前提となる条件はすでに大戦中に形成されていた。例えばドイツでは、一九一四年秋からSPD内反対派による反戦活動が公然と開始された。[21]同年一二月の帝国議会では、急進左派のK・リープクネヒトが二度目の戦時公債案に反対票を投じた。[22]一九一六年には、リープクネヒトやR・ルクセンブルクなど急進左派はスパルタクス・グループを、中央左派の議員たちはSPD議員団とは別の院内交渉団体を組織し、それらは翌年の独立ドイツ社会民主党（USPD）結成につながった。

一九一五年には、第二インタナショナルの多数派に批判的な各国中央派と急進左派は、独自に国際的な結集軸を模索し始める。それを牽引したのは、中立国の社会主義者たちであった。

スイス社会党のR・グリムが、一九一五年九月にツィンメルヴァルト（Zimmerwald）に招集した国際会議には、交戦国を含む一一ヶ国から三八名の社会主義者が集まった。それは、第二インタナショナルに代わる新しい組織の結成を志向するものではなかったが、準備段階で「祖国防衛」主義者を排除したため、[23]参加者は中央派か急進左派に限られていた。会議で多数を占めた中央派は、平和の早期回復を最優先に追求したが、急進左派はレーニンに同調し、「帝国主義戦争を革命的内乱へ」転化することを主張した。[24]結局、ツィンメルヴァルト会議は、大戦中でも各国反対派が連携することを確認し、そのための連絡調整機関として「国際社会主義委員会」をベルンに設置した。それは、反対派社会主義者たちが初めて確立した国際的結集軸であった。[25]

一九一五年に始まったツィンメルヴァルト運動は、大戦中に三回の国際会議を開くが、戦争の早期終結を最優先する中央派と、戦争を社会主義革命に利用しようとする急進左派との対立が解消することはなかった。さらにレーニンは、「祖国防衛」主義者を排除した新しいインタナショナルの創設を主張したが、それも多数の支持を得ることはなかった。膠着状態が続く中で、一九一七年にはロシア革命が、翌一八年にはオーストリア＝ハンガリーとドイツでも革命が勃発する。四年以上続いた戦争は終局に近づき、交戦諸国の国内状況は混乱をきわめる。インタナショナルの再編という問題は戦後に持ち越された。

3　インタナショナルの分裂

ツィンメルヴァルト運動とは別に、連合国の社会主義諸党の間でも戦時中から、イギリスの労働党を中心に、インタナショナルの再建が準備されていた[26]。そして同党は、ＩＳＢとも連携しながら、一九一九年二月にベルンで国際会議を開催したのである。二六ヶ国から一〇二名が参加した同会議では、ＳＰＤの戦争責任問題が一日を費やして議論されたが、ＳＰＤは、「ドイツ社会民主党は今や、戦争によって破壊された世界の再建に全力を尽くし、万国の社会主義者と協力しながら……インタナショナルの精神で闘っていることを行動で示している」と述べ、戦時中の行動が断罪されることを拒否した。会議ではＳＰＤ以外にも戦争に協力した党が多数を占めていたため、結局、ＳＰＤの戦争責任は「歴史的問題」として、「将来のインタナショナルに判断を委ね」られた。こうして、社会主義者の戦争責任という問題が曖昧にされたまま、翌一九二〇年の七月には第二インタナショナルが再建されたのである。だがそこには、急進左派はもとより、ＵＳＰＤやオーストリア、スイスなど、「祖国防衛」主義に批判的な中央派諸党も参加することはなかった。再建された第二インタナショナルは、戦争に協力した諸党を中心とする国際組織となり、その運営はイギリスの労働党に委ねられた。

一方、急進左派もまた終戦の翌年から新しいインタナショナルの創設に着手していた。すでに一九一七年四月にレーニンは、「社会排外主義者［＝祖国防衛主義者］と『中央派』に反対するインタナショナルを創設」するべきだと主張していたが[27]、当時それはまだボルシェヴィキ内においても退けられていた。だが、「十月革命」が状況を一変させる。ボルシェヴィキによる権力の掌握が、各国急進左派の組織的独立を強く促したのである。一九一八年三月にボルシェヴィキがロシア共産党に改称すると、ヨーロッパ各国の急進左派が社会民主党から独立し、共産党を創設した。そして、一九一九年三月にモスクワで開催された共産党・急進左派の国際会議は、三〇ヶ国から五一名を集め、共産主義インタナショナル（コミンテルン）の結成を決定したのである。

こうして、ロンドンに第二インタナショナルが再建され、モスクワではコミンテルンが結成された後、両者に与しないＵＳＰＤやオーストリア、フランス、ロシア（メンシェヴィキ）、イギリス（独立労働党）などの中央派諸党は、一九二一年にヴィーンで社会党国際協働体（ヴィーン・インタナショナル）を結成することになる[28]。このインタナショナルの特徴は、「あらゆる革命的プロレタリアートを包括するインタナショナル」を将来創設するための「手段」として、自らを位置づけた点である。そして実際に一九二二年の四月には、同インタナショナルの呼びかけによって、三つのインタナショナルの執行部協議会がベルリンで開催される。だが、第二インタナショナルとコミンテルンの対立が解消されず、協議会が不調に終わると、一九二三年五月に、ヴィーン・インタナショナルは第二インタナショナルと合同し、新たに社会主義労働インタナショナルを結成することになる。ここに社会主義は、各国内では社会民主主義政党と共産党が、国際的には社会主義労働インタナショナルとコミンテルンが併存するようになった。第二次世界大戦後、ソ連の崩壊まで続く社会主義分裂の始まりであった。

おわりに

一九一四年の八月、ドイツで「城内平和」が成立したとき、SPDは、ロシア・ツァーリズムから自国の安全と独立を守る必要性を強調した。かつて第二インタナショナルが「世界市場をめぐる競争の結果に他ならない」と規定した戦争を、ロシア専制主義の攻撃から「祖国の文化と独立」を守る戦争に置き換えることで、政府への協力を正当化したのである。だが、一九一七年のロシア革命でツァーリズムが崩壊した後にも、同党は政府への協力を続けた。この事実は、SPDの戦争協力には別の動機があったことを示している。

一九一四年の夏に、戦争の問題を通して社会主義者に問われたのは、国家との関係であった。既述のように、第二インタナショナルの時代は、社会主義政党が各国で一定の政治的比重を占めた時代であった。開戦に関わる主な国だけでも、社会主義政党の議会占有率（一九一四年当時）は、ドイツが約三〇％、オーストリアが約一五％、フランスが約一七％、イギリスが約六％、ロシアが約三％であった。[29] 南ドイツやフランスでは、社会主義者がブルジョア政党と協力し、現実政治に一定の責任を負う状況も生まれていた。一九世紀には国家外的存在に過ぎなかった社会主義は、二〇世紀に入るや、国家との関係をめぐって、ひとつの岐路にさしかかっていたのである。そのため、すでに大戦以前に、SPDや第二インタナショナルの内部では、植民地問題、議会戦術あるいは社会変革の手段などをめぐって対立が表面化していた。[30] 第一次世界大戦は、社会主義の底流ですでに成長しつつあった分裂の可能性に、最後の契機を与えたといえよう。

（1）例えば、F. L. Carsten, *War against War. British and German Radical Movements in the First World War,* (London 1982) /

西川正雄『社会主義インターナショナルの群像 1914-1923』岩波書店、二〇〇七年、などがある。

（2） マルクスとエンゲルスの戦争論については、S. F. Kissin, *War and the Marxists. Socialist Theory and Practice in Capitalist Wars, vol.1, 1848-1918*, (Boulder/San Francisco/London 1988), pp. 3-94/Wolfram Wette, *Kriegstheorien deutscher Sozialisten. Marx, Engels, Lassalle, Bernstein, Kautsky, Luxemburg. Ein Beitrag zur Friedensforschung*, (Stuttgart/Berlin/Köln/Mainz 1971), S. 22-101に詳しい。

（3） Gustav Mayer, 'Der deutsche Marxismus und der Krieg', *Archiv für Sozialwissenschaft und Sozialpolitik*, Bd. 43 (1916/17), S.115.

（4） 『マルクス＝エンゲルス全集』第三三巻、大月書店、三五頁。

（5） 『マルクス＝エンゲルス全集』第一七巻、五～六頁。

（6） 普仏戦争に際してマルクスが「防衛戦争」を支持する可能性を示唆したことと、後に社会主義者の間で「祖国防衛」の是非が問題となったこととの関連を指摘するものに、Gerhart Lütkens, 'Das Kriegsproblem und die Marxistische Theorie', *Archiv für Sozialwissenschaft und Sozialpolitik*, Bd.49 (1922), S. 467-517 がある。

（7） 『マルクス＝エンゲルス全集』第八巻、五一頁。

（8） 『マルクス＝エンゲルス全集』第一七巻、二五一頁。

（9） 第二インタナショナル大会決議からの引用は、すべて以下のドイツ語版議事録による。*Protokoll des Internationalen Arbeiter-Kongresses zu Paris. Abgehalten vom 14. bis 20. Juli 1889. Deutsche Uebersetzung*, (Nürnberg 1890) /*Verhandlungen und Beschlüsse des Internationalen Arbeiter=Kongresses zu Brüssel* (*16.-22. August 1891*), (Berlin 1893) /*Protokoll des Internationalen Sozialistischen Arbeiterkongresses in the tonhalle Zürich vom 6. bis 12. August 1893*, (Zürich 1894) /*Verhandlungen und Beschlüsse des Internationalen Sozialistischen Arbeiter= und Gewerkschafts=Kongresses zu London vom 27. Juli bis 1. August 1896*, (Berlin 1896) /*Internationaler Sozialisten=Kongress zu Paris. 23. bis 27. September 1900*, (Berlin 1900) /*Internationaler Sozialisten=Kongreß zu Amsterdam. 14. bis 20. August 1904*, (Berlin 1904) /*Internationale Sozialisten=Kongreß zu Stuttgart*, (Berlin 1907).

（10） *Internationale Sozialisten=Kongreß zu Stuttgart* [1907], S. 85-86, 102.

（11） シュトゥットガルト決議が成立する経過については、西川正雄『第一次世界大戦と社会主義者たち』岩波書店、一九八九年、二一一～二三八頁に詳しい。

(12) *Internationaler Sozialisten=Kongress zu Paris* [1900], S. 27.

(13) 戦争と革命の関係については、マルクスやエンゲルスも考慮に含めていた。だがそれは戦略的なものではなく、敗戦の混乱の中で労働者が革命に蜂起することを期待するものであった。例えば一八六六年六月一一日付「エンゲルスからマルクスへの書簡」『マルクス＝エンゲルス全集』第三一巻、一八九～一九〇頁。

(14) 'Polizeiprotokoll über die Sitzung des Vorstandes der Sozialdemokratischen Partei Deutschlands am 29. Juni 1914', in Jürgen Kuczynski, *Der Ausbruch des Ersten Weltkrieges und die deutsche Sozialdemokratie*, (Berlin 1957), S. 187-188.

(15) 一九一三年にバルカン危機が一応の収束を見せたことによって、第二インタナショナル内に楽観論が広まったとするのは、Georges Haupt, *Der Kongreß fand nicht statt. Die Sozialistische Internationale 1914*, (Wien/Frankfurt/Zürich 1967), S. 85.

(16) 'Protokoll der Sitzung des Internationalen Sozialistischen Bureaus vom 29. bis 30. Juli 1914 in Brüssel', in *Kongreß-Protokolle der Zweiten Internationale*, Bd.2, (Berlin 1976), S. 24-25.

(17) Carl Grünberg (Hrsg.), *Die Internationale und der Weltkrieg. Materialien*, (Leipzig 1916), S. 76-77.

(18) ＳＰＤ指導部は事前に政府に対して戦時動員の妨害をしないと確約していた。また政府も、ＳＰＤが政府の戦争政策に反対しない限り、同党の組織と出版を制限しないと保証していた。Eduard David (Susanne Miller bearb.), *Das Kriegstagebuch des Reichstagsabgeordneten Eduard David 1914 bis 1918*, (Düsseldorf 1966), S. 7.

(19) 例えばフランスでは、統一社会党が議会で戦時公債案に賛成票を投じ、その後、挙国一致内閣に閣僚を送り込んだ。イギリスでも、労働党は自由党政府との政治休戦に応じ、後に閣僚を一名送り込んでいる。その他、大戦勃発前後における各国社会主義政党の動向については、A. W. Humphrey, *International Socialism and the War*, (London 1915). pp.64-140.

(20) Carl Grünberg (Hrsg.), *a.a.O.*, S. 97.

(21) ＳＰＤ内反対派の動向については、拙稿「第一次世界大戦とドイツ社会民主党～独立社会民主党成立前史」地域文化学会『地域文化研究』第八号（二〇〇五年六月）、一四六～一六五頁。

(22) 八月六日の議員団総会では、七八名が公債案を支持したが、中央派と急進左派の一四名は反対した。議会本会議でＳＰＤ議員全員が賛成票を投じたのは、議員団規律に拘束されたためであった。Erich Mathias/Eberhard Pikart (bearb.), *Die Reichstagsfraktion der deutschen Sozialdemokratie 1898 bis 1918*, 2.Teil, (Düsseldorf 1966), S. 350-351.

(23) Robert Grimm, *Geschichte der sozialistischen Ideen in der Schweiz*, (Zürich 1931), S. 193.

(24) Horst Lademacher (Hrsg.), *Die Zimmerwalder Bewegung. Protokolle und Korrespondenz*, Bd.1, (The Hague/Paris 1967),

S.116-123.

(25) ツィンメルヴァルト会議に参加したドイツのK・カウツキーは後年、次のように述べている。「ドイツの社会民主党反対派にとって、他国の社会民主党との間に平和に関する一致点を見いだすことは、実現が不可能なほど困難ではない。それを証明しているのがツィンメルヴァルト会議とキーンタール会議［第二回ツィンメルヴァルト会議］である。そこでドイツの反対派は、フランスとロシアの社会民主主義者たちと協働してきた。」*Protokoll über die Verhandlungen des Gründungs-Parteitags der U.S.P.D. vom 6. bis 8. April 1917 in Gotha,* (Berlin 1921), S. 81.

(26) 以下、第二インタナショナルの再建過程については、Julius Braunthal, *Geschichte der Internationale,* Bd.2, 3. Aufl., (Berlin/Bonn 1978), S. 167-179.

(27) 『レーニン全集』第二四巻、大月書店、六～七頁。

(28) 以下、ヴィーン・インタナショナルの成立史については、Julius Braunthal, a.a.O., S. 249-254. 中林賢二郎『統一戦線史序説 1914-1923　インタナショナルにおける統一と分裂の論理』大月書店、一九七六年、八七～一三三頁。

(29) Georges Haupt, *a.a.O.,* S. 105.

(30) USPD創立大会（一九一七年）でカウツキーは次のように述べている。「党内には、戦争前からすでに……激しい対立があった。その対立は、世界大戦によって非和解的に深まった。」*Protokoll über die Verhandlungen des Gründungs-Parteitags der U.S.P.D.,* S. 79.

第15章　国民形成と歴史叙述

——両大戦間期のエストニアを事例として——

小森宏美

はじめに

歴史家は社会にいかにかかわってきたのか。社会的記憶と歴史家による歴史叙述を峻別し、後者は、少なくとも積極的には前者の構築に関与すべきではないという考え方もあるだろう。とはいえ、歴史叙述を専門の立場で行うのであるから、たとえ歴史家がそれを意図しなかったとしても、かかわり方の程度に違いがあるとはいえ、社会的記憶への影響が完全に排除されるとは想像しがたい。とりわけ、それを利用や悪用と呼ぶかどうかは別として、政治的にそれが要求される場合にはなおさらである。ここでいう政治的な要求としては、民族運動への動員や、独立後あるいは体制転換後の国民形成、多文化・多民族共生の促進、二国間関係の改善、地域統合の促進など多様なものが想定される。改めて指摘するまでもなく、社会的記憶の構築には包摂だけでなく排除の側面もある。ただし、歴史叙述が、たとえ特定の目的を持っていたとしても、その目的の達成のためにどの程度有効かは判断が容易ではない。目的と結果の間に齟齬が生じることも往々にしてある。

したがって、本章では「いかに」を規範的に問うことはしない。むしろ、歴史家の社会へのかかわり方を、当該の時代と社会を理解するための一つの視角とする。歴史家あるいは歴史叙述に対する要請は、いつでもどこでも同じわけではない。そうしたかかわりを、当人の認識いかんにかかわらず歴史家も避けることはできないという立場に立ち、ここでは歴史家や歴史叙述をめぐる主張に着目する。誤解を避けるために付言しておけば、時代や社会の拘束を受けることが歴史家の学問的営為を科学的価値のないものにするわけではない。

本章で扱うのは、主として一九三〇年代のエストニアである。この時代のエストニアについては、従来政治史的な研究が主流であった。知識人を主題とした研究としては、トーマス・カリヤハルムとヴァイノ・シルクの共著である知識人シリーズの一冊があるが、思想潮流について扱ったカリヤハルムの担当部分については、両大戦間期独立時代の思想史の概観を主眼としている(1)。本章では政治史を補完しつつ、その背景となる思想状況を把握することを目的として、知識人の言論を整理する。

一八世紀初頭にロシア帝国の一部となったエストニアは、第一次世界大戦と独立戦争を経て、一九二〇年二月にソヴィエト・ロシアとの講和条約締結をもって実質的独立を達成した。だが、このとき独立を承認したのは唯一ソヴィエト・ロシアのみであり、イギリスやフランスなどのいわゆる大国がそれを正式に認めたのは翌一九二一年のことである。だが、国際的承認を受けても、長らくロシア帝国の一地方であったエストニアの独立が安泰だと思っていた者は、国内ですら多くはなかった。長期にわたる被支配民族としての歴史、国家としての規模の小ささ、ドイツとソ連に挟まれた地政学的位置に加え、次節で見るように、国民の民族意識の弱さに関する認識も不安の要因になっていた。そうした民族意識の弱さ、あるいは民族に対する無関心は、一九三〇年代半ばに成立した権威主義体制の下でその克服が政治目標とされ、またそれゆえに、政治家や知識人による議論も高まりを見せた。

以下では、エストニア人の民族意識に関する当時の知識人の見方をぬきにして歴史家について語ることはできないと考える立場から、まず第一節で、民族意識について詳細に論じたヨハンネス・アーヴィックの議論を取り上げる。それを踏まえた上で、第二節で歴史叙述および歴史教育に関する三〇年代の議論を整理する。

第一節　アーヴィックの懸念

1 「青年エストニア」

エストニア語の近代化に尽力した言語学者のヨハンネス・アーヴィック（一八八〇―一九七三）は、「青年エストニア」と称する文学分野の知識人を中心とするグループに属したとされる。この「青年エストニア」は、もともと学生の活動に端を発する運動で、同時代の他国の急進的な青年運動に触発されてこの名前を自らにつけたことからもわかるとおり、旧世代に批判的な比較的若い知識人の集まりであった。一九〇五年には同名の『青年エストニア』というタイトルの論文集の発行を開始した。ヨーロッパ文化を通じてのエストニア文化の刷新を共通の目標としつつも、政治思想的には多様であったグループの内実について、文学者のティート・ヘンノステは、端的に言って思慮が不十分で、相互に対立的で混乱していたと評する。[2] 多くの場合、このグループの中核的人物として注目されてきたのは、グスタフ・スイツ（一八八三―一九五六）やフリーデベルト・トクラス（一八八六―一九七一）といった社会主義思想に共鳴した知識人である。ただし、この両者も、民族より階級を優先するという意味で社会主義者的立場をとっていたわけではないことは、当時のエストニアにおける社会主義思想の受容の複雑さを示すものである。

こうした「青年エストニア」内左派の知識人に対し、本節で取り上げるアーヴィックは、以下で見るとおり、民族問題の解決策としての社会主義には批判的であった。独立前夜のエストニアの民族意識を分析したアーヴィックの「エストニア人の民族意識の弱さについて」[3]は、当時の指導的政治家や知識人を批判したものとして検討に値する。エストニア人の民族意識の弱さという彼の指摘が、旧世代批判という「青年エストニア」のそもそもの立場に立って、すでに民族的指導者として名をなし、政治活動を行っていた者たちを批判する目的から出ていたかどうかは判然としない。それゆえ、そうした指摘の妥当性については別に検証が必要であるが、そうした議論がなされていたという事実にここでは着目する。次節で見るように、独立から十年余りを経た一九三〇年代になっても、エストニア人のドイツ化に対する懸念は解消されていない。そうした民族性の問題に鋭く切り込んだアーヴィックの議論は、仮に多数派に支持されたものではなかったとしても、考察に値するだろう。

2　民族指導者をめぐる諸問題

一九一七年の十月革命直前に行われたアーヴィックの講演会は、二月革命後に実現したある程度の自由により可能になったと推測される。アーヴィック自身も、講演の中で、検閲が廃止されたにもかかわらず、エストニア人知識人の舌鋒が鈍いことを再三嘆いている。アーヴィックの批判の対象は、民衆一般ではなく指導者である。しかも、当時、民族運動の中心にあったヤーン・トニソン（一八六八―一九四一？）に批判の大半が向けられている[4]。確かに、講演の前半部分では、簡潔にまとめれば社会主義的な考え方をする者に対する次のような言及がある。すなわち、彼らの主たる関心は民族文化ではなく社会問題にあり、民族自決を掲げはしているが、それは他民族の抑圧の否定という文脈においてである。社会経済状況が改善すれば、必然的に民族文化も発展すると考え、これに直接的な関心を向けない。あるいは、階級闘争以外のことを理解する余裕がない。母語教育を支持してはいるが、それは労働者の子供の教育という観点からなのである[5]。しかしながら、後半部のトニソンらに対する批判と比べるならば、これらは表面的であると言えよう。真の批判は民族主義者の領袖であるトニソンに向けられているのである。トニソンは、エストニア語新聞としては当時最も影響力のあった『ポスティメース』紙のオーナー兼主筆であり、民族主義政党であることを誇る進歩党の党首でもあった。まさに自他ともに認める民族運動の指導者である彼を、アーヴィックはどのような点から批判したのだろうか。

トニソン批判について詳しく見る前に、アーヴィックのいう民族意識について確認しておけば、それは、知識面と感情面の両方に基づくものである。知識面とは、自らが当該民族に属していること、および当該民族の状況について知っていることである。一方、感情面とは、自らが属する民族について、全面的に発展と安寧を望み、その民族が成長し幸福であるときにはこれを喜び、不幸であるときにはそれに悲しむばかりかわが身における喪失のように感じることである。アーヴィックによれば、民族主義者というのは、当該民族に属する一人一人が、民族文化上の達成が最大になり、民族的な安寧が最上になるような状況にまで高みに上っていくことを期待する者である。[6]

このように、アーヴィックは各人の認識を重視するが、むろん、言語の重要性にも言及している。しかしそれも、言語の大切さに対して意識的であるという観点からである。ただし、ドイツ化ないしロシア化してしまったエストニア人の主たる指標としても言語を挙げているため、言語能力と意識は切り離せないということなのだろう。この点に関連してアーヴィックは、「個人的な言語（isikuline keel）」という独特の表現を使う。それは後天的に習得した言語であっても、その言語の方が自由に自分を表現することが可能な言語のことを指す。[7] たとえ母語であるエストニア語を話すことができても、「個人的な言語」として別の言語で話す場合には、その者はすでに民族的にはエストニア人ではないというのである。[8] こうして他民族に同化してしまった者の民族的エストニア人や文化に対する態度は、良くて無関心と無知であり、悪くすれば、そしてこちらのケースの方が多いのであるが、エストニア民族に対して意識的に敵対的な態度をとり、同時にそれを恥じたり否定したりするとアーヴィックは断じる。[9]

だが、こうして他民族に同化してしまった者の割合はそれほど多くはない。これと比較して数的に多いがゆえにアーヴィックが問題視するのは、他民族に同化していないにもかかわらず、エストニア民族に対して無関心かつ無知である人々である。これらの人々の態度をアーヴィックは、貧困に起因する生活上の困難に対する不安や、必要最低限の物資すら欠如している状況、その一方で社会的上昇への並々ならぬ関心から説明する。[10]だが、それだけではない。教育を受けて、公的地位についたり、経済的に成功したりした者にもエストニア民族に対する同様の無関心は広く見られる現象であるという。

ここでアーヴィックは、なぜ、エストニア人の若者は民族主義よりも社会主義に傾倒するのかと問う。そしてその理由として、学校教育において共に学ぶロシア人生徒ないし学生の影響、特にそれらの人的関係を通じて形成された自由主義思想へのあこがれと民族主義を反動的であるとして批判的に見る考え方を挙げる。[11]だが問題は、ロシア人の影響力が強く作用してしまう原因にある。その原因として、アーヴィックは民族意識の弱さ以上に重要なものは見当たらないと喝破する。そして、その民族意識の弱さに責任のある民族指導者を批判するのである。

アーヴィックの論点は多岐にわたるが、主たる批判点は次の四点に整理できる。第一に、ヤコプソンの『三つの祖国の話』[12]以来、民族意識を醸成したり深めたりすることを目的とした著作物や冊子が全く出版されていないことである。このことが特に批判されるのは、民族に関する啓発書や冊子のみならず、新聞記事すら書かれない状況が、まさに教育機関でロシア化の渦中にある生徒の放置状態につながっているからである。アーヴィックは、こうした状況下で教育を受けた多くの若者が民族的に失われてしまうことを危惧する。ロシア語やロシア的精神のなかで育った生徒がそのまま大学に入学するのであるから、彼らが民族に対して無関心で無知であることに何ら不思議はないとし、これを「不作為の罪」とまで断罪する。[13]それでは、民族指導者は、なぜ民族について書かないのか。アーヴィックは、その理由を意志や興味のなさに求めるのであるが、それがまさに民族意識の弱さの表れであるというのである。

第二に、民族に対する普通の人々の関心が弱い理由であるところの、政治家、ジャーナリスト、作家、社会活動家などの活動が、人々の興味を引き出せていない現状である。そしてその原因が、こうしたいわゆる民族指導者自身にも民族的イデオロギーや将来に関する確たる目標および見通し、理想が欠如していることにあることを指摘している。[14]若者は、民族主義によっては満たされない理想や精神的刺激を社会主義に求めているというのである。そもそも、なぜ民族指導者は理想を語れないのか。この点についてアーヴィックは、それは決して、ロシア専制政府の抑圧のせいではないとし、それよりもむしろ、指導者自身が、民族の内在的力や抵抗力、発展力を信じていないことを問題視する。[15]アーヴィックは次のように厳しく批判する。すなわち、もし民族主義的言論活動が当局によって弾圧されるのならば、非合法的手段をとればよい。あるいは、少なくとも個人的つながりの中で、あるいは家族の中で、民族について語ることぐらいできるだろう。ところが、エストニア人の間では、民族が話題に上ることは極めてまれである。まるでそれを語ると気まずくなると考えているかのようである、と。[16]

第三に、民族主義者の中でも特に旧世代が、民族の存在にとっての言語の最重要性をあまり理解していないことである。それは、彼ら自身の会話や書簡に見られる言語上の間違いに表れており、また、言語の刷新に対する無理解や、時には反対表明に顕著であることが指摘される。[17]

第四に、エストニア語新聞にもかかわらず、エストニア人やエストニアの出来事ではなく、「ロシア」についての記事が大半を占めていることが批判される。また、「私たちの軍隊、私たちの政治、私たちのドゥーマ、私たちの首都ペトログラード」のような表現が頻繁に使われているという。だがこうした「ロシア」やその運命への過剰な関心に見える現象は、実は、その方が新聞記事を書く者にとって単に楽だからという理由から説明できるとアーヴィックは考える。自ら考え取材して書くよりも、ロシア語紙から翻訳したり引用したりして必要な分量を埋めるほうがよほど容易である。それに比べ、自分たちのことについて書くこと、エストニア人の立場から状況を論じ、出来事に光を当て、自らの経済・政治・文化について論じるのはよほど難しいというのである[18]。

　では、アーヴィックは、そうした民族指導者の民族意識の弱さの原因についてはどのように論じているのだろうか。実は原因に関するより掘り下げた議論は、この講演でも、アーヴィックの他の論考でもほとんどなされていない。わずかに、長期にわたる抑圧とそれに対する慣れがその原因として挙げられているのみである。

第二節　一九三〇年代の議論

1　変わらぬメンタリティ

アーヴィックがエストニア人の民族意識の弱さを嘆いていたのは、エストニア史にとってまさに分水嶺にあたる時期であった。すなわち、一九一八年に独立を宣言し、一九二〇年にはソヴィエト・ロシアとの講和条約締結により、実質的独立を達成した時期にあたる。民族運動や独立達成に民族意識の強弱が及ぼした影響については、エストニア史個別の問題としてだけでなく、ナショナリズム論の観点からも興味深い点であるが、本章ではそれについて論じる用意はない。ここではむしろ、独立後も続く民族意識の弱さに対する懸念と、そうした問題への対応の一つとして、歴史に向けられた期待について整理したい。

　エストニア人の民族意識の弱さは、何よりも、エストニア人の国民国家が成立したにもかかわらず、依然としてドイツ化が続いている状況に表れていると指摘されていた。そうした状況に、非政党組織として改善を求めたのが、エストニア民族主義者同盟（Eesti Rahvusliku liit、以下、ERK）である。ＥＲＫは一九三一年に結成された。三三年に発刊された機関誌『ＥＲＫ』では、ＥＲＫ自体は過激な民族主義的主張を行っていたが、同誌には同盟のメンバー以外も執筆しており、内容には幅があった。ERKの特徴は、個人や民族よりも国家を上位に置いた点にある。三三年の総会決議では、政治・経済・文化における国家の役割の増大が要求された[19]。ERKについては、一九三四年の権威主義体制への移行以前から、同体制の指導者であるコンスタンティン・パッツ（一八七四―一九五六）の有力な支持母体になっていたこともあり、また、その主張が同体制下でおおむね実現したことから、体制との癒着が指摘される。とはいえ、ERKの社会的影響力を過大視することには慎重であるべきだろう。本節では、半政府系機関誌としての役割を担ったとされる『ERK』での議論を[20]、当時の保守系民族主義者の思想を分析する材料として用いる。

独立戦争時に将軍として指導的立場にあり、退役後は政治家としても重要な地位についたアレクサンデル・トニソン（一八七五―一九四一）は、独立一五周年に寄せた「エストニアをエストニア人に！」と題する短文で、ドイツ化の問題について指摘している[21]。そこでトニソンは、依然として家庭内でドイツ語を使う場合が少なくなく、また、ドイツ人とエストニア人が結婚して家庭を築いた場合には、その子供の大半はドイツ化してしまうとして現状を批判する。そしてこの独立一五周年が、例外なき民族意識の覚醒への最後の機会だと危機意識を表明した上で、出自だけでなく、言語的にも精神的にもエストニア人たれ、と檄を飛ばす。ここまで直接的な表現が掲載されるのは、当時、最も民族主義的な雑誌であったためであろうが、この雑誌以外でも同内容の指摘はなされていた。ユハン・クップ（一八七四―一九七〇）タルト大学学長は、エストニア精神文化祭の開会の挨拶（一九三四年二月二一日）で、次のように述べている。

教育によって民族的帰属を変え、その生活水準や生活様式から抜け出て、より高次でより優れていると思われる別の民族の生活圏に上昇できるという見解を、一度完全に一掃しなければなりません。（中略）教育によってドイツ人やロシア人となってしまった者のいかに多いことか。こうした見解を、独立達成後も最終的には打ち崩せていないのです。現在でも、教育を、それを通じて自身の子供を別の民族へ融合させるためのはしごと見なす、父親や母親が存在しています。そうでなければ、他民族の学校へ子供を入れるためにあれほど熱心になること、法律の小さな抜け穴を利用して、エストニア語以外の言語と、さらに悪いことには他民族の精神が支配する学校へ子供を入れることの説明がつかないでしょう。(22)（中略）

一九三四年三月の事実上のクーデタによって権力を掌握したパッツの支配下において、ここで指摘されている諸問題への対応が行われる。ドイツ風の名前をエストニア語化する運動(23)や、教育法の改正(24)である。パッツ自身、国家の強化のためには、一人一人が国家への愛着と帰属意識を強めることが必須であるという見解を表明しており、ERKと思想的に近い立場にあったことは疑いない。一方、少数民族であるドイツ人およびユダヤ人に関しては、ERKの主張に完全に与していたわけではないことは指摘しておく必要がある。(25)いずれにせよ、当時の保守的知識人層には、程度の差はあれ、こうした民族意識の弱さに対する共通認識があったと考えられる。

2　歴史と民族意識

そもそも、国民国家の確立と歩みを共にしてきた歴史学であるから、歴史叙述と政治体制に密接なかかわりがあることは言うまでもない。独立後、一九二〇年代のエストニアにおいても、国民史の形成や歴史教育制度の確立が進んだ。だが、それは思うような成果を即座に上げたわけではなかった。両大戦間期、エストニア史学を牽引した歴史家の一人であるペーテル・タルヴェル（一八九四―一九五三、一九三五年までの姓はトレイベルク）は、一九三〇年、創立一〇周年を迎えたエストニア歴史協会の記念論文で次のように評する。

エストニア人の大学としてのタルト大学開校[26]とともに、ようやく国民的歴史学という意味での歴史学がその端緒についた。それ以前にはバルト諸国の歴史研究、わけてもエストニアの歴史研究はバルト・ドイツ人歴史家によって担われてきた。その研究活動は多くの点で価値あるものであったし、そう認められているものの、それでも民族的自覚に目覚めたエストニア人の必要と関心に合うものではなかった。（中略）歴史家は、エストニア人の歴史的過去に十分に注意を払わず、概して、バルト諸国の歴史的過去におけるエストニア人（およびラトヴィア人）の役割を過小評価し、ドイツ的要素をしばしばいたずらに称賛してきた。（中略）

他の民族の文化的自立達成を見れば次のことが明らかである。すなわち、（中略）歴史家によって解釈され、大衆の身近になり、かつ自分自身のものとなった共通の歴史は、まさに人民を人民にする力なのだ。[27]

念のために付言すれば、タルヴェルは保守的民族主義者ではなく、むしろ、自由主義的知識人と評される歴史家である。いずれにせよ、こうしたタルヴェルの励ましにもかかわらず、歴史叙述の国民化は、その後も必要とされるほどには進まなかったことが、繰り返される指摘の中に見てとれる。

「われわれの国民史の任務と方向性」[28]と題する論考において、歴史家のユハン・ヴァサル（一九〇五―七二）は、歴史は人類や民族という有機体の記憶であると位置づけ、歴史的過去をもれなく再現することなど不可能なのだから、現実の問題解決に資する主題を選んで研究すべきであると明言する。ヴァサルにとって歴史とは、民族の現在の関心に奉仕すべきものなのである。こうした観点から、バルト・ドイツ人を絶対的な敵として描き、そうした構図ゆえに、スウェーデン時代を理想視するヴィレム・レイマン（一八六一―一九一七）の歴史観[29]は乗り越えられるべきであるとする。当時の国際情勢に鑑みて、こうした主張が、その時点でのドイツとの関係見直しを意味するとするならば、今後、稿を別にしてその背景について検討する必要があるだろう。なお、ヴァサルは、一九三五年一二月に開かれた第四回全国歴史教師会議では、まだなすべきことは多いとしながらも、エストニア史学における方向性の転換とその方向での進捗に満足している旨を表明している[30]。

この歴史教師会議では、会議の性格上当然のことであるが、歴史教育の問題について集中的に議論が行われた。その論点は、やはり民族意識にあった。歴史教科書を執筆したヨハンネス・アダムソン（一八八三―一九四四）によれば、小国民の場合、存続の前提として国民性が死活的重要性を持っているにもかかわらず、エストニアの歴史教育においては、一般に、国民性がほとんど重視されていない[31]。同じくこの会議に参加していたアーヴィックも、国民性の深化の必要性を訴えた。こうした議論に対し、タルヴェルは警告を発している。すなわち、現実の状況から乖離するような生徒の育て方をしてはいけない、エストニア人として、他の民族と同等の価値を有する存在であることを認識するように若者を養育する必要があると断じたのである[32]。

最終的にこの歴史教師会議で決議された勧告のうち、本章に関わる点については、次のように整理できるだろう。第一に、カリキュラム上、国民的精神を涵養する人文学の科目としての歴史の重要性を強調する必要がある。第二に、歴史教育を通じて、国民的に方向づけられた世界観を形成し、また国民の将来に対して普遍的かつ個人的責任感を発達させる必要がある。第三に、歴史教育の中で、国民的な重要人物・現象・出来事にその価値に値するような注目をする必要がある。ただし、その場合、歴史学の基盤である客観性から離れることがあってはならない。第四に、エストニアの独立から現在までの時代に最重要性を与えるべきである。第五に、祖国愛と道徳心の醸成が歴史教育の高潔な任務であることを強調する[33]。これは歴史教師の会議であるから、この決議のみをもって、社会全体で歴史が重視されていると言えるわけではない。むしろ、歴史家や歴史教師が、国民形成と歴史を結びつけて論じることによって歴史の有用性を主張している点に、この時代の歴史観を見ることができる。一方、政治家の中には歴史を手段として明確に認識して議論する者もいた。

『ERK』で、歴史の将来的な任務について、ヤルヴォ・タンドレ（一八九九―一九四三、旧名はルドルフ・ストッケビィ）は次のように論じる。すなわち、全ての学問は国民国家の維持と強化のために何らかの方法で応用されねばならない。わけても、エストニア民族の歴史はその先頭にあるべきである、と。タンドレによれば、歴史の第一の任務は国民的育成であり、第二は、教訓と導きの糸を与えることである。さらに第三として、国家的存在と国家的構成の正当化の基礎となる事実を提供することが挙げられる。大国と比べ小国にとっては、歴史的正義に訴えることがいっそう重要なのである。なぜならば、大国は不当な目的をしばしば力や脅しで達成するが、小国はもっぱら道徳的な力にしか頼ることができないからである。[34]

むすびにかえて

本章で取り上げた言論は特殊であったかもしれない。独立直後であること、脅威を感じる国家（ソ連とドイツ）に囲まれた地政学的環境、その両者の同胞を少数民族として抱えていること、権威主義体制下といった、民族政策の右傾化を避けがたい条件がそろっていた。しかしながら、本章で見たように、三〇年代の権威主義体制下で見られる民族をめぐる議論は、すでに独立国家の成立前後から、あるいはさらにさかのぼって一九世紀後半から議論されてきたものと共通の根を有していた。

アーヴィックのトニソン批判が妥当であるかどうかは別として、[35]エストニア人の民族意識の弱さについての懸念は、当時の知識人の間ではかなり共有されていたと考えてよいだろう。そうした民族意識の弱さは、独立国家を得てもなお克服されず、国際情勢が緊張しつつある中で、政治家や知識人の不安を喚起する材料であり続けた。そうした状況下において、歴史教育や歴史叙述に対する社会の期待がどれほどのものであったのかについては、ここでは明らかにすることはできなかった。少なくとも、一九九一年の独立回復前後の状況と比較するならば、社会の中での歴史の持つ力に対する認知度はそれほど高くなかったように思われる。他方で、当の歴史家や歴史教師は歴史の潜在的力に期待できる程度には、歴史について理解していたと言える。一九二〇年代にようやく学問的な歴史研究が可能になったとき、従来のドイツ人による歴史叙述や「神話」を研究によって否定しつつも、そうしたかつての「歴史」が人々にどれほどの影響力を持っていたのかを、当時の歴史家は理解していたのであろう。冒頭の繰り返しになるが、だからと言って、当時のエストニア人歴史家の研究が学問的な客観性を意識していなかったと非難しているわけではない。

本章の目的に戻れば、言論分析という方法論上の限界を踏まえたとしても、当時の知識人が民族と国家に何を期待し、その関係をいかに捉えていたかについて、その一端を示せたと考える。

（1）Toomas Karjahärm ja Vaino Sirk, *Vaim ja võim: Eesti haritlaskond 1917-1940*, Tallinn, 2001.

（2）Tiit Hennoste, Noor-Eesti kui lõpetamata enesekoloniseerimisprojekt, *Elo Lindsalu, Noor-Eesti 100: Kriitilisi ja võrdlevaid tagasivaateid*, Tallinn, 2006, 15.

（3）Johannes Aavik, Rahvustunde nõrkusest Eestis, Loomingu Raamatukogu, *Johannes Aavik: Rahvustunde nõrkusest Eestis*, Tallinn, XXXII, 1988. これは、もともと一九一七年十月一三日に、エストニア青年民族主義同盟の主催によりタルトで行われた講演会の記録である。この講演会には、有料であったにもかかわらず、四〇〇名の聴衆が集まった。アーヴィック本人の言によれば、この講演記録は冊子として一九一八年に発行されたらしいが、ドイツ軍による占領とその後の戦争により紛失したと思われる。一九八八年に、公文書館に保管されていた講演ノートを基に改めて発行された際には、他に、「我々の文化的弱さの原因の一つについて：逆の選択」（一九一四）、「エストニアの独自の文化と民族主義的欠陥」（一九二七）、「民族問題についての警句」（一九四〇）が所収された。

（4）具体的な個人名を出して批判をしているのは、トニソンのみである。
（5）Aavik, *op. cit.*, 15, 16.
（6）Ibid., 8,9.
（7）Ibid., 10.
（8）エストニア語では、ドイツ化したエストニア人を「杜松ドイツ人」、ロシア化したエストニア人を「柳ロシア人」と称する。
（9）Aavik, *op. cit.*, 10.
（10）Ibid., 11.
（11）Ibid., 19.
（12）Carl Robert Jakobson, *Kolm isamaa kõne*, St. Peterburg, 1870. 同書は、一八六八年と一八八〇年に行われた講演を書籍化したもの。
（13）Aavik, *op. cit.*, 22, 23.
（14）Ibid., 25.
（15）Ibid., 26, 27.
（16）Ibid., 27.
（17）Ibid., 28.
（18）Ibid., 30.
（19）Eesti Rahvuslaste Klubide põhimõteid, *ERK*, 1933, 8.
（20）Karjahärm ja Sirk, *op. cit.*, 274-275.
（21）Aleksander Tõnisson, Eesti—eestlastele!, *ERK*, 1933, 3, 55.
（22）Juhan Kõpp, *Meie kultuuriarengu sihtjooni*, Tartu, 1935, 14.
（23）拙稿「両大戦間期エストニアの知識人」鈴木健夫編『ロシアとヨーロッパ——交差する歴史世界』早稲田大学出版部、二〇〇四年参照。
（24）拙稿「両大戦間期エストニアにおける教育制度の変遷——権威主義体制分析の視座として」『史観』二〇〇七年第一五七冊。
（25）エストニアでは、一九二五年に非領域的自治（文化自治）が制度化され、ドイツ人とユダヤ人がこの制度の下で自治権を行使した。民族主義者の一部からは批判の声も上がったが、制度自体は権威主義体制下でも維持された。ただし、一九二〇憲法にあった「民族的帰属は本人の自己申告に基づく」という規定が削除され、三八年憲法では、代わりに「民族的帰属を保持する権利を有する」という条文が挿入された。文化自治については、拙稿「マイノリティの権利の普遍性を語る困難について――エストニアの少数民族文化自治を事例として」孝忠延夫編『差異と共同：「マイノリティ」という視角』（関西大学出版部、二〇一一年）参照。

(26)　一九一九年。

(27)　Peeter Treiberg, Akadeemiline Ajaloo-Selts aastail 1920–1930, *Ajalooline ajakiri*, 1930, 1/2. 1.

(28)　Juhan Vasar, Meie rahvusliku ajaloo ülesannetest ja orientatsioonist, *ERK*, 1933, 5, 9–13.

(29)　レイマンの死後にまとめられ出版された *Eesti ajalugu*（Tallinn, 1920）を指している。

(30)　IV Üleriiklik ajalooõpetajate kongress, *Eesti kool*, 1936, 1, 53.

(31)　Ibid., 54.

(32)　Ibid.

(33)　Ibid., 55, 56.

(34)　Järvo Tandre, Eesti ajalooteaduse seniseid saavutusi ja lähemaid ülesandeid, *ERK*, 1937, 7/8, 170–172.

(35)　タルヴェルは、一九三八年に刊行されたトニソンの功績についてまとめた論集で、アーヴィックとは異なり、民族指導者としてのトニソンを高く評価している（Peeter Tarvel, Jaan Tõnissoni rahvuspoliitilised vaated, Hans Kruus (ed.), *Jaani Tõnisson töös ja võitluses*, Tartu, 1938）。権威主義体制下でトニソンは、その威信を減じていないまでも、反体制的政治家として政権には疎んじられていた。そうした中で、こうしたタルヴェルの評価が世に出されているのは、権威主義体制下での言論の許容範囲を示す例としても興味深い。

第16章　解放期から第四共和政下フランスにおける粛清

――対独協力者はいかにして裁かれたのか――

南　祐三

はじめに

フランスにとって、ナチ・ドイツという外敵との戦いとして開始された第二次世界大戦は、一九四〇年六月のあっけない敗北後、「フランス人同士の戦争（la guerre franco-française）」としての様相を色濃くし、四四年夏から秋にかけての解放後[1]もフランス社会を分断し続けた。大戦が終結に向かう一方で、フランスの「内戦（la guerre civile）」は、復讐心をうちに秘めた勝者による敗者への懲罰を伴いながら、戦後もフランスの分裂状態を維持させたのである。[2]勝者とはむろん、祖国を占領したドイツとそれに手を貸したヴィシー政府に反旗を翻し、戦勝国としてフランスに終戦を迎えさせたレジスタンス勢力を指す。彼ら抵抗派による国家再建に向けた取り組みの第一歩が、対独協力者たちに対する「粛清（épuration）」であった。

四四年八月二五日の解放後、パリではおよそ一週間のうちに四〇〇〇人がさっそく逮捕されている。逮捕者の数はその後膨れ上がり、一〇月初旬の段階で一万人以上を数えた。フランス全土では、解放後数日のうちに約八万人が捕らえられたという。パリで逮捕された者の大半は、皮肉にも、二年前にナチとヴィシーの協働による一斉検挙で捕らえたユダヤ人を閉じ込めたヴェルディヴの競輪場やドランシーの強制収容所に一時的に押し込められた。(3) 共和国臨時政府によって、「行政拘束」の状態に置かれたのである。その後、共和国臨時政府の選別委員会によって起訴すべきと判断された者たちを粛清裁判が待ち受けていた。対独協力者たちはいかにして裁かれ、どのような処罰を受けたのか。

本論は、ヴィシー時代をつうじて深まったフランスの「分裂」が、第四共和政以降においてどのように「統合」されるのかという問題を視野に入れつつ、解放期から着手された粛清について、非合法的な粛清（第一節）、司法にもとづく粛清（第二・三節）、職業別の粛清（第四節）という三つの視角から検証し、その全体像を提示することをめざすものである。

第一節　「野蛮な粛清」

抵抗派による協力派の粛清は、司法手続を経て合法的に行われたものと、そうでないものとがある。そうでないものの約八割は、四四年六月二日に成立したドゴール（Charles de Gaulle）を首班とする共和国臨時政府が粛清のための法制度を整える前に、あるいはそれと並行して解放を実行し、抵抗派の勝利を確実なものにしていく段階で、暗殺やリンチ、略式処刑のかたちで行われている。たとえば、ヴィシー政府の軍事組織である民兵団の団員をはじめとする約五〇〇〇人が、解放時にレジスタンスのゲリラによって殺害された。「粛清」によって命を奪われた者の総数は約一万人と見積もられるが、司法手続きを経て処刑された者はそのうちのわずか一五〇〇～一六〇〇人に過ぎない。(4) もちろん処刑にまで至らずとも、ナチやヴィシーに対する協力姿勢を厳しく咎められ、「裏切り者」

の扱いを受けた人びとが数多く存在する。本節では以下の三つの例を紹介しながら、非合法的な粛清の実態を概観したい。

一つ目は、四二年六月二日に起こった粛清である。この日、パリを拠点とする協力主義の日刊紙『クリ・デュ・プープル』の編集長クレマン（Albert Clément）が社屋を出たところで共産主義者に射殺された[5]。同紙は、ペタン信奉者でファシストのドリオ（Jacques Doriot）が党首を務めるフランス人民党の機関紙だった。占領期半ばに起こったこの暗殺事件は、まだ戦争の趨勢が不透明な段階での、抵抗派と協力派との主導権争いという意味合いが強く、厳密には「粛清」の範疇に入れるべきでないかもしれない。しかし抵抗派が勝利を収めるというその後の展開を踏まえ、自分たちの権力確立のために抵抗派が協力派を排除する行為として粛清を捉えるならば、占領期中からすでに粛清が着手されていた事例としてこの事件を位置づけることができるだろう。ただし武力的な勝敗が決していないこの時期の場合、粛清した側の抵抗者のほうにも復讐されるかもしれないという恐怖が常に付きまとっていたはずである。

それに対して、ナチとヴィシーの失敗が明白となった解放間際、あるいは直後に行われた粛清はまさに勝者が敗者に罰を与える行為に他ならず、それゆえ「正当性」を纏った者たちによって振るわれた暴力に歯止めがかかりにくいという傾向がみられた。なかでも最も強烈で、長らく人びとに記憶されている情景の一つが、ドイツ兵と関係を持ったフランス人女性たちが公衆の面前で丸刈りにされた姿であろう[6]。対象となった約二万人のなかで、実際にドイツ兵と恋愛関係になった女性は半数ほどであり、彼女らを含めその大半は仕事の一環として、たとえばドイツ兵が滞在するホテルの従業員や通訳、ドイツ軍機関の事務員として働いていた者などさまざまであったが、いずれもフランスに対する裏切り者として、身体的な罰を受けた。彼女たちは唾棄すべき存在として罵倒され、晒し者にされた。

粛清のための司法制度は四四年六月以降順次整えられていくが、それによって非合法の粛清がなくなったわけではない。そのことを示す事例として、ベルギーとの国境に近い町モブージュ（Maubeuge）で起こった事件が挙げられる。この町の刑務所に収監されていた対独協力者二名が、レジスタンスのフランス国内軍（FFI）の二人の少佐、テュイルシュベール（Ferdinand Thuylschœver）およびランベール（Marceau Lambert）とコクベトゥール（Caucbeteur）少尉によって処刑された事件である。対独協力者二名はそれ以前に軍事裁判所で死刑判決を受け、ドゴールの判断で懲役刑に減刑されていた。ところが、その措置に不満と憤りを覚えた群衆が、四四年一〇月、両名を差し出さないと他の収監者をも殺害するとモブージュの刑務所に押しかけ、群衆の剣幕に気圧されたフランス国内軍の三人が二名の受刑者を略式処刑してしまったのである。四五年一月、パリの軍事裁判所は五～七年の懲役刑と軍籍剥奪を言い渡し、三人の軍人を処分している。(7)

このように解放に向けた歓喜と熱狂のなかで、占領下で抑圧されていた者たちの対独協力者への怒りと憎悪が一挙に噴出し、「野蛮な粛清」(8)となって表出した。レジスタンスの地下新聞『フランスの防衛』は四四年三月、協力者たちの「命を奪う義務（le devoir de tuer）」が祖国の解放にとって不可欠であると訴えていた。(9)そうした異常な興奮状態を落ち着かせ、秩序を回復するためにも粛清の司法制度を確立することは共和国臨時政府にとって不可欠な措置となる。

第二節　司法にもとづく粛清の目的

司法に則った粛清は、解放後、各種の法廷において本格的に始動する。(10)本節では、粛清の司法制度が整えられていく過程を確認しながら、粛清裁判の背景にある思想とその目的について考察したい。

粛清裁判は、第三共和政が一九三九年に制定した刑法第七五条から第八六条にもとづいて行われた。それは戦争に突入する直前の第三共和政が「国防を害する行為」や「対敵協力（l'intelligence avec l'ennemi）」を裁くことを目的として制定した法律であった。フランスの新たな為政者にならんとしていた抵抗派は二つの重要な修正を施しつつ、この法律を利用する。まず四四年六月二六日の政令《オルドナンス》で、レジスタンス組織を害するような行為や「戦争状態にあるフランス」の同盟国（アメリカ、イギリス、ソ連）を攻撃する行為を裁きの対象に含めた。そうすることで、東部戦線で参戦した反共フランス義勇軍団やナチの親衛隊の傘下に入り、レジスタンスの取締にあたった民兵団および警察組織の役人たちを裁く法的根拠を自らに付与したのである。注意すべきは、この政令をはじめとして、共和国臨時政府が新たに定めた法規において、四〇年六月二二日にドイツと締結されたはずの休戦協定が否認され、同年六月一七日から四四年八月二五日までに誕生した諸政府がフランスの合法政府として扱われていない点である。その解釈に従えば、フランスとドイツは解放以前の時期においても交戦中だったということになるし、法文上、歴代のヴィシー政権は「それ自体はフランス国の政府と名乗っている、事実上の権力者（autorités *de facto*）」と表現されている。[11]臨時政府の認識では、ヴィシー政府は共和国の「簒奪者」に過ぎず、パリ解放直後にドゴールが言い放ったように、共和国のいわば本質は、四〇年六月一八日のドゴールによる抵抗の呼びかけとともに結成された「自由フランス」から、より広範な抵抗者を結集するためにそれを発展させた「戦うフランス」（四二年七月改称）、そして国内外のレジスタンスによる統一組織として四三年五月に結成された全国抵抗評議会（CNR）へと「順番に組み入れられ（incorporée）」、受け継がれたことで、「一度としてその存在を止めてはいなかった」のである。[12]

しかし、それは事実に反するといわなければならない。「フランス国（L'État français）」、すなわちヴィシー体制が合法的に樹立されたことは明らかであるからだ。四〇年七月九日、第三共和政の上下院議員は一八七五年の憲法的諸法規（＝第三共和政憲法）を修正する必要性について合意に達し、その翌日、議会は五六九対八〇票（棄権二〇票）という圧倒的な賛成多数によって、「新たにフランス国を樹立するために」ペタン元帥へ「全権を付与すること」を承認した。政治秩序の再構築をめざすレジスタンス勢力は、こうした経緯を黙殺し、正当性の根拠を捻じ曲げたのである。意図的にその根拠をずらしたといったほうがより正確かもしれない。すなわち、戦争に勝利した側に立っているということ自体が重要な正統性の根拠になったことはいうまでもないが、それだけではなくて、法的なプロセスよりも共和国を保持した者こそが「正当」であると考えることで、自分たちこそが共和国の「正当」かつ「正統」な継承者であると主張し、自らを裁く側に置いたのである。[13] そうして正当性／正統性の所在を逆転させておかなければ、刑法七五条が定める国防を危うくし、対敵協力を働いた者とは、自分たち抵抗派を指すことにもなりかねないからである。[14] こうして抵抗派が作り上げた物語は、粛清裁判の根拠およびその目的と直結している。四五年六月に法務大臣に着任したドゴールの腹心、ティジャン（Pierre-Henri Teitgen）[15] の次の発言にも、そうした認識が表れている。

フランス、それは何よりも伝統であり、文化であり、一つの使命（vocation）である。その使命とはこの国に魂を宿すことだ。その魂は古くから継承されてきたキリスト教的なユマニスムから形成されている。〔……〕そして国家よりも人間の存在が優越しているという信念からその魂は作られている。なぜならフランス固有の着想においては、国家が人間に奉仕するのであって、人間が国家に奉仕するわけではないと考えられるからだ。このフランスの使命は〔……〕人間としての資格を持つすべての者、すなわちすべての肌の色、すべての人種、すべての民族、あらゆる信仰を持ち、地球上のあらゆる土地に住む人びとの魂を突き動かしてきた。それは普遍的な使命なのである。〔……〕ところが、そうした価値を忘却の彼方へ捨て去ってしまうような対独協力政策が受け入れられてしまった。彼らの活力の源泉には、フランスに対する裏切りがあったのである。彼らの裏切り行為は〔……〕政治的な過失というだけではない。それはわが国の存在意義そのものの否定を意味するのだ。それこそが刑法第七五条が定める罪である。[16]

つまり、――抵抗派はけっして公にそうはいわないが――確かにヴィシー政府＝フランス国という「国家」は合法的に樹立されたかもしれないが、肝心なのは、それに対して行動した「人間」の判断のほうだというのである。フランスに対独協力「国家」が出現したからといって、それに従うことは「フランスの使命」に反する「裏切り行為」であると抵抗派は協力者たちを糾弾している。それゆえ粛清裁判の被告人たちは、そのファシズム性やナチへの傾倒の度合いがどうであったかということの以前に、何よりも、共和国に対する裏切りがどれほどのものだったのかという点において裁かれた。共和国臨時政府の前身である国民解放委員会（CFLN）が四四年四月に発したデクレにも、まさにそうした意志が反映されている。これにより、ペタンへの全権付与に賛成票を投じた五六九名の上下院議員から被選挙権が剥奪されたのである。その結果、第三共和政の上院議員の七七％および下院議員の八五％が戦後における議員としての職業的な道を閉ざされた。[17] 抵抗派という共和国の継承者は、共和国を放棄し、ヴィシー体制をもたらした責任者を徹底的に排除しようとしたのである。

共和国臨時政府が刑法に施した二つ目の重要な修正は、「国家反逆（indignité nationale）」の罪を犯した者に対する「公民権剥奪（dégradation nationale）」の刑を導入したことである。それを制定した四四年八月二六日の政令は、国家反逆罪の対象者を、「直接的であれ、間接的であれ、ドイツおよびその同盟国を自発的に援助したか、あるいは国家の統一性やフランス人の自由と平等に害を及ぼすような状態」にあった者と規定している。具体的な非合法の犯罪行為（crime）に及んだ者ではなく、そうした行為に及ぶ可能性のある「状態（état）」にあった者を裁くことが想定されている点を見落とすべきではない。これにより、いわば対独協力組織に属していただけの、比較的責任の軽い協力者をも裁くことが可能となった。この刑に処された者は、投票権および被選挙権の剥奪に加え、公務員の罷免や軍籍剥奪などの職業的な禁止、組合における資格停止、居住の制限などが課せられた[18]。被告の身体的な自由や生命を奪うものではなかったが、市民としてのあらゆる権利を禁ずるその刑は「死からそれほど遠いものでもない[19]」ともいえた。

共和国臨時政府が新たに制定した基準からは、粛清裁判が共和国的価値とは何たるかを再確認する場となり、フランス再建に向けた人材の選別の場となっていたことが読み取れる[20]。ただし、「再建（rétablissement）」とはナチとの戦争によって崩壊した旧共和政への「復帰（retour）」や「復興（restauration）」を意味しない[21]。五六九名の議員に対する処置が端的に示すように、抵抗派という新たな共和国の主導者によってそれを刷新することがめざされたのである。レジスタンス勢力のなかで、国内抵抗派を代表する共産主義者（極左）と国外に拠点を置いたドゴール派（右翼）が、元来政治的に相容れず、レジスタンスの統一にも難渋し、またこの解放期においても激しい主導権争いを演じていたことは確かだが、しかしヴィシー政府や親ナチの協力主義者を罰し、自分たち抵抗派が共和国を作り直さなければならないというヴィジョンが共有されていたからこそ、戦後のフランスには反全体主義的で、なおかつ戦前のそれとは違う、四番目の共和政の樹立がめざされたのである。

第三節　複数の裁判所と判決の一覧

以上のような認識にもとづき、粛清裁判は次の四つの機構において実施された。軍事裁判所以外の三つは対独協力者を裁く目的で例外的に設置された特別法廷である。ここではそれら特別法廷に関する**表1**〜**表4**を用いながら、制度的な枠組みと判決の一覧を確認したい[22]。

最初に紹介するのは、軍事裁判所（tribunaux militaires）である。ここは時期的に最も早い段階から法にもとづく裁きを行っていた。先述のように、レジスタンスのフィクションのなかでは本土を占領された四年の間もフランス共和国はドイツと戦争中だったのであり、そのなかでフランス国内軍との戦闘で捕らえられた協力者たちが裁きの主な対象となった。軍事裁判所はその他にも、ドイツ軍やイタリア軍などによる戦争犯罪を裁く役割も担っている。特別法廷が設置されるまではこの軍事裁判所が主要な裁きの場となっていた[23]。

粛清のために新設された特別法廷は次の三つに分けることができる。第一に、通常の特別法廷（Cours de justice）であり、これは県別に設置された（以下、これを「特別裁判所」と記す）。コラボラシオンの関係書類を軍事裁判所が独占するのは好ましくないと考えたドゴールの意向を背景に、すでに触れた四四年六月二六日の政令によって設置が命じられている。特別裁判所は、既存の重罪院の縮小版のような体裁を取り、一名の司法官と各県解放委員会（CDL）が「国民的心情を証明した市民」のなかから選別した四名の陪審員から構成された[24]。判決は「フランス人民の名において」なされ、最高刑である死刑の他、強制労働刑、懲役刑、禁固刑、公民権剥奪刑がここで言い渡された。

この特別裁判所に帰属する部局として、「公民部（chambres civiques）」（司法官一名と陪審員四名から成る）という法廷が、四四年八月二八日の政令にもとづいて新たに導入されている。その目的は、もっぱら同政令とそれに修正を加えた四四年一二月二六日の政令によって規定された「国家反逆罪」を裁くことにあった。したがって、ここで下される判決は無罪または公民権剥奪刑のどちらかしかない。公民部を含む特別裁判所は、次に挙げる高等特別裁判所と比較すれば、裁かれた被告人の重要度（責任の重さ）という意味では下位に位置づけられるかもしれない。しかし、人数においても社会層という点でも、より広範なカテゴリーの協力者たちを裁き、粛清の場として極めて重要な役割を果たした。

表1　特別裁判所および公民部における判決一覧（1951年1月31日時点）

特別裁判所による判決（50,095件中）	
無罪	6,724
死刑	6,763［欠席判決3910／出廷・減刑2086／出廷・執行767］
無期強制労働刑	2,702［欠席判決454／出廷2248］
有期強制労働刑	10,637［欠席判決1773／出廷8864］
懲役刑 Réclusion criminelle	2,044［欠席判決88／出廷1956］
拘禁刑 Peines de prison	22,883
公民権剥奪刑（主刑として）	3,578［欠席判決19／出廷3559］
判決を受けた個人	55,331名
公民部による判決（67,965件中）	
無罪（免除）	19,453
公民権剥奪刑（終身）	14,701［欠席判決4755／出廷9946］
公民権剥奪刑（有期）	31,944［欠席判決1327／出廷3万617］
裁かれた個人	58,760名
判決を受けた個人	69,282名
判決を受けた個人の総計	124,613名

＊ H. Rousso, *Vichy : L'événement, la mémoire, l'histoire*, pp. 522–523をもとに作成。

最後に、高等特別裁判所（Haute Cour de justice）が挙げられる。フランス国の国家主席ペタン（Philippe Pétain）や占領期後半に実権を掌握したラヴァル（Pierre Laval）、あるいは四〇年六月一七日（ペタン政府成立の日付）から解放までの間にフランス本土に据えられた「諸政府ないし疑似的な諸政府」に仕えた官僚や上級役人など、重要度としては最も高い被告たちの違法行為を裁く役目を負った。敗戦が間近に迫った四四年八月下旬、ドイツ人らとともにヴィシー政府の要人たちはドイツのジクマリンゲン（Sigmaringen）へ逃亡し、代理政府を作るなど最後のあがきをみせていたために、解放後しばらく彼らはフランス国内に不在であり、身柄を拘束されていなかった。そうした経緯ゆえに、時期的には四つのうちで最も遅く設置されている（四四年一一月一八日の政令による）。三名の司法官と二四名の陪審員が配置され、それら陪審員は二つのリストから一二名ずつがアルジェの諮問議会（l'Assemblée consultative）によって選出された。大戦が勃発した三九年九月一日の時点で議席を有してお

表2　高等特別裁判所における判決一覧（1945年3月～1949年7月）

判決前に亡くなった者	8
予審による免訴（訴追停止）	42
無罪	3
死刑	18［執行3／減刑5］（欠席判決10）
強制労働刑	8［無期2（欠席判決1）／有期6（欠席判決1）］
拘禁刑	14［終身1／有期13（欠席判決3）］
公民権剥奪刑（主刑として）	15［執行8／レジスタンスを理由に停止7］
計	108件

（出典）H. Rousso, *Vichy : L'événement, la mémoire, l'histoire*, p. 514.

り、なおかつペタンへの全権付与に反対した議員のうち五〇名から成るリストと、当時は議員ではなく、その後レジスタンスに加わった五〇名の諸個人から成るリストの二つである。[25]

三つの特別法廷は、合計で三一万一二六三件について予審を行い、そのうち一八万三五一二件は追加審議の必要がないものと判断されている。つまり特別法廷において公判に付された一件書類（dossier）は計一二万七七五一件であった。特別裁判所が五万七九五四件（うち一〇八件が高等特別裁判所）で、公民部が六万九七九七件である。[26]判決の内訳は**表1**および**表2**のとおりである。軍事裁判所を含め、死刑判決を受けた者は七〇三七名であり、そのうち七六七名が実際に処刑された。一八名に死刑を宣告した高等特別裁判所では、判決に対する控訴条項を設けていなかったが、臨時政府首班による恩赦が認められていた。四五年八月一五日に死刑判決を受けたペタンに対して、ドゴールはその二日後、高齢を理由にこれを与え、無期懲役刑に減刑している。他方、欠席裁判による判決は絶対のものとされ、極刑を宣告された一八名のうち一〇名に関しては、国外逃亡により被告が出廷しないなかで下された判決である。[27]

三つの特別法廷で言い渡された実刑のなかでは公民権剥奪が最も数が多い。国家反逆罪に焦点を絞り、「共和国の名誉を汚した者」について検証したシモナンは、その数を最大で九万八四三六件（特別裁判所四万九八二九・公民部四万八六〇七）と見積もっている。[28]彼女によるセーヌ県の公民部に関する詳細な分

表3　セーヌ県公民部における訴追理由

政治的対独協力組織への参加	6,885（62.3%）
親ドイツ的プロパガンダ	562　(5.1%)
国民としての誇りの欠如（反国家的態度、ドイツ人との付き合い、ドイツ人との性的関係、その他親ドイツ的行動、44年8月以降の自発的なドイツへの出発）	1,311（11.8%）
密告	201　(1.8%)
行政的協力（ヴィシー政府やユダヤ問題総監督署の役人）	61　(0.6%)
民間における経済的協力（ドイツ人の下で働くこと、自発的にドイツで労働すること）	848　(7.7%)
軍事部門における経済的協力（トット機関、シュペーア部隊、NSKK）	503　(4.5%)
軍事的協力（LVF、武装親衛隊）	318　(2.9%)
上記に分類されないあらゆる対独協力	369　(3.3%)
計	11,058名（100%）

（出典）A. Simonin, *op. cit.*, p. 535.

表4　セーヌ県公民部による職業の禁止をつうじた「民事死亡」の一覧
（44年12月26日の政令適用後）

取締役、私企業の業務執行者、経営者、銀行家、保険事業者	31	9.1%
弁護士、法律顧問、代訴士、公証人、司法補助吏	23	6.7%
商店経営者、商店従業員	127	37.1%
作家、文筆家、ジャーナリスト、編集者、広告業者	92	26.9%
出版人、新聞経営者（主幹）	7	2%
印刷業者、その他の出版業	21	6.1%
映画俳優、その他映画業界人	10	2.9%
翻訳家	18	5.3%
ラジオ放送制作者	13	3.8%
民間部門の総計	342	100%
行政公務員、自治体長	6	1.7%
上下院議員、大臣	3	0.8%
上級公務員、公共事業の管理者	28	7.9%
各種学校長、教授	24	6.8%
その他教育機関の事務員	37	10.4%
その他公的事業にかかわる職員	32	9%
中央および地方公務員、下役の公務員	144	40.6%
軍および警察職員	51	14.4%
退職者、年金生活者	30	8.4%
公的部門の総計	355	100%
民間および公的部門の総計	697名	—

（出典）A. Simonin, *op. cit.*, p. 473.

析に依拠して、いくつかその特徴を指摘しておこう。まず**表3**はセーヌ県の公民部が裁いた一万一〇五八名の被告に対する訴追理由をまとめたものである。国家反逆罪が具体的な犯罪「行為」を犯した者ではなく、犯罪に及び得る「状態」にあった者、つまり潜在的な犯罪行為者を対象としたことはすでに言及した。実際、全体の六二％が民兵団や反共フランス義勇軍団、フランス人民党、国家人民連合、グループ・コラボラシオンなどの政治的対独協力組織に属していたことを理由に訴追されている。みせしめとして丸刈りにされたうえに、「国民としての誇りの欠如」を理由に法廷で罪を問われた女性たちもいたことだろう。彼女たちは非合法的にも、合法的にも、裁きを受けたことになる。

　この一万一〇五八名のうち、公民権剥奪の刑に処された者は三八一一名であった。**表4**は、さらにそのなかで、職業の禁止を命じられたことによって「民事死亡（morts civiques）」の状態に置かれた六九七名についてまとめたものである[29]。彼／彼女たち（一八・三％が女性）は、占領期に従事していた職業への戦後の復帰が禁止された。公務部門の三五五名（全体の五〇・九％）のなかでは、ヴィシー政府の行政機関で末端の仕事を担っていた、いわゆる「下役（lampiste）」の存在が際立っている。民間部門では、職種としては商業従事者が最も多いが、業界としては出版やジャーナリズムに関わっていた人びと（作家、ジャーナリスト、編集者、印刷工など）の割合の高さが目に付く。映画やラジオの関連業をも含めれば、親ナチないし親ヴィシーのプロパガンダに従事した者が対独協力の象徴として、厳しく罰せられた実態がみえてくる。そして、たとえ特別裁判所で裁かれなかったとしても、ジャーナリストが戦後もその仕事を続けたいと望むのであれば、彼らは業界における審査を通過しなければならなかった。

表5　職業ジャーナリスト身分証停止処分の内訳

6か月以下	4.4%
6〜10か月	33.6%
1年〜16か月	34%
1年半〜2年	16.6%
2年半〜5年	6.1%
6年〜20年	5.3%

（出典）C. Delporte, *op. cit.*, p. 397.

第四節　職業的な粛清

対独協力者を炙り出し、罰する行為は、「野蛮な粛清」と司法裁判にのみ限定されていたわけではない。粛清の全体像を把握するためには、職業ごとに実施された処罰にも目を向ける必要がある。本節では、最も徹底的にそれを試みた一つであるジャーナリズム業界を取り上げ、職業としての粛清の実態を概観したい。

業界ごとの粛清といっても、そこにはやはり抵抗派の思惑が直接的に反映されていた。たとえば作家の場合、共産党系の知識人を中心とする全国作家委員会（CNE）が「裏切り者に正義による懲罰を与える」ことを求めて公表した、九四名の対独協力作家リストの存在はよく知られている。[30] ジャーナリズムの場合も、国内抵抗派による「レジスタンスプレス全国連盟（FNPC）」とドゴールが指揮を執る共和国臨時政府が主導して、戦後の情報秩序の再構築に向けた取り組みが行われた。[31]

両者の間には係争点もあったが、対独協力プレス[32]を一掃すること、そしてその社屋や印刷所をこれまで地下出版に勤しんできたレジスタンスの新聞・雑誌が奪い、利用することの二点は共通理解となっていた。四四年九月三〇日には臨時政府が政令を発し、四〇年六月二五日以降、北部のドイツ軍占領地区で活動していたすべての新聞と四二年一一月一一日のドイツ軍の非占領地区への侵入後、一五日以上経過しても活動していたすべての新聞の発行停止を命じている。[33]

対独協力プレスの主幹や編集長など、名の知れた主要な協力派ジャーナリストは四四年一〇月以降、真っ先に特別裁判所で裁かれているが、それとは別に、四五年三月二日の政令で臨時政府情報省のプレス部門下に設置された「職業ジャーナリスト身分証委員会」が、戦後の新聞界で働くジャーナリストを選別した[34]。この委員会の任務は、「職業ジャーナリスト」であることを証明する身分証の更新および交付に関する審査を行うことである。身分証そのものは、媒体を発行する企業による、「精神的自由」を脅かすような圧力からジャーナリストを保護することを意図した一九三五年三月二九日法によって導入された制度であり、取得は義務ではなかったが、三九年初頭で三〇〇〇人以上に交付されていた[35]。解放後、共和国臨時政府は「裏切り者」を罰し、情報を扱う仕事の担い手を刷新するために、職業ジャーナリストにその所持を義務づけた。すなわち、占領下の活動内容が身分証の更新を認めるか否かの新たな判断基準となったのである。こうして「敵の企てを援助した」、「フランスおよびその同盟国の戦争努力を妨害した」、「フランス人による抵抗運動の邪魔をした」ジャーナリストには資格の抹消ないし停止処分が下されることになった[36]。

しかし、その審査は困難を極めた。一二名で構成された委員会は最初の八か月の間に押し寄せた六〇〇〇以上の申請書類の処理に忙殺されたという。これを受けて四六年三月には、対独協力者を罰するという任務において委員会が機能するのは、同年六月三〇日までと決められている[37]。審査は申請者に関する八ページに及ぶ調査書にもとづいて実施されたが、それだけで各申請者の活動を評価することは予想以上に困難な作業であり、委員会は各県解放委員会の意見書や各法廷から提供された調査書を参照しつつ、判断を下していった。

結果的に、四五年三月から四六年六月末までに八二〇〇名が審査を受け、計六八七名に資格停止による制裁が加えられている（停止期間は**表5**のとおり）。このうち七七％は占領地区で働いていた者であり、ヴィシー政府管轄の非占領地区での活動には比較的寛大だったことがわかる。また一一％が編集長、二七％が編集次長を務めていた者だった。とりわけ厳しく処分されたのが、ヴィシー時代に訪独した経験がある者と占領当局との接触が確認された者、そして戦前には身分証を保持していなかった者である。たとえば、『パリ・ミディ』の馬術スポーツ欄担当記者「Georges A.」なる人物は、「戦前はジャーナリストでなかったという事実があなたにとって最大の過ちだ」という判定文とともに、一八か月の資格停止を言い渡されている。馬術スポーツ欄担当ということは、彼は政治的な対独協力プロパガンダからは程遠い役割しか果たしていなかったと思われるが、わざわざ占領期になってから、高給が見込める対独協力プレスに就職したという職業の選択そのものが重く受け止められたのである。最も重い処分は二〇年の資格停止であり、『プチ・パリジャン』の「Henry T. Entré」がこれに処されている。彼は四二～四三年に二度訪独し、連合軍の空爆を批判するルポルタージュを何度か寄稿していた。身分証委員会で審査される以前に、彼はセーヌ県の公民部で裁判にかけられ、悪質ではないとして放免されていたにもかかわらず、身分証委員会ではそうした処分を受けている。職業別の粛清は、司法裁判からこぼれた対独協力者を拾い上げ、職業的な罪を自覚させる役割も果たしていたのである。

ただし全体としてみれば、罰せられたのは申請者の八・二％に過ぎず、しかもその八九％は二年以下の資格停止でしかない。この結果をどう評価すべきかは難しいところだが、次の二点は指摘できるだろう。第一に、委員会による審査はフランス・ジャーナリズムの刷新に間違いなく貢献した。とりわけジャーナリストの若返りが顕著である。四五年の時点で、処罰を受けた者の七九％が四〇歳以上、四三％が五〇歳以上だったのに対して、同年中に身分証を交付された者の三八％が三六歳以下、六七％が四六歳以下であった。これは身分証の取得希望者に、若く、実務経験がない、新規申請者が多かったことにも起因する。(38) 第二に、委員会の審査は処分されなかった者にこそ重要な意味を持っていた。つまり身分証の更新は、申請者の占領期における活動の正しさが業界から保証され、職業ジャーナリストであり続けることの正当性が認定されたことを意味したのである。(39)

さいごに

第二次世界大戦の序盤において早々に敗戦国となったフランスは、その後、実体としては対独協力国家でありながら中立を装いつつ、レジスタンスのおかげで戦勝国として終戦を迎えることができた。劇的なその展開は、いわばフランスが引き裂かれていたからこそ実現したものである。その意味において、ヴィシー期フランスの「分裂」は戦争の勝利に貢献した。しかし、戦勝国として終戦を迎えることができてしまったがゆえに、フランスは自らの手で自らを裁き、罰するという、ある意味では、敗戦国以上に困難で、悲劇的な戦後処理に取り掛からなければならなかった。本論で検証した一連の粛清は、その処理の具体的なかたちを示している。そこからは、占領期に明白となったフランスの分裂状態が、ナチの崩壊とともに解消されるどころか、解放後にこそ溝を深めた実態が浮かび上がってきたのではないだろうか。

本論を締めるにあたって、裁かれた者たちの、そして裁いた者たちのその後について記しておきたい。本書全体のテーマに即して論じれば、粛清、すなわち罰することによって「分裂」を深めたフランス社会は、第四共和政下に赦すことをつうじて「統合」へと向かおうとする。一九五〇年代初頭に議会で巻き起こった大赦をめぐる論争がそれを象徴する現象だろう。

「赦し」を求める機運は、四七年以降、世界情勢が冷戦に突入したことで加速する。共産党の政敵の目には、彼らはもはや愛国的な解放者としてではなく、東側陣営の手下として映し出されていく。こうして抵抗派と協力派の争いとは別の政治対立がより重みを持ち始め、さらには植民地問題やヨーロッパの共同という新たな難問が次々と生じるなかで、粛清が固定化した国民の分裂状態をいち早く解消する必要が叫ばれたのである。[40]五一年一月五日には最初の大赦法が制定され、対独協力を理由に一五年以下の拘禁刑に処されていた者がすべて釈放された。同月末には特別裁判所がその役割を終えたと判断され、閉鎖されている[41]。そして、五三年八月六日には第二の大赦法が成立し、重罪犯を除くすべての拘禁刑受刑者に大赦が与えられた[42]。これにより、職業ジャーナリスト身分証委員会が下した資格停止処分もすべて撤廃されている[43]。

共和国の継承者となったグループのなかで、ドゴール派のフランス人民連合（RPF）とキリスト教民主主義系の人民共和運動（MRP）は赦しによる「統合」に賛同した一方で、共産党と大半の社会党員は二つの大赦法に一貫して反対票を投じた。冷戦の開始と大赦をめぐる議論は、抵抗派の「分裂」をもたらすのである。それと同時に、粛清された対独協力者の大半を占める旧右翼とドゴール派の一部が、反共産主義あるいは「レジスタンス主義（résistantialisme）[44]」への反発という一致点において接近し、右翼の再編が果たされていく。そうした「統合」の諸相については別稿を期する他ないが、次のような見通しを示しておきたい。粛清という現象は、本質的に社会を分断あるいは切断させる作用が強い。つまり、それは行為の主体による客体の排除を目的として内包しているため、その後において主体にいっそうの、圧倒的な力を与えてしまう。しかし、主体が全体主義国家の建設をめざしたのならいざ知らず、第二次世界大戦後のフランスの場合、主体は共和国の継承者を自任する者たちであったがゆえに、客体の抹消ではなく、赦しによる国民統合をその先に見据える必要があった。そして社会においても、意外なほど早く赦しを求める傾向が強かった。何より、一九四〇年当時の圧倒的多数のフランス人が休戦を受け入れたペタンを支持したという事実を忘れるべきではない。その一方でまた、赦しによる「統合」は単なる国民的融和を意味せず、新たな対立要因の出現による分裂の複雑化ともいうべき現象とほとんど同然かのようにもみえるのである。

（1）一般的に四四年六月の連合軍によるノルマンディー上陸から四六年一〇月の第四共和政成立までの時期を意味するフランスの「解放（Libération）」については、以下を参照。André Kaspi, *La libération de la France juin 1944–janvier 1946*, Paris, 2004.

（2）Henry Rousso, *Le syndrome de Vichy : De 1944 à nos jours*, Paris, 1990, p. 17.「内戦」や「フランス人同士の戦争」という言い方は、占領期から五〇年代半ばにおけるフランスの政治的分裂状態を象徴するフレーズである。復権を求める新旧ヴィシー派の活動が活発化する一九五〇年には、『フランス人同士の戦争』という本が出版されている。Id., *Vichy: L'événement, la mémoire, l'histoire*, Paris, 2001, p. 361.

（3）Peter Novick, *L'épuration française 1944–1949*, Paris, 1985, p. 256. Cf. Bénédicte Vergez-Chaignon, *Vichy en prison: Les épurés à Fresnes après la Libération*, Paris, 2006, pp. 36–40.

（4）H. Rousso, *Vichy: L'événement, la mémoire, l'histoire*, p. 528.

（5）Cf. Christian Delporte, *Les journalistes en France* (*1880–1950*)*: Naissance et construction d'une profession*, Paris, 1999, p. 385.

（6）藤森晶子『丸刈りにされた女たち「ドイツ兵の恋人」の戦後を辿る旅』岩波書店、二〇一六年参照。

（7）« Les exécutions sommaires de Maubeuge », *Le Monde*, 13 janvier, 1945. Cf. P. Novick, *op. cit.*, p. 133.

（8）Philippe Bourdrel, *L'épuration sauvage*, Paris, 1991.

（9）B. Vergez-Chaignon, *op. cit.*, pp. 22–23.

（10）レジスタンスによる司法手続きをめぐる議論は四一年から開始されており、具体的な司法手続きについては、四三年六月、ドゴールの自由フランスが拠点としたアルジェリアのアルジェに設置された国民解放フランス委員会が、検討し始めていた。

（11）P. Novick, *op. cit.*, pp. 231–232.

（12）このセリフはパリ解放の時、ＣＮＲの議長Ｇ・ビドー（Georges Bidault）から市庁舎前に集まったパリの民衆に共和国復活の宣言をしてはどうかと提案されたことに対するドゴールの返答である。Charles de Gaulle, *Mémoires de guerre*, tome 2, Paris, 1956, p. 308. レジスタンスの全体像については、Ｊ＝Ｆ・ミュラシオル（福本直之訳）『フランス・レジスタンス史』白水社、二〇〇八年を、自由フランスについては最近刊行された渡辺和行『ドゴールと自由フランス―主権回復のレジスタンス―』昭和堂、二〇一七年を参照。

（13）Cf. P. Novick, *op. cit.*, pp. 231–232; Anne Simonin, *Le Déshonneur dans la République: Une histoire de l'indignité 1791–1958*, Paris, 2008, pp. 368–371.

（14）事実、戦争継続を掲げ、四〇年六月一八日にロンドンから抵抗を呼び掛けたドゴールは、合法政府であるヴィシー政権下の軍法会議において四〇年八月二日、「反逆者」と認定され、欠席のまま死刑と軍籍剥奪を宣言されている。渡辺、前掲書、二七頁参照。

(15) 前任者は、四四年九月六日に共和国臨時政府の法務大臣に就任したＣＦＬＮのマントン（François de Menthon）である。マントンとティジャンはともにキリスト教系民主主義者であり、共産主義者からは粛清に対する厳しさが欠けていると非難された。B. Vergez-Chaignon, *op. cit.*, p. 59.

(16) Pierre-Henri Teitgen, *Les Cours de Justice. Conférence du 5 avril 1946*, Paris, 1946, p. 16, cité par H. Rousso, *Vichy : L'événement, la mémoire, l'histoire*, p. 508.

(17) Jean-Luc Pinol, « 1919-1958: Le temps des droits ? », Jean-François Sirinelli (dir.), *Histoire des droites en France: 1. Politique*, Paris, 2006, pp. 337-339. ただし反発の声がすぐに上がり、四五年四月七日のデクレで名誉棄損審査委員会（le jury d'honneur）が設置されている。その後二三一名の上下院の右翼議員から審査要求書が提出され、六八名に対しては措置が撤回された。

(18) *Journal officiel de la République française*, 28 août 1944, cité par A. Simonin, *op. cit.*, pp. 687-688.

(19) A. Simonin, *ibid.*, p. 421.

(20) H. Rousso, *Vichy: L'événement, la mémoire, l'histoire*, p. 508.

(21) A. Simonin, *op. cit.*, p. 371.

(22) 以下、本節は主に次の研究文献にもとづいて記述している。H. Rousso, *Vichy : L'événement, la mémoire, l'histoire*, pp. 506-525 ; P. Novick, *op. cit.*, pp. 242-248.

(23) Cf. B. Vergez-Chaignon, *op. cit.*, pp. 24-27.

(24) 重罪院は三名の司法官と一二名の陪審員から成っていた。

(25) P. Novick, *op. cit.*, p. 248.

(26) H. Rousso, *Vichy : L'événement, la mémoire, l'histoire*, p. 522. **表1**に示した数字とのずれが生じているが、それは件数と人数の違いによる。なお判決の一覧の根拠となっているのは、①一九四八年一二月三一日に刊行された政府発行の Cahiers français d'information に示された数値（統計の詳細は不明）、②一九五一～五四年の大赦法をめぐる国会の議論のなかで法務大臣が示した数値、③第二次世界大戦史委員会（CHGM）が五〇年代に大々的に行った粛清に関する調査で割り出した数値の三つである。②で示された数字より①が示す数字のほうが大きいなど深刻な矛盾が存在し、③を考慮して補う必要があるのだが、どの史料に依拠するかで研究書によっても挙げられる数字にばらつきがある。本論では、最新のコラボラシオン研究でも最も妥当だとみなされている（François Broche et Jean-François Muracciole, *Histoire de la Collaboration 1940-1945*, Paris, 2017, p. 491）、ルッソが提示した一覧を用いる。ただし①〜③が示す統計はいずれも特別法廷に関するものであり、軍事裁判所に関しては不透明な部分が多い。その要因の一つは軍事裁判所が法務省ではなく国防省に帰属したことにあるようだが、ルッソは別の研究書で四つの裁判所では計一六万二八七件が裁かれたと記している（H. Rousso, *Le syndrome de Vichy* p. 16）。そうだとすれば、軍事裁判所で判決に至ったのは三万二五三六件ということになろう。

(27) たとえば、アカデミー・フランセーズの会員でヴィシー政府の国民評議会の一員であったボナール（Abel Bonnard）はスペインへ逃亡中に、国家人民連合の党首でヴィシー政府の労働大臣を務めたデア（Marcel Déat）はイタリアに潜伏している間に死刑を宣告され、ボナールは六八年に、デアは五五年にそれぞれの亡命先で亡くなっている。死刑が執行されたのは、ペタン以上に対独協力姿勢が積極的だったと認識されていたラヴァル（四五年一〇月九日判決、同一〇月一五日執行）と、民兵団の司令官ダルナン（Joseph Darnand　四五年一〇月三日判決、同一〇月一〇日執行）、占領下のパリでヴィシー政府の大使を務めたブリノン（Fernand de Brinon　四七年三月六日判決、同四月一五日執行）の三名のみである。Cf. Roger Maudhuy, *Vichy : Les procès de la Collaboration*, Bruxelles, 2011.

(28) A. Simonin, *op. cit.*, p. 430. **表1**でルッソが示す数字とは誤差があるが、**表1**の場合、特別裁判所における公民権剥奪刑は主刑としての判決しかカウントされていない。

(29) その数は全国規模では最低でも一万人以上いたという。シモナンによれば、「民事死亡」という意味では、セーヌ県公民部のこの数値に全財産没収の刑を受けた二三六名を加える必要があり、計九二三名（公民権剥奪刑受刑者の二四・五％）が「民事死亡」にされた。*Ibid.*, pp. 474, 476.

(30) *Les Lettres françaises*, 16 septembre 1944. Cf. Jean-François Sirinelli, *Intellectuels et passions françaises : Manifestes et pétitions au XX*^{e} *siècle*, Paris, 1990, pp. 143-145. ＣＮＥにはアラゴン（Louis Aragon）やカミュ（Albert Camus）、サルトル（Jean-Paul Sartre）など共産主義系の作家の他、マルロー（André Malraux）やモーリヤック（François Mauriac）などが名を連ねた。四五年初頭には、ドリュ（Drieu La Rochelle）、セリーヌ（L-F. Céline）、モラス（Charles Maurras）ら協力主義、反ユダヤ主義、ヴィシー派の作家たちの著作物の再販禁止と書籍の在庫を出版社へ差し戻すことも決められている。

(31) 中村督「戦後フランスにおける情報秩序の再構築に関する予備考察（1）——「カイエ・ブルー」に着目して」『南山大学ヨーロッパ研究センター報』二〇号、二〇一四年、および同「戦後フランスにおける情報秩序の再構築に関する予備的考察（2）

——新聞の党派性とその変化」同書、二一号、二〇一五年を参照。

（32）対独協力ジャーナリズムについては、南祐三『ナチス・ドイツとフランス右翼——パリの週刊紙『ジュ・スイ・パルトゥ』によるコラボラシオン——』彩流社、二〇一五年の第四章を参照。

（33）解放とともに抵抗派のメディアは一斉に地上に現れ、たとえば共産党の機関紙『リュマニテ』と社会党系の『ル・ポピュレール』は、それぞれ『プチ・パリジャン』と『ル・マタン』という協力主義日刊紙の社屋を占拠している。Cf. P. Novick, *op. cit.*, pp. 194-196; Christian Delporte, « Presse de droite, presses des droits à la Libération（1944-1948）», dans Gilles Richard et Jacqueline Sainclivier (dir.), *La recomposition des droites en France à la Libération 1944-1948*, Rennes, 2004, p. 38.

（34）以下、この委員会によるジャーナリストの粛清に関しては、主に次の文献に依拠して記述している。C. Delporte, *op. cit.*, pp. 389-400.

（35）*Ibid.*, pp. 314-315. また「職業ジャーナリスト」とは、一つ以上のマス・メディア企業の編集活動に継続的に携わり、かつその活動を主たる生計維持の手段としている者と定義される（大石泰彦『フランスのマス・メディア法』現代人文社、一九九九年、一二九—一三〇頁参照）。

（36）なお、職業身分証の取得はラジオで働く者にも義務づけられた。*Ibid.*, pp. 382, 391.

（37）*Journal Officiel de la République française*, 16 mai 1946, p. 4237.

（38）四五年中の申請者のうち約三分の一が新規だった。全体として、身分証保持者は四六年中に六〇〇〇人を突破し、四八年には六四六七名を数えている（うち一〇％は新規取得者）。C. Delporte, *op. cit.*, pp. 395, 400 et 407.

（39）*Ibid.*, p. 399.

（40）全国抵抗評議会の議長を務めていたＭＲＰの議員ビドーは四九年三月、議会で「忘れ得るものすべては忘れ去られるべきだ」と発言している。Cf. H. Rousso, *Vichy: L'événement, la mémoire, l'histoire*, p. 373.

（41）閉鎖自体は、四九年七月二九日法によって決められていた。公民部は既に四九年末に閉鎖されている。五一年一月三一日以降に立件された訴状については、軍事裁判所が引き受けることとなった。*Ibid.*, p. 511.

（42）これらにより、四五年に約四万人いた拘禁刑による収監者は、五一年一月にはその一〇分の一にまで減少し、五六年には僅か六二名となり、六四年にはついにゼロとなる。H. Rousso, *Le syndrome de Vichy*, p. 70.

（43）資格停止処分を受けた者の七三％が、その後プレス業界で新たな仕事場をみつけたという。C. Delporte, *op. cit.*, p. 399.

（44）粛清の「行き過ぎ」やレジスタンスの政治利用、あるいはその詐称を批判するために、粛清された者たちが用いた造語である。「国民的統一」を視野に入れ、粛清において寛大さを示したドゴール派とは違い、最初から対独協力者の徹底的な排除を望んでいた共産主義者にとりわけ向けられた非難である。H. Rousso, *Vichy : L'événement, la mémoire, l'histoire*, pp. 359-361.

早稲田大学ヨーロッパ文明史研究所研究員

第５期　2013. 4-2018. 3（2018. 3 現在）

研究所員
森原　隆　所長（Takashi Morihara, Director）
青野　公彦（Kimihiko Aono）
井上　文則（Fuminori Inoue）
井内　敏夫（Toshio Inouchi）
小原　淳（Jun Obara）
紀　愛子（Aiko Kino）
小森　宏美（Hiromi Komori）
甚野　尚志（Takashi Jinno）
日尾野　裕一（Yuichi Hiono）
前田　徹（Toru Maeda）
正木　慶介（Keisuke Masaki）
松園　伸（Shin Matsuzono）
村井　誠人（Makoto Murai）

招聘研究員
野口　洋二（Yoji Noguchi）
小倉　欣一（Kinichi Ogura）
大内　宏一（Kouichi Ouchi）
秋山　慎一（Shinichi Akiyama）
浅野　啓子（Keiko Asano）
飯田　洋介（Yosuke Iida）
池本今日子（Kyouko Ikemoto）
井出　匠（Takumi Ide）
今村　労（Tsutomu Imamura）
奥村　優子（Yuko Okumura）
踊　共二（Tomoji Odori）
小野　哲（Satoshi Ono）
加藤　義明（Yoshiaki Katou）
唐澤　晃一（Kouichi Karasawa）
川崎　康司（Kouji Kawasaki）
草野佳矢子（Kayako Kusano）
黒田　祐我（Yuga Kuroda）
河野　淳（Jyun Kono）
斎藤　正樹（Masaki Saitou）
薩摩　真介（Shunsuke Satsuma）
佐藤　真一（Shinichi Sato）
白木　太一（Taichi Shiraki）
鈴木　善晴（Yoshiharu Suzuki）
高尾千津子（Chizuko Takao）
高津　秀之（Hideyuki Takatsu）
高津　美和（Miwa Takatsu）
田中　史高（Fumitaka Tanaka）
丹下　栄（Sakae Tange）
蝶野　立彦（Tatsuhiko Chouno）
千脇　修（Osamu Chiwaki）
富田　理恵（Rie Tomita）
中澤　達哉（Tatsuya Nakazawa）
橋川　裕之（Hiroyuki Hashikawa）
福山　佑子（Yuko Fukuyama）
藤井　真生（Masao Fujii）
古川　誠之（Hiroyuki Furukawa）
前川　陽祐（Yosuke Maekawa）
松原　俊文（Toshibumi Matsubara）
皆川　卓（Taku Minagawa）
南　祐三（Yuzo Minami）
山口　みどり（Midori Yamaguchi）
山本　大丙（Taihei Yamamoto）
渡辺　雅哉（Masaya Watanabe）

編集協力者（Editorial Assistants）

小原　淳（Jun Obara）紀　愛子（Aiko Kino）
鈴木　善晴（Yoshiharu Suzuki）正木　慶介（Keisuke Masaki）
山本　大丙（Taihei Yamamoto）森原　隆（Takashi Morihara）

security in the Western Central Europe

Kyoko Ikemoto
13. Russia's Attempts to Create and Influence Public Opinion during the Napoleonic Wars

Kitafumi Omori
14. World War I and the Second International

Hiromi Komori
15. Nation-building and historiography: The case of interwar Estonia

Yuzo Minami
16. L'épuration française pendant la Libération et sous la IVe République

ヨーロッパの政治文化史　統合・分裂・戦争

森原　隆編　成文堂　2018年刊

Takashi Morihara, ed.,

Title "The Political Culture of European History: Integration, Division and War"

早稲田大学ヨーロッパ文明史研究所

〒162-8644　東京都新宿区戸山1-24-1　早稲田大学文学学術院　西洋史研究室

The Institute for the History of European Civilization

Waseda University, Tokyo, Japan 162-8644

執筆者（Contributors）

Takashi Morihara（Director）

Part I

Sakae Tange

1. Corvey Monestery and the Integration of Saxons into the Frankish Kingdom

Keiko Asano

2. The Jews in pre-Hussite Bohemia

Fumitaka Tanaka

3. The deputies of the city of Gouda to States of Holland during the late 15th and the early 16th centuries.

Osamu Chiwaki

4. Lock's Social Contract

よるナチ・ドイツへの労働力提供――」『史学研究』296号，2017年
・「近くて遠いナショナリストたち――シャルル・モーラス著『君主政についてのアンケート』から読み解く君主主義者と共和主義者の思想的相違」大内宏一編『ヨーロッパ史のなかの思想』彩流社，2016年

出口裕子（でぐち　ゆうこ）　早稲田大学文化構想学部非常勤講師
- 「ドイツにおける『宮廷都市』と『首都』に関する一考察」早稲田大学教育学部『学術研究』53号，2005年
- 「近世ドイツの貴族教育」早稲田大学教育学部『学術研究』54号，2006年
- （分担執筆）「リッターアカデミー」浅野啓子・佐久間弘展編著『教育の社会史』知泉書館，2006年

皆川　卓　（みながわ　たく）　山梨大学大学院総合研究部教育学域教授
- 「神聖ローマ帝国の多宗派化と三十年戦争—『神の帝国』と共存の政治学」踊共二編著『記憶と忘却のドイツ宗教改革』ミネルヴァ書房，2017年
- Der Kapuziner Marco d'Aviano und die Reichspolitik des Kaisers Leopold I, in; *Annali dell'Istituto Storico Italo-germanico in Trento*, 42/2（2016）.
- Border Conflicts between Bohemia and Bavaria and Their Solutions; in; M. Bellabarba a.o., *Communities and Conflicts in the Alps from the Late Middle Ages to Early Modernity*, Bologna/Berlin 2015.

池本今日子（いけもと　きょうこ）　早稲田大学文学学術院非常勤講師
- 『ロシア皇帝アレクサンドル一世の外交政策——ヨーロッパ構想と憲法』，風行社，2006年
- 「1812年の退却とアレクサンドル1世の声明——「ナロードの戦争」考」『ロシア史研究』第93号，2013年
- 「ロシア皇帝アレクサンドル1世と「市民ミーニンとポジャルスキー公の像」（1818年）」井内敏夫編『ロシア・東欧史における国家と国民の相貌』晃洋書房，2017年

大森北文（おおもり　きたふみ）　早稲田大学文学学術院非常勤講師
- 「第一次大戦期の社会主義青年運動—社会主義青年インターナショナルの再建とその後の展開」『歴史評論』第541号，1995年
- 「20世紀初頭ドイツの徒弟団体—ベルリン徒弟協会の成立過程を中心に」『地域文化研究』第9号，2006年
- 「ドイツ型福祉国家と共済金庫—ビスマルク社会保険体制の諸前提」『社会環境論究』第4号，2012年

小森宏美（こもり　ひろみ）　早稲田大学教育・総合科学学術院教授
- 「エストニア史学史における一九〇五年革命—歴史家に見る社会的記憶化と忘却に関する一考察」井内敏夫編『ロシア・東欧史における国家と国民の相貌』晃洋書房，2017年
- 『パスポート学』（共編著）北海道大学出版会，2016年
- 『エストニアの政治と歴史認識』三元社，2009年

南　祐三（みなみ　ゆうぞう）　富山大学人文学部准教授
- 『ナチス・ドイツとフランス右翼——パリの週刊紙『ジュ・スイ・パルトゥ』によるコラボラシオン——』彩流社，2015年
- 「ドイツ軍占領下のフランス（1940～44年）における権力と民衆——ヴィシー政府に

(2)　編者・執筆者紹介

松園　伸（まつぞの　しん）　早稲田大学文学学術院教授

・『イギリス議会政治の形成：『最初の政党時代』を中心に』早稲田大学出版部，1994年

・『産業社会の発展と議会政治：18世紀イギリス史』早稲田大学出版部，1999年

・Shin Matsuzono, 'Attaque and Break Through a Phalanx of Corruption…the Court Party!' The Scottish Representative Peers' Election and the Opposition, 1733-5: Three New Division Lists of the House of Lords of 1735, *Parliamentary History*, 31-3 (2012).

正木慶介（まさき　けいすけ）　早稲田大学文学学術院助教

・'The Development of Provincial Toryism in the British Urban Context, c.1815-1832' (unpublished PhD thesis, University of Edinburgh, 2016)

・「19世紀初頭イギリスにおける地方政治団体―リヴァプールの「同心協会」を中心に―」『史観』第175冊，2016年

・「チェシャ・ホイッグ・クラブ―1820年代イギリスにおける地方ホイッグと議会改革―」『早稲田大学大学院文学研究科紀要』第60輯（2014年度）第4分冊，2015年

佐藤真一（さとう　しんいち）　国立音楽大学名誉教授

・『トレルチとその時代』創文社，1997年

・*Die historischen Perspektiven von Ernst Troeltsch*, Waltrop 2007

・『ヨーロッパ史学史』知泉書館，2009年

小原　淳（おばら　じゅん）　早稲田大学文学学術院准教授

・『フォルクと帝国創設―19世紀ドイツにおけるトゥルネン運動の史的考察―』彩流社，2011年

・（訳書）J・スパーバー『マルクス―ある19世紀人の生涯―』上・下巻，白水社，2015年

・（訳書）C・クラーク『夢遊病者たち―第一次世界大戦はいかにして始まったか―』1・2，みすず書房，2017年

井出　匠（いで　たくみ）　日本学術振興会特別研究員

・「マチツァ・スロヴェンスカーの理念と実践―スロヴァキア国民形成運動におけるその位置づけ―」『東欧史研究』29，2007年

・「20世紀初頭の北部ハンガリーにおける政治意識の「国民化」―ルジョムベロクにおけるスロヴァキア国民主義運動の例を中心に―」『歴史学研究』931，2015年

・「20世紀初頭のスロヴァキア語印刷メディアによる「国民化」の展開―スロヴァキア国民主義系新聞『スロヴァキア週報』の分析から―」井内敏夫編『ロシア・東欧史における国家と国民の相貌』晃洋書房，2017年

河野　淳（こうの　じゅん）　広島修道大学経済科学部准教授

・『ハプスブルクとオスマン帝国』講談社，2010年

・（共編著）『ハプスブルク史研究入門』昭和堂，2013年

・（共著）『中近世ヨーロッパの宗教と政治』ミネルヴァ書房，2014年

編者・執筆者紹介

編者

森原　隆（もりはら　たかし）　早稲田大学文学学術院教授

・「ヨーロッパとは何か―欧州統合の理念と歴史―」福田耕治編著『EU・欧州統合研究［改訂版］“Brexit” 以後の欧州ガバナンス』成文堂，2016 年

・『ヨーロッパ・「共生」の政治文化史』成文堂，2013 年

・『ヨーロッパ・エリート支配と政治文化』成文堂，2010 年

執筆者

丹下　栄（たんげ　さかえ）　下関市立大学名誉教授

・（共著）Osamu Kano et Jean-Loup Lemaître (ed.), *Entre texte et histoire : Etudes d'histoire médiévale offertes au professeur Shoichi Sato*, Éditions de Boccard, Paris, 2015.

・（共著）堀越宏一・甚野尚志（編著）『15 のテーマで学ぶ中世ヨーロッパ史』ミネルヴァ書房，2013 年

・『中世初期の所領経済と市場』創文社，2002 年

浅野啓子（あさの　けいこ）　早稲田大学理工学術院非常勤講師

・「フス派の改革運動における共生の理念」森原隆編『ヨーロッパ・「共生」の政治文化史』成文堂，2013 年

・「14－15 世紀チェコにおけるフス派大学教師と王権」森原隆編『ヨーロッパ・エリート支配と政治文化』成文堂，2010 年

・「中世後期ボヘミアの教会改革運動とプラハ大学」浅野啓子・佐久間弘展編著『教育の社会史―ヨーロッパ中・近世』知泉書館，2006 年

田中史高（たなか　ふみたか）　早稲田大学文学学術院非常勤講師

・「14～16 世紀初めのドルドレヒト市行政職就任規定と執政門閥」井内敏夫編著『ヨーロッパ史のなかのエリート』太陽出版，2007 年

・「西欧 11・12 世紀の「都市賛美」(laudatio urbis)」森原隆編『ヨーロッパ・「共生」の政治文化史』成文堂，2013 年

・「中世末期ホラント州諸都市の書記と法律顧問」『史観』177，2017 年

千脇　修　（ちわき　おさむ）　早稲田大学ヨーロッパ文明史研究所招聘研究員

・「商業革命とピューリタン革命」森原隆編『ヨーロッパ・「共生」の政治文化史』成文堂，2013 年

・「二宮，ブロック，カントロヴィチ―西欧中・近世史における〈公的なもの〉の概念―」『クァドランテ』no.9，2007 年

・「テキストとしての『ゲルマニア』―農地制度・政治組織・従士制―」井内敏夫編著『ヨーロッパ史のなかのエリート―生成・機能・限界―』太陽出版，2007 年

ヨーロッパの政治文化史
　統合・分裂・戦争

2018年3月25日　初　版　第1刷発行

編　者　森　原　　隆

発行者　阿　部　成　一

〒162-0041　東京都新宿区早稲田鶴巻町514番地
発行所　株式会社　成　文　堂
電話 03(3203)9201(代)　Fax (3203)9206
http://www.seibundoh.co.jp

製版・印刷　シナノ印刷　　製本　佐抜製本

ISBN 978-4-7923-7108-1　C3022　検印省略
定価(本体4500円＋税)